巨大銀行のカルテ

Satomi Wakana
若奈さとみ

リーマンショック後の欧米金融機関にみる銀行の未来

Discover

はじめに

本書は、欧米の主要金融機関について、リーマンショック以降から、今日までの10年超にわたる動向を追った書籍である。

欧米金融機関の勢力図は、金融危機の影響により、大きく塗り替えられた。金融危機で大きな打撃を受けた金融機関は、危機により生じた負の遺産の後処理に追われ、ビジネスモデルの変革を余儀なくされてきた。

金融自由化を推進する潮流のなか、２０００年代前半にトレーディング業務が急拡大したものの、これら業務に過度に依存するビジネスモデルは、金融危機後、金融規制当局による厳しい制約が課されたこともあり、維持困難に陥っている。そして、金融業界を巡る環境が激変するなかにおいて、対応に遅れたドイツ銀行は、経営不安に晒されており、不安を払拭するため２０１９年に大規模な経営再建計画を発表した。

本書は、このような昨今の金融業界を巡る目まぐるしい変化について、その動きを整理した書籍がほとんどないことから、全体像を掴める本を作りたいと考え、まとめたものである。たとえば米国では、リーマンショックに関連する貴重な調査資料が多数発表されている。しかし、その量はあまりに膨大であり、それぞれの事実関係の点と点とを結びつけ、情報を整理していかないと、全体像を掴むのが困難である。また、年月が経つにつれ、ネットから貴重な資料が次々に消えていくのを目の当たりにし、きちんと形にして残すべきと考えた。

情報が膨大であるがゆえに、日々の業務に追われるビジネスマンにとって、新聞を読むだけでは、なかなか全体像が見えにくい実状もあるかと思う。本書は、金融業界をはじめとする多くのビジネスマンの方々に、リーマンショック以降、金融業界で何が起こっていたのか、1冊で全体像を把握できる書籍を目指した。

第1章では、ドイツ銀行が経営不安に晒されている背景を探るべく、ひとつひとつのテーマごとに事実関係・問題点を明らかにすることを試みた。ドイツ銀行が、どのようにしてトレーディング業務に傾斜していったのか、なぜ3期連続の赤字決算に陥ったのか、ドイツ市場が内包する問題点と、何をきっかけにマーケットの信用が崩壊し、経営不安が広がっていったのか、事実関係を整理している。

第2章では、ドイツ銀行の対比として、BNPパリバを取り上げた。同じ欧州の大手金融機関として、最終的に目指すビジネスモデルの方向性に共通点はあるものの、これまで両社が取ってきた経営戦略は大きく異なっている。縮小に追い込まれるドイツ銀行に対して、安定的な成長を続けるBNPパリバ、両社のビジネスモデルの違いを明らかにする。

第3章は、サブプライム危機・リーマンショックに割いた。リーマンショックについては、すでに多数の本が出版されており、当初、本書に含める予定ではなかった。しかし、金融危機の影響は非常に大きく、米銀の勢力図を大きく塗り替えたことから、金融危機の影響を語らずして、現在の米銀が置かれた状況を説明するのは不可能であった。

たとえば、金融危機による損失額が最も大きかったシティグループは、危機後に多くの資産を売却し、今日の姿になっている。またメリルリンチ買収が、バンク・オブ・アメリカの経営に短期的に及ぼした影響、さらにその長期的な評価について、興味が尽きない。本書を読めば、両社が、金融危機後も苦難に見舞われ、負の遺産と戦ってきたことがわかる。

本書では、公開されている数千頁もの貴重なリーマン・ブラザーズの内部資料も精査し、金融危機時にどのようなことが起こっていたのかも探った。金融危機を通じて、米銀それぞれの経営手法の特徴や違い、抱えていた構造的な問題もみえてくる。

第4章は四大米銀（JPモルガン・チェース、バンク・オブ・アメリカ、シティグループ、ウェルズ・ファーゴ）について、第5章は銀行持株会社に転換したゴールドマン・サックスとモルガン・スタンレーについて、近史からビジネスモデルまでをまとめている。

本書では、各社ごとに章立てして書く形式を取った。理由は、横断的に書かれた他書が存在するものの各社毎に書かれた書籍がほとんどないこと、横断的な分析で見えにくい各社毎の特徴を掴みやすくする狙いがある。念のため、横断的な年表として、ここ30年の各社の動きを追ったタイムライン表も記した。

第6章では、金融監督当局により問題視されているCLOについて、欧米金融機関のビジネスモデル比較、そして2019年7月に発表されたばかりのドイツ銀行の経営再建計画についてまとめた。

専門的な内容をコンパクトに

本書では、欧米金融業界の動向を掴む上で必要な専門知識を、可能な限り盛り込むことも試みている。たとえばバーゼルⅢ規制について、沢山の書籍が出版されているものの、直接携わる専門家でなければ1冊読破しようと思わないかもしれない。財務会計基準書（SFAS）157号における資産の分類、CoCo債、JPモルガン・チェースの「ロンドンの鯨事件」、米資産運用会社ブラック・ロックの「アラディン」システムなど、金融業界で働く人であれば知っておきたい情報を、実務の話と照らし合わせる形で、可能な限り盛り込んだ。本書1冊読めば、主要な金融業界のテーマを、概観できる内容に仕上げたつもりである。

魅力溢れるCEOの人物像

本書では、これら巨大銀行を率いるCEOについて、可能な限り紹介させていただいた。本書で取りあげたCEOは、ユニークなキャリアの持ち主が多く、人間味に溢れ、魅力的である。たとえば、米国最大の金融機関であるJPモルガン・チェースを率いるジェイミー・ダイモンCEOは、米国のメディアに度々登場しているものの、日本でその人物像はあまり知られていない。ダイモン氏は、最初からJPモルガン・チェースに就職した生え抜きではなく、独自の道を切り開いてトップの座を掴んだ。「良い大学を出て良い会社に就職する」という形式に捉われず、起業家精神に溢れる人生を歩んできた。同氏の才能を見いだしたサンディ・ワイル氏と共に、いくつもの企業買収を繰り返し、巨大なシティグループを誕生させたストーリーは、圧巻である。

ゴールドマン・サックスの基礎を築いたことで有名なシドニー・ワインバーグ氏に至っては、中卒で、用務員として入社したにもかかわらず、最終的にトップの座にまで昇りつめた。

欧米金融機関を率いるトップの顔ぶれをみると、国籍もさまざまであり、生え抜きも意外に少ない。日本の金融機関とは、かなり状況が異なる。どちらが良いというのは難しく、たとえばドイツ銀行においては、長らく外国人勢に経営トップを任せていたことが、今日の経営悪化に繋がったと指摘する声も多い。

本のバランス上、これらＣＥＯの人物像について詳細を載せることに限りがあったため、各章冒頭にプロローグを載せ、ＣＥＯの人物像や関連する事実関係をざっくり掴める形式にした。この本を読んでご興味を持たれた方は、是非、各ＣＥＯの自叙伝なども読んでいただきたい。

関連図書の導入本として

金融危機の過程を紐解くと、よく知られている名著に、鍵を握る人物が登場していることがわかる。たとえば、マイケル・ルイス氏が１９８９年に発表した「ライアーズ・ポーカー」には、サブプライム危機に深く関与した人物が登場している。このように関連する書籍についても、できるだけ紹介させていただいた。本書をきっかけに、関連図書を読み深めるのも楽しいと思う。

サブプライム危機における金融機関の責任

最後に改めて、サブプライム危機を引き起こした金融機関の責任について、忘れないようにしたい。筆者の周りにも、米系投資銀行の東京支店からＣＤＯを買わされた事例が、機関投資家だけでなく、個人にも存在する。ある老夫婦は、その東京支店の担当者から「凄く良い商品です」と言われ、中身も全くわからないままCDOを購入させられ、全額損失した。
これらCDO商品は、金融機関の儲けのため、販売する担当者や上司の年俸を上げるためだけに販売された。米司法省は、これら証券化商品を販売した金融機関に対して、多額の制裁金を課したものの、この老夫婦にお金は戻っていない。金融商品を販売する担当者は、「中身を知らなかった」では済まされない。金融業界側の人間は、さまざまな情報にアクセスできる優位な立場にあるということを肝に銘じ、つねに顧客目線に立って慎重に金融商品を提供する責任がある。

本書は、各金融機関が発表する決算報告書に加えて、これまで筆者がまとめたレポートや日々記録している備忘録、さらに巻末に参考文献として掲げた内外で発表されたさまざまなレポート・報道を参考にしている。とりわけ、米金融危機調査委員会やバルカス氏による調査報告書をはじめとする多数の金融危機調査レポートと公聴会の記録、そして国内の調査機関から発表されている多数の分析レポートは、貴重な情報を提供してくれただけでなく、全体像を理解する上でさまざまな示唆を与えてくれた。これらを執筆されご活躍されていらっしゃる研究者の皆さまの日々の努力に、深く敬意を示したい。

本書を出版させていただくまでに、日本を代表する実務家の皆さま方から、多くの貴重な情報・サポートをいただき、ご指導を賜った。中島厚志氏（独立行政法人経済産業研究所理事長）、塚崎公義氏（久留米大学商学部教授）、大島周氏（みずほ第一フィナンシャルテクノロジー株式会社取締役社長）、安田光一郎氏（BDA Partners会長）、臼杵繁樹氏（ニュー・フロンティア・キャピタル・マネジメント株式会社取締役副社長）、長谷川克之氏（みずほ総合研究所株式会社調査本部チーフエコノミスト）、渋谷高弘氏（日本経済新聞社編集局経済解説部編集委員室編集委員）、巻口クリスティーナ氏（みずほ証券株式会社エクイティ本部エグゼキューションサービス部グローバルパンアジア株式電子取引ヘッド）、目篤氏（セブン・フィナンシャルサービス戦略推進部長）、小原毅也氏（株式会社トポロジ代表取締役社長）、赤村聡氏（株式会社きんざい出版局出版部）、また細かい情報を確認させていただいた内外多数の金融関係者が含まれる。

第一線でご活躍される皆さま方からの、ご専門分野に関する情報提供に加えて、現場の貴重なお話を伺えたことに、深く感謝を申し上げたい。また筆者の力不足により、ご指摘で反映させられなかった箇所については、今後の課題とさせていただけたらと考えている。

さらに、米議会が設けた金融危機調査委員会で、80人以上ものアナリストによる調査を束ねられ、素晴らしいレポートをまとめあげたグレーグ・フェルドバーグ氏（エール大学フィナンシャル・スタビリティ研究所）には、委員会レポートの細かい部分について確認させていただき、深く感謝を申し上げたい。また、筆者が最初に勤務した金融機関において、調査研究について多岐に渡りご指導を賜った綾川正子氏（コーポレート・ドクター株式会社シニアエコノミスト）、前職で大変お世話になった北山慶氏（所属・役職略）、熊丸浩二氏（所属・役職略）、米国取材を快くサポートしてくれたエベレン・タング氏（所属・役職略）、さらに長野佑樹氏（みずほ証券株式会社コーポレートソリューション部）にも、この場を借りて深く感謝を申し上げたい。

出版にあたっては、木下智尋氏をはじめとする株式会社ディスカヴァー・トゥエンティワンの方々に、大変お世話になった。厚くお礼を申し上げたい。

なお、本書のなかの意見は、すべて筆者の個人的な見解であり、これまで勤務した組織の見解でないことをお断りさせていただきたい。また、当然のことながら、間違いなどあれば、すべて筆者の責任である。本書の情報は、巻末に掲げた参考文献など、筆者が知り得る報道や財務情報がベースになっている。もし筆者の思い込みの記述があれば、ご叱正を賜りたい。

ささやかではあるが、本書が金融業界をはじめとするビジネスマンの皆さま方の情報整理に、少しでもお役に立てればと願っている。

若奈さとみ

巨大銀行のカルテ　リーマンショック後の欧米金融機関にみる銀行の未来

目次

第1章　ドイツ銀行の憂鬱

第2章 BNPパリバは欧州のJPモルガン・チェースとなるか

第3章 リーマンショックが米銀に与えた影響

第4章 王者の座に君臨するJPモルガン・チェースと四大米銀グループ

第5章

永遠のライバル ゴールドマン・サックスとモルガン・スタンレー

第6章

新たなビジネスモデルを模索する欧米金融機関

HQLA	High-Quality Liquid Assets	適格流動資産
IMF	International Monetary Fund	国際通貨基金
IPO	Initial Public Offering	新規公開株式
LCR	Liquidity Coverage Ratio	流動性カバレッジ比率
LIBOR	London Interbank Offered Rate	ロンドン銀行間取引金利
LSAP	Large-Scale Asset Purchases	大規模な資産買い入れ
LTCM	Long-Term Capital Management	ロングターム・キャピタル・マネジメント
M&A	Mergers and Acquisitions	合併・買収
MBS	Mortgage-Backed Securities	不動産ローン担保証券
MMF	Money Market Fund	マネー・マーケット・ファンド
NFC	Near Field Communication	近距離無線通信
NSFR	Net Stable Funding Ratio	安定調達比率
OECD	Organisation for Economic Co-operation and Development	経済協力開発機構
OTC	Over the Counter	店頭取引（売手と買手の相対取引）
PDCF	Primary Dealer Credit Facility	プライマリーディーラー信用ファシリティ
QE	Quantitative Easing	量的金融緩和政策
RMBS	Residential Mortgage-Backed Securities	住宅ローン担保証券
ROA	Return on Asset	総資産利益率
ROE	Return on Equity	自己資本利益率
S&L	Savings and Loan Association	貯蓄貸付組合
SEC	U.S.Securities and Exchange Commission	米国証券取引委員会
SEF	Swap Execution Facility	スワップ執行ファシリティ
SFAS	Statement of Financial Accounting Standards	財務会計基準書
SIV	Structured Investment Vehicle	ストラクチャード・インベストメント・ビークル
SLR	Supplementary Leverage Ratio	補完的レバレッジ比率
SOMA	System Open Market Account	市場オペレーション勘定
SPE	Special Purpose Entity	特別目的会社
SPV	Special Purpose Vehicle	特別目的事業体
SREP	Supervisory Review and Evaluation Process	監督上の検証・評価プロセス
TARP	Troubled Asset Relief Program	不良資産救済プログラム
TSLF	Term Security Lending Facility	ターム物証券貸出ファシリティ

本書に登場する主な略称一覧

ABCP	Asset Backed Commercial Paper	資産担保コマーシャルペーパー
ABS	Asset Backed Securities	資産担保証券
ARM	Adjustable Rate Mortgage	変動金利型モーゲッジ
AT1債	Additional Tier 1	その他Tier 1債
BIS	Bank for International Settlements	国際決済銀行
CCP	Central Counterparty	中央清算機関
CDO	Collateralized Debt Obligations	債務担保証券
CDS	Credit Default Swap	クレジット・デフォルト・スワップ
CEO	Chief Executive Officer	最高経営責任者
CET1	Common Equity Tier 1	普通株式等Tier1比率
CFO	Chief Financial Officer	最高財務責任者
CIO	Chief Information Officer	最高情報責任者
CLO	Collateralized Loan Obligation	ローン担保証券
CMBS	Commercial Mortgage-Backed Securities	商業用不動産ローン担保証券
CoCo	Contingent Convertible Bonds	CoCo債、偶発転換社債
COO	Chief Operating Officer	最高執行責任者
CP	Commercial Paper	コマーシャルペーパー
CPFF	Commercial Paper Funding Facility	CP買い入れプログラム
CPP	Capital Purchase Program	資本注入プログラム
CRS	Common Reporting Standard	共通報告基準
EBA	European Banking Authority	欧州銀行監督機構
ECB	European Central Bank	欧州中央銀行
EMEA	Europe, the Middle East and Africa	ヨーロッパ、中東及びアフリカ
ETF	Exchange Traded Fund	上場投資信託
FASB	Financial Accounting Standards Board	米国財務会計基準審議会
FATCA	Foreign Account Tax Compliance Act	外国口座税務コンプライアンス法
FDIC	Federal Deposit Insurance Corporation	連邦預金保険公社
FFR	Federal Funds Rate	フェデラルファンドレート
FHA	Federal Housing Administration	連邦住宅局
FRB	Federal Reserve Board	連邦準備制度理事会
FSB	Financial Stability Board	金融安定理事会
GSE	Government Sponsored Enterprise	政府支援機関
G-SIBs	Global Systemically Important Banks	グローバルなシステム上重要な金融機関

第1章

ドイツ銀行の憂鬱

ドイツ銀行のマエストロ

2019年5月末

ドイツ銀行のゼービングCEOは、

パソコンに映し出される画面を見つめた。

ドイツ銀行の株価は、

6ユーロを割り込むか否かの水準にまで落ち込んでいる。

50歳にいかない、少したれ目で眼鏡姿の彼は、

いかにもインテリそうな風貌をしている。

ドイツ銀行生え抜きで、リテール業務を統括してきたゼービング氏が

トップに就任し、早1年超が経過した。

「政府がコメルツ銀行との統合話を急かすからだ」

2019年春、政府の説得により、

コメルツ銀行との統合話を進めたものの、決裂したばかりだった。

そして、「ドイツ銀行が新たな増資をするかもしれない」
との観測報道が出た途端、さらに悪い方向へと向かったのである。

２０１６年9月
ドイツ銀行は、米司法当局から巨額の制裁金を請求され、
経営に対する不安が広がった。
そのときは、増資で乗り切り、株価は一時回復した。
しかし、２０１８年以降、再び株価は下がり続けた。

ようやく3期連続の赤字から脱したものの、
業績は依然、低迷したままだ。

２０００年代、ドイツ銀行は、
高い利益を得られる投資銀行業務に傾斜していった。
その結果、収益構造のバランスを欠くこととなり、
また、さまざまなマネーロンダリング事件に巻き込まれるなど、
先のＣＥＯ時代の負の遺産に苦しめられている。

ゼービングＣＥＯは、低迷する株価を尻目に
成果を出そうと、必死に経費削減に取り組んだ。
「株価よ、なんとか持ち直してくれ」
祈りながら、悪循環から立ち直るべく、
日々の対応に追われている。
ひとつひとつの決断は、まさにハムレットの心境のようだ。

２０１９年７月

「これからは、法人営業を最重視し、

内外企業のサポート役に徹していく」

ゼービングＣＥＯは、

ドイツ銀行の原点に立ち返る大きな決断をした。

ヘッジファンドを顧客にしてきたプライムブローカレッジ業務を切り捨て、

株式トレーディング業務から撤退するという、

思い切った再建計画を発表した。

多くの課題を抱えるなか、険しい道のりが予想される。

しかし、再び輝かしいドイツ銀行の名声を取り戻すため、

ゼービングＣＥＯは、決意を新たにした。

（筆者の想像が含まれます）

ドイツ銀行の株価暴落

２０１８年12月末、ドイツ銀行の株価は、７ユーロ以下にまで売られ、大暴落した２０１６年９月につけた最安値９ユーロをさらに下回った。この値は、ブルームバーグが記録を開始した１９９２年以来の最安値を更新することとなり、不安が広がった。

そして２０１９年４月末、ドイツ政府の強い後押しを受けて、継続されていた同社とコメルツ銀行との統合交渉が打ち切りとなり、株価は６ユーロを割り込む水準にまで売られる展開をみせた。


ドイツ銀行の株価は、２００７年５月に90ユーロを超えていたことを考えると、いかに厳しい状況にあるかがわかる。万が一のことがあれば、リーマンショックを彷彿とさせる金融危機を引き起こすかもしれない。ドイツ銀行に対するそうした不安は、２０１５年頃から囁かれている。

しかし、２０１９年現在においても、なお回復への道筋がみえていない。特に２０１８年に入り、ドイツ銀行の発行済み株式の約７・64％を保有する大株主である中国の海航集団が、自社の経営悪化により保有するドイツ銀行株を少しずつ売却しており、ドイツ銀行の株価低迷に

ドイツ銀行：株価の推移

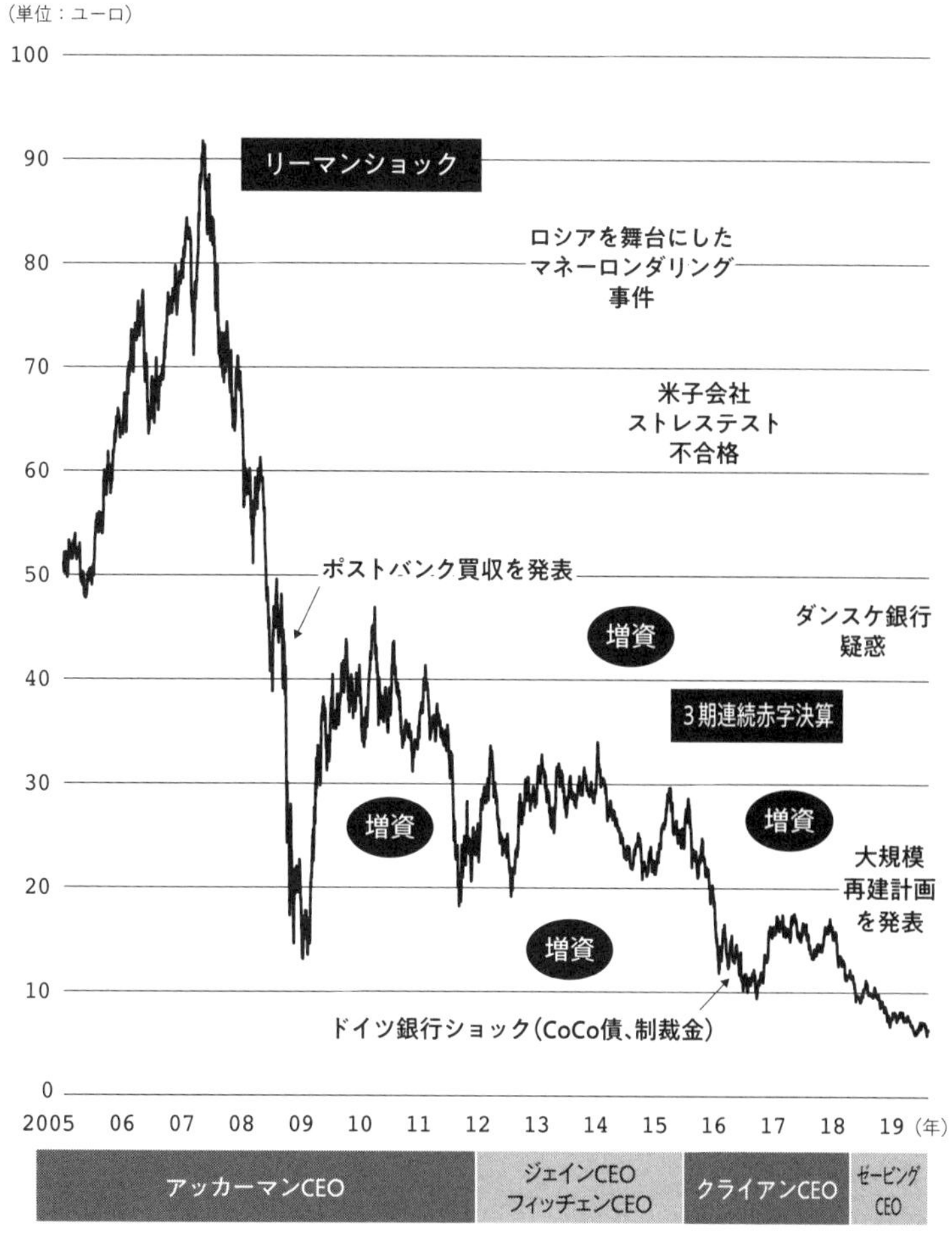

（出所）ドイツ銀行のホームページなどより作成

一層の拍車をかける要因になっている。

ドイツ銀行は、フランクフルトに本店があり、世界59か国に約２０００支店、従業員数約9万人を有している。同社は、ドイツ国内最大の金融機関であるだけでなく、一流投資銀行の集まりである「バルジ・ブラケット」9行の内のひとつでもあり、名実共に巨大銀行である。その総資産額は、２０１８年末時点で約１・35兆ユーロまで減少したものの、２０１２年までは2兆ユーロを超えていた。

歴史を紐解けば、ドイツ銀行は、銀行家のアデルベルト・デルブルック、政治家のルードヴィヒ・バンベルガー、そしてドイツ最大手の総合電機メーカー、シーメンス創業者の一族であるゲオルク・フォン・ジーメンスが１８７０年に設立した銀行で、１５０年近くの歴史を有している。

巨大なドイツ銀行は、預金を預かる銀行でもあり、ドイツ経済のみならず、ＥＵ経済へ与える影響も大きい。ドイツ銀行の経営が不安視されるなか、２０１６年6月、ＩＭＦ（国際通貨基金）は、「金融システム安定性評価」と題するレポートを発表し、それぞれの大手金融機関が世界の金融システムに与える影響を分析した。ＩＭＦは、Ｇ－ＳＩＢｓ《ジー・シブズ》※のなかで、最もドイツ銀行が、世界の金融システムに与える潜在的影響リスクが大きいとし、「万が一にも何かあれば、すべての人にとり悪いニュースになる」と警鐘を鳴らした。

長い間、ドイツの大手民間商業銀行は、ドイツ銀行、コメルツ銀行、そしてドレスナー銀行という三大銀行体制にあった。

しかし、サブプライム危機の影響もあり、経営が悪化したドレスナー銀行はコメルツ銀行に吸収された。そして、そのコメルツ銀行においても、破綻の危機からドイツ政府が救済する事態となり、10年経た現在もなお、政府が株式の約15・6％を保有し続けている。

つまりドイツ資本で、純粋な民間の大手商業銀行として生き残っているのは、ドイツ銀行ただ1行のみであるが、その存亡すら危機に瀕しているのである。

もちろん、現在のドイツ銀行が置かれている状況は、約10年前のリーマンショックのときと大きく異なる。発表されている限りにおいて同社は、当時のリーマン・ブラザーズが抱えていたサブプライム関連資産のように、焦げ付いた不良資産を大量に抱え込んでいる訳でもない。

また、ここ数年発生していた決算の赤字額に比べて、数十倍もの潤沢な流動資産を有している。

※　G–SIBs：Global Systemically Important Banks（グローバルなシステム上重要な銀行）。リーマンショック後、各国の金融監督当局で構成する金融安定理事会（FSB：Financial Stability Board）によって、「グローバルなシステム上重要な金融機関（G–SIBs）」を認定する制度ができた。これは、金融危機の際に政府が、経営危機に陥った巨大金融機関を最終的に支援せざるを得なかった反省から、Too Big To Failという事態を避けるために、世界的な金融システム安定に欠かせない金融機関を認定し、より厳しい規制を課すためである。

ドイツ銀行は、預金を預かる銀行であり、金融監督当局による厳しい監視下にあることから、レバレッジ比率・負債調達手段など、そもそもの財務構造が、当時の投資銀行と大きく異なる。

さらに危機の本質を考えた場合、サブプライム危機においては、時価評価が困難になったサブプライム関連のMBS債（不動産ローン担保証券）やCDO（債務担保証券）などが、世界中に地雷のようにばら撒かれていたのに対して、今回の懸念はドイツ銀行に関連する部分に、ある意味限定される。

とはいえ、これだけ資産規模も大きく、グローバルに展開し、とりわけデリバティブ市場において巨大なプレーヤーでもあるドイツ銀行の経営不安・株価低迷は、大きな問題である。信用不安を引き起こさないよう細心の注意が必要となるなか、ドイツ政府及び欧州中央銀行（ECB：European Central Bank）は、同社の経営状態を、注意深く見守っている。

しかし、かつて世界最大規模にあり、大国ドイツの最大手金融機関が、なぜ今危機に陥っているのであろうか。

3期連続の赤字決算と相次ぐトップ交代

前述の通り長い間、ドイツの民間大手商業銀行は、ドイツ銀行（設立1870年）、コメルツ銀行（設立1870年）、そしてドレスナー銀行（設立1872年）の3大銀行体制にあった。

これら3大銀行は、第二次世界大戦後にいったん解体されたものの、その後、再組織されて復活し、主にドイツの大企業に対して、貿易金融を含めたさまざまな金融サービスを提供する中心的な担い手であった。

かつては、日本と同様、大企業と大手金融機関が株を相互に持ち合い、「ドイツ株式会社」と言われるほど密接な資本のネットワークを構築し、長い間ドイツ経済の発展を支えてきた。たとえばドイツ銀行は、1990年代初頭、多くのドイツ国内の有力事業会社の株式を保有し、自動車のダイムラー・ベンツ、保険最大手のアリアンツ、ミュンヘン再保険などの大株主でもあった。

しかし、1990年代半ば以降、ドイツ銀行をはじめとする民間大手商業銀行は、保有株式の売却を進め、2000年代を通じて大半の持ち合い関係を解消させた。

背景には、連邦政府による税制・会計基準・企業の情報開示といった制度改正の影響があった。また銀行側も、グローバル展開を目指すなかで、巨額の買収資金が必要になっていた。

欧州の金融機関は、1986年の英国の「金融ビッグバン」を契機に、証券業務への参入を活発化させた。当時のサッチャー政権下で行われた同改革で、証券売買手数料の自由化・単一資格制度の廃止・証券取引の参入規制緩和などの、政策が実行された。

その結果、マーケットメーカー機能を担えるようになった外資系金融機関のロンドン市場参入が促進され、ウィンブルドン現象※と呼ばれるに至ったことはよく知られている。そのなかで、海外への積極的な展開により、存在感を強め、国際的な金融機関として大きく飛躍を遂げたのがドイツ銀行である。

ドイツ銀行は、1989年に英国の名門マーチャントバンク、モルガン・グレンフェルを買収した。さらに1999年、デリバティブ（金融派生商品）を駆使した企業向けリスクマネジメント業務に強みを持ち、当時全米第8位の総資産額にあった投資銀行バンカース・トラストを買収し、欧米の投資銀行市場で確固たる足場を築くに至った。バンカース・トラストは、1998年のロシア危機の煽りを受けて巨額の損失を被り、買収が発表されていた。

そしてドイツ銀行は、長期（2002〜2012年）にわたり、トップを務めたスイス人のヨゼフ・アッカーマンCEO（最高経営責任者）によって、決定的に投資銀行路線を歩むことになる。

同氏は、経営路線の対立からクレディ・スイスを追われ、ドイツ銀行のCEOに就任した経緯があった。同氏の下でドイツ銀行は、欧州のみならず、米国においても積極的に投資銀行業務を展開し、事業の主軸を、より投資銀行業務へと傾斜させていった。これによりドイツ銀行は、投資銀行業務のリーグテーブル（ランキング）において、つねに上位を占める米銀と肩を並べ、トップを競う世界有数のグローバル投資銀行へと成長した。

それまでの経営戦略の成功を裏づけるかのように、ドイツ銀行の収益は、リーマンショック前年の2007年まで拡大し続けた。しかし同時に、純収益の約7割を法人営業・投資銀行部門が占め、かつその多くをトレーディング業務が占めるに至った。グローバル展開を目指した結果、ドイツ銀行は、投資銀行業務への傾斜を強め、ドイツ地場企業との結びつきが希薄になっていったのである。

このような投資銀行業務への依存の高さもあり、ドイツ銀行は、サブプライム危機と無縁ではいられなかった。

米上院常設調査委員会が発表した金融危機レポート（2011年）によると、当時ドイツ銀行は、CDO（債務担保保証券）発行元の大手のひとつであった。2004〜2008年の間に、約322億ドルのCDO（47商品）を顧客に販売し、サブプライム危機発生の要因を作った当事

※　**ウィンブルドン現象**：テニスの4大大会のひとつ全英オープン（ウィンブルドン・テニス大会）において、優勝まで勝ち残る地元の英国人選手が少ないことになぞらえた言葉。英国の金融ビッグバンによる規制緩和は、海外の金融機関が市場を席巻する結果を招いたが、金融市場として大きな発展を遂げた。

者のひとりと批判された。

特に問題視されたのは、ドイツ銀行自身が、すでに危機を認識していたとみられる時期（２００６年12月〜２００７年12月）に販売した約１１５億ドルものＣＤＯ（15商品）である。

たとえば、同社が２００７年２月に販売したＣＤＯ「ジェムストーンⅦ（約11億ドル）」について、当時同社のトレーディングデスク（部下約30人）を率いていたグレッグ・リップマン氏が、担保の一部を「crap（屑）」と称していたにもかかわらず、販売によって多額の手数料収入を得ていたと批判された。

リップマン氏は、２００５年から２００７年にかけて、サブプライム関連資産の価格下落を予想し、約50億ドルのショートポジションを組み、多額の利益を得た人物である。同氏は、マイケル・ルイス著の『世紀の空売り』（文藝春秋、２０１３年）のモデルのひとりになったことで、広く知られている。

サブプライム危機によって、ドイツ銀行の純利益（当社株主に帰属）は、２００８年に約38億ユーロの赤字に転落した。しかしその後は、２０１１年まで約20億〜50億ユーロの黒字を維持してきた。

ドイツ銀行の雲行きがおかしくなるのは、長期政権が続いたアッカーマンＣＥＯ退任後の２０１２年以降である。

同氏退任後は、アンシュー・ジェイン氏とユルゲン・フィッチェン氏による2人の共同CEO体制を取った。ジェイン氏はインド生まれで、1995年にメリルリンチからドイツ銀行へ移籍し、ドイツ銀行のロンドン・オフィスを増強させた人物である。

前アッカーマンCEOの時代、投資銀行部門は、トレーディング業務をジェイン氏が、伝統的な投資銀行業務をマイケル・コアーズ氏が率いていた。当初、アッカーマン氏の後任には、コアーズ氏が有力視されていたという。

しかし、M&Aアドバイザリーなどの伝統的な投資銀行業務においては、なかなか米銀の牙城を崩せず、またドイツテレコムやシーメンスなどといったドイツ国内の顧客ビジネスまでもが奪われた。他方、ジェイン氏率いるトレーディング業務は、収益を急速に拡大させた。このような背景から、両者の収益貢献の差が拡大し、コアーズ氏が追われ、ジェイン氏が後継者になったのである。

コアーズ氏がドイツ銀行を去ったことにより、伝統的な投資銀行業務は、トレーディング業務などの商品をクロスセルするためのチャネルに過ぎなくなってしまった。

新体制（ジェイン氏とフィッチェン氏）発足後に発表された中期経営計画「ストラテジー2015プラス」では、「資本集約型グローバル投資銀行」というモデルを掲げた。金融危機以降、他行が相次いで投資銀行業務を縮小させるなか、ドイツ銀行は、引き続きグローバルな投資銀行として、欧州で主導的地位を固める一方、米国およびアジア太平洋地域においても、市場シェアの拡大を目指すとしたのである。

また同中期経営計画では、2015年までに経費率（非金利費用／純収益）を削減（2011年当時約78％→65％）し、ROE（自己資本利益率）を約12％へ引き上げる（2011年当時8・2％）ことも約束した。

しかし結果的には、2012年以降、制裁金などの経費が大きくかさみ、利益が減少する。また、後述するロシアを舞台にしたマネーロンダリング事件への関与も明らかとなり、2015年6月、責任を取る形で両トップの辞任が発表された。

同年通年の決算でドイツ銀行は、過去最大となる約68億ユーロもの巨額の赤字を計上し、経費率は約115％へ上昇、ROEもマイナスに転じたのである。

2015年7月、英国出身のジョン・クライアン氏が新CEOに就任し、新体制が発足した（2016年5月まで前任フィッチェン氏と共同CEO体制）。同氏は、以前在籍していたスイスのUBSで、CFO（最高財務責任者）として、リストラクチャリングを主導した人物であった。

クライアン氏は、投資銀行業務拡大を目指してきたこれまでの路線を大きく転換し、同業務の縮小を指示した。

新たに発表された中期経営計画「ストラテジー2020」では、銀行発足以来初となる2年間の無配に加えて、法人営業・投資銀行部門の従業員削減、中南米や北欧など10か国の拠点閉鎖、非中核事業の整理を発表した。

グローバル・マーケッツやCIB部門の縮小（顧客数削減・特定プロダクトからの退出）、約40億ユーロ（コストベース）の事業売却、約3万5000人の人員（正規従業員約9000人、外部契約者約6000人、事業売却により約2万人）を削減するという、かなり踏み込んだ内容になった。

しかし、結果的には、収益減少に歯止めが掛からなかった。

主要国における歴史的な超低金利政策と、金融規制が強化された影響に加えて、巨額の制裁金も、大きな足枷となった。しかし、何よりも投資銀行業務において、米銀との競争に苦戦した。

その結果、ドイツ銀行は、2015年に巨額の赤字を計上した後も、2016年（約14億ユーロ）及び2017年（約7・5億ユーロ）と、3期連続で赤字を計上することとなり、株主を大きく失望させたのである（なお、2017年の赤字は、米国の税制改正による会計の影響が大きく、税引き前ベースでみれば、かろうじて黒字になっている）。

そして2018年4月、株主からの強い反発によってクライアンCEOは、2020年の任期満了を待たずして、事実上解任された。

このように、アッカーマンＣＥＯが２０１２年に退任して以降、ドイツ銀行は、３期連続（２０１５〜２０１７年）の赤字決算が続き、３回もトップが交代する事態となった。

巨額の制裁金

ドイツ銀行が、３期連続の赤字決算に追い込まれた最大の理由は、巨額の制裁金である。２０１２年以降、同社が負担した制裁金や訴訟和解金の累計費用は、２０１７年末時点で実に約１５０億ユーロもの巨額な金額となった。

ここでは、２０１５年と２０１６年の主な制裁金を取り上げる。

【２０１５年】ロシアを舞台にした不正取引とミラートレードによるマネーロンダリング事件

２０１１年秋から２０１５年初旬にかけて、ロシア人ブローカーのボルコフ氏と名乗る男性によって、毎週のように行われた取引である。

ボルコフ氏は、ドイツ銀行モスクワ支店を通じて、ロシアの株式市場でブルーチップと称される優良銘柄をルーブル建てで購入し、同時にロンドン市場で同一銘柄を、ボルコフ氏が管理するオフショア企業にドル建てで売却するミラートレードを行っていた。

同取引は違法でないものの、実質的にロシアから英国への資金逃避であり、また取引規模が約100億ドルと巨額であったことから、米捜査当局や英独の金融監督当局が、マネーロンダリングの疑いで捜査するに至った。

同事件によって、ドイツ銀行の従業員3人が解雇されただけでなく、トップ2人が辞任（2015年6月）するに至り、最終的に英米金融監督当局から約6・3億ドルの制裁金が課された（2017年）。

この事件をきっかけに、当時新たに就任したクライアンCEOは、モスクワの投資銀行業務から撤退することを発表した。

LIBOR《ライボー》（ロンドン銀行間取引金利）に関わる不正操作事件

LIBORを巡る金利の不正操作問題で、複数の金融機関に対して制裁金が課された。ドイツ銀行は、7人の従業員を解雇し、英米金融監督当局に約25億ドルの制裁金を支払った。

【2016年】

金融危機を引き起こした住宅ローン担保証券の販売に関する制裁金

2016年9月、米司法当局から総額約140億ドルもの巨額な制裁金支払いを要求されていることが明らかとなり、ドイツ銀行に対する危機感が大きく広がり、同社株価が急落した。この制裁金は、サブプライム危機発生の要因を作ったとして批判された、前述の米国でのCDO（債務担保証券）の発行・引受・販売に絡む違法性に関するものである。

米司法当局は、2008年の金融危機を引き起こしたとして、サブプライムローンに絡む住宅ローン担保証券の販売に関し、多くの金融機関に対して制裁金を課している。たとえば、JPモルガン・チェースに約130億ドル（2013年）、バンク・オブ・アメリカに約166・5億ドル（2014年）、クレディ・スイスに約52・8億ドル（2016年）の制裁金が課された。

また、同金融危機以外の件においても、米司法当局は、多くの金融機関に制裁金を課しており、たとえば、経済制裁対象国との取引に関わったとしてBNPパリバに約90億ドル（2014年）、米国人の脱税をほう助したとしてクレディ・スイスに約28億ドル（2014年）を課している。

このような米司法当局による欧米金融機関に対する厳しい措置に対して、当時オランド仏大統領が「制裁は過剰で不公正」と抗議するなど、欧州の政府側は、一時、米国の動きに反発する動きをみせた。

いずれにせよ、当初公になった米司法当局によるドイツ銀行に対する制裁金の額が、巨額であったことから、ドイツ銀行の株価が急落する騒ぎへと発展した。
しかし、最終的に２０１６年12月、米司法当局とドイツ銀行は、約半分の72億ドルの支払い（約31億ドルが民事上の制裁金、約41億ドルが米国の消費者救済）で合意している。

結果的に、このような米司法当局による巨額の制裁金を課す動きは、ドイツ銀行の危機を煽ることになった。一説には、ドイツ銀行とトランプ大統領との近さが背景にあるとする穿った見方も囁かれている。またドイツ銀行は、これら制裁金負担がなければ、黒字を維持できていた可能性が高い。

しかし、たとえばモルガン・チェースは、同社以上に制裁金の負担額が大きかったにもかかわらず、通年での赤字に転じることもなく、米国最大の金融機関としての優位性を維持している。つまり、ドイツ銀行は、確かにこれら制裁金による足枷が大きかったものの、本業からの収益力低下が否めない状況になっているのである。
また後述するが、同社は、２０１８年にも新たな事件への関与が明らかとなっており、他行と比較して訴訟数を多く抱え、コンプライアンスを巡る不安が解消されていない。

米子会社が3期不合格になった米ＦＲＢのストレステスト

前述の制裁金以外にも、市場でのドイツ銀行に対する経営不安が、増幅された要因として、米ＦＲＢのストレステスト結果（２０１５年、２０１６年、２０１８年）と、ＣｏＣｏ債を巡る騒動がある。ＣｏＣｏ債については、章の後半で取り上げる。

米ＦＲＢは、毎年3月から6月にかけて、金融危機の教訓を踏まえ、米大手金融機関に対するストレステスト（健全性審査）「包括的資本分析・レビュー（ＣＣＡＲ）」を実施し、結果を公表している。米大手金融機関の財務状態をチェックし、もし金融危機のような深刻な事態（ストレス時）が生じた場合においても、常日頃から乗り切れる体力があるかを調べている。

そして、不合格となり改善が必要な金融機関に対しては、指導を行うと同時に、配当などの資本流出を制限して十分な流動性を確保させ、公的資金注入などの国民負担を避けることを狙いとしている。

２０１５年3月と２０１６年6月に公表されたストレステストでは、米銀30行超が対象になった。そのなかで、ドイツ銀行の米子会社ドイチェ・バンク・トラスト・コーポレーション（DBTC）、及びスペインのサンタンデール銀行の米子会社、この2行が2年連続で不合格となり、資本計画の脆弱性が指摘された。

その前年の2014年に、シティグループや北米HSBCなどを含む5行が不合格になっていたものの、2015年と2016年には、ほぼ全行の資本計画が合格するなかで、この2行の不合格が大きくクローズアップされる結果になってしまった。

不合格になったドイツ銀行傘下のDBTCは、前身が1999年に買収された米投資銀行バンカース・トラストである。親会社のドイツ銀行に対するメディアの不安が高まるなか、DBTCの広報担当者は、「DBTCの規模は、ドイツ銀行の総資産額の5％未満でしかない」と強調した。

そして2018年6月に公表されたストレステストでは、ドイツ銀行の米中間持株会社DB USAコーポレーションが対象になったものの、再び不合格になってしまった（ドイツ銀行の総資産額の約7％、米国事業全体の総資産額の約28％相当）。FRBは、リスク管理や内部監査面で重大な欠陥があると指摘した。

なお、2017年及び2019年のストレステストでは、ドイツ銀行の米子会社含め、全行、合格している。

課題その1
法人営業・投資銀行部門（ＣＩＢ）の低迷

ドイツ銀行は、どうして収益を上げられないのであろうか。
ドイツ銀行の事業部門は、本部機能を除けば、次の3部門から構成される。

・ＣＩＢ（Corporate & Investment Bank）	法人営業・投資銀行部門
・ＰＣＢ（Private & Commercial Bank）	リテール部門
・ＤＷＳ（Deutsche Asset Management）	アセット・マネジメント部門

前述した通りドイツ銀行は、純収益に占めるＣＩＢ部門への依存度が高かった。同割合は、金融危機前の２００５年時点で約67％あった。さらに、その約6割超をトレーディング業務収益が占めていた。

トレーディング業務は、「株式」と「債券（その他）」に分けられるが、主に機関投資家に対する仲介業務（株式、債券、デリバティブ、外為、短期金融市場商品、仕組み証券など）に加えて、自己勘定取引も含まれた。同社の場合、債券トレーディング部門が、トレーディング業務収益の約3分の2を稼ぎ出していた。特に金融危機前は、ＣＤＯなどの仕組債の仲介業務の割合が高かったことが推察される。

2005年と直近2018年の純収益を比較してみると、総額全体の規模は、約250億ユーロとほぼ変わらない。しかし、CIB部門は、実額で約24%減少し、全体に占めるシェアも約51%へ低下した。

さらに、CIB部門の内訳をみると、トレーディング業務収益（実額）が、2005年比で約3割減少した。代わりに決済ビジネス（資金決済・貿易金融など）が伸びているものの、トレーディング業務の収益の落ち込みを、補うに至っていない。

また、伝統的な投資銀行業務であるアドバイザリー業務や引受業務においても、米銀勢がこれら収益を拡大させているのに対し、ドイツ銀行は縮小させている。

2000年代を通じて、トレーディング業務は、多くの欧米金融機関にとり、重要な収益源であった。しかし、金融危機以降、同業務を巡る環境は様変わりし、最も大きな影響が出ている。とりわけ債券トレーディング部門の収益減少は、ドイツ銀行に限らず、その他欧米金融機関においても顕著となっている。

第1の理由は、金融危機以降の主要国における量的緩和・低金利政策が大きく影響している。債券は、低金利が継続し、今後金利が上昇すると想定されれば、価格が下落する。つまり、機関投資家などが買い向かうのが難しい。また、低金利下での売買は利鞘も薄い。

図表1-1　ドイツ銀行：業績

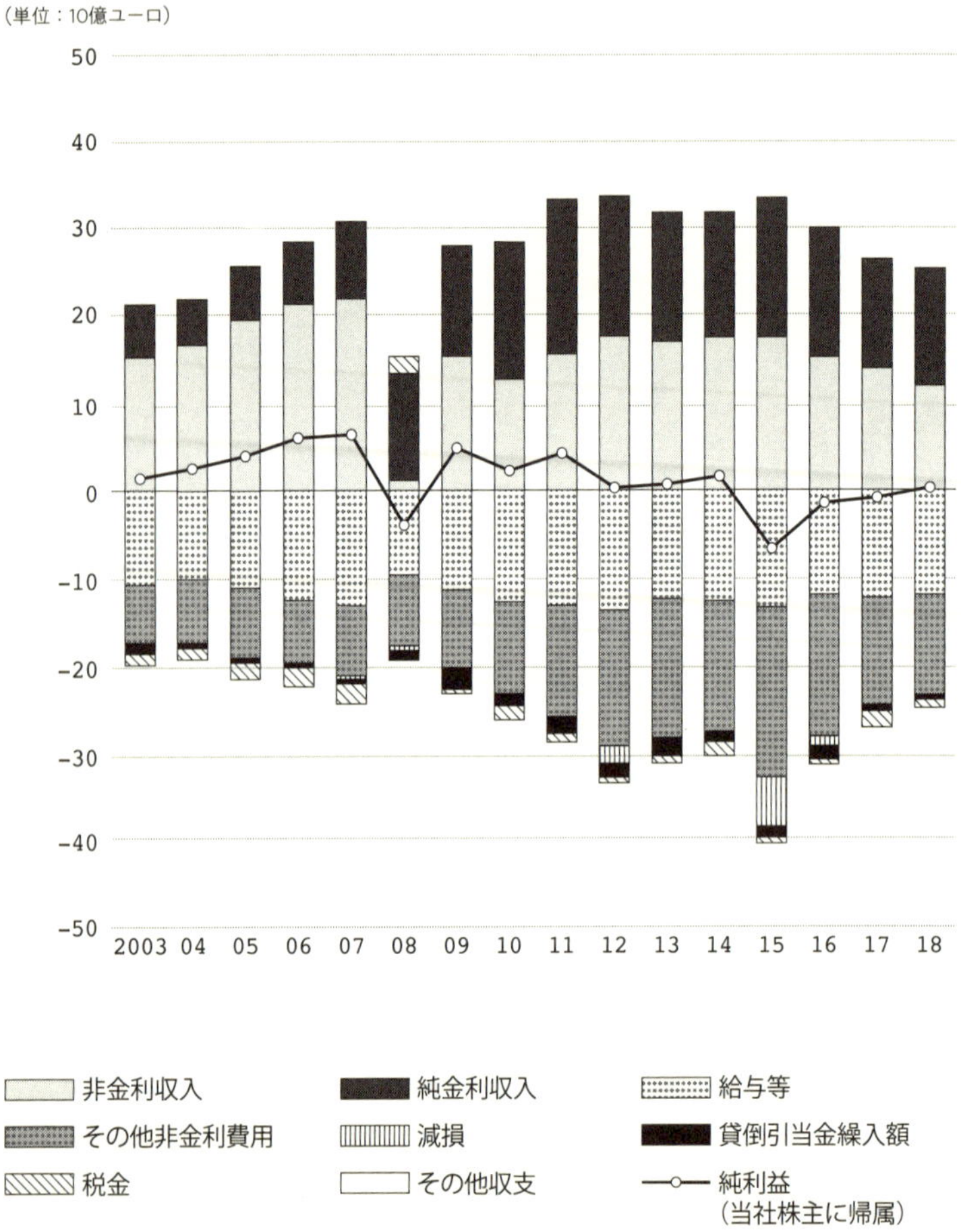

（出所）ドイツ銀行の決算資料より作成

図表1-2　ドイツ銀行：純収益のセグメントシェア

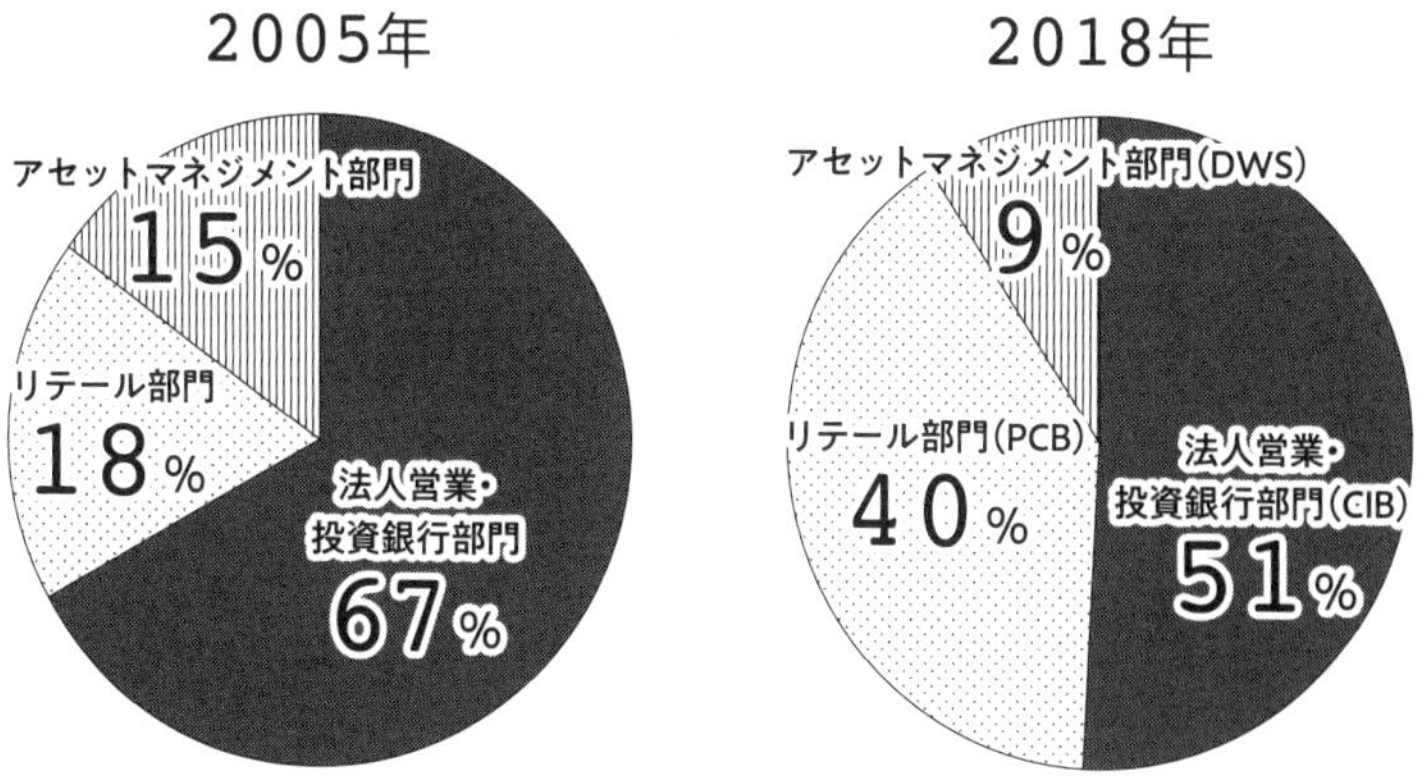

(出所)ドイツ銀行の決算資料より作成

第2の理由は、サブプライム危機以降、バーゼルⅢや欧米の金融監督当局によって、銀行のトレーディング業務への規制（FRTB：Fundamental Review of the Trading Book）が大幅に強化された点が挙げられる。これは、トレーディング業務の暴走が、サブプライム危機を引き起こした原因になったことへの反省がある。規制強化に伴い、トレーディング資産のリスク・ウェイトが大幅に高まったほか、金融監督当局へ細かな報告が求められるようになり、以前より費用負担が増大し、所要資本もより必要となった。

そして、第3の理由は、自己勘定を使って、当事者としてリスクを取り、金融商品（有価証券、デリバティブ、商品先物など）を購入・売却して運用することが、規制された点も挙げられる。

特にドイツ銀行は、他の欧米金融機関と比較しても、とりわけ債券トレーディング部門への依存度が高く、典型的なトレーディング業務依存型モデルになっていた。

このようなトレーディング業務を巡る環境変化に対し、積極的に対策を講じてきたのは、スイスの銀行、ＵＢＳである。ＵＢＳは、金融危機以降、約２万人の従業員を削減してきたが、さらに２０１２年、追加的に債券トレーディング部門の従業員約１万人を削減し、トレーディング業務を大幅に縮小させた。

他方、米銀勢は、トレーディング業務からの収益低下の穴を埋めるべく、いわゆる伝統的な投資銀行業務、証券発行のオリジネーション業務（幹事・引受・販売）やＭ＆Ａアドバイザリー業務を積極的に拡大させた。結果、投資銀行業務のリーグテーブル（ランキング）上位を、つねにＪＰモルガン・チェース、ゴールドマン・サックス、モルガン・スタンレー、バンク・オブ・アメリカ、シティグループなどといった米国勢が占有し、欧州勢の存在が薄くなっている。

ドイツ銀行は、これまで債券部門などにおいて上位にあったものの、近年ランキングも、マーケットシェアも落としている。

これは、投資銀行業務の主戦場が米国であり、米国企業との結びつきの強い米銀の方が有利という背景がある。ドイツ銀行は、米国のバンカース・トラストを買収によって傘下に持つものの、もともとバンカース・トラストの強みは中堅企業にあり、大企業の顧客が少なかった。

図表1-3　ドイツ銀行：
法人営業・投資銀行部門の純収益内訳

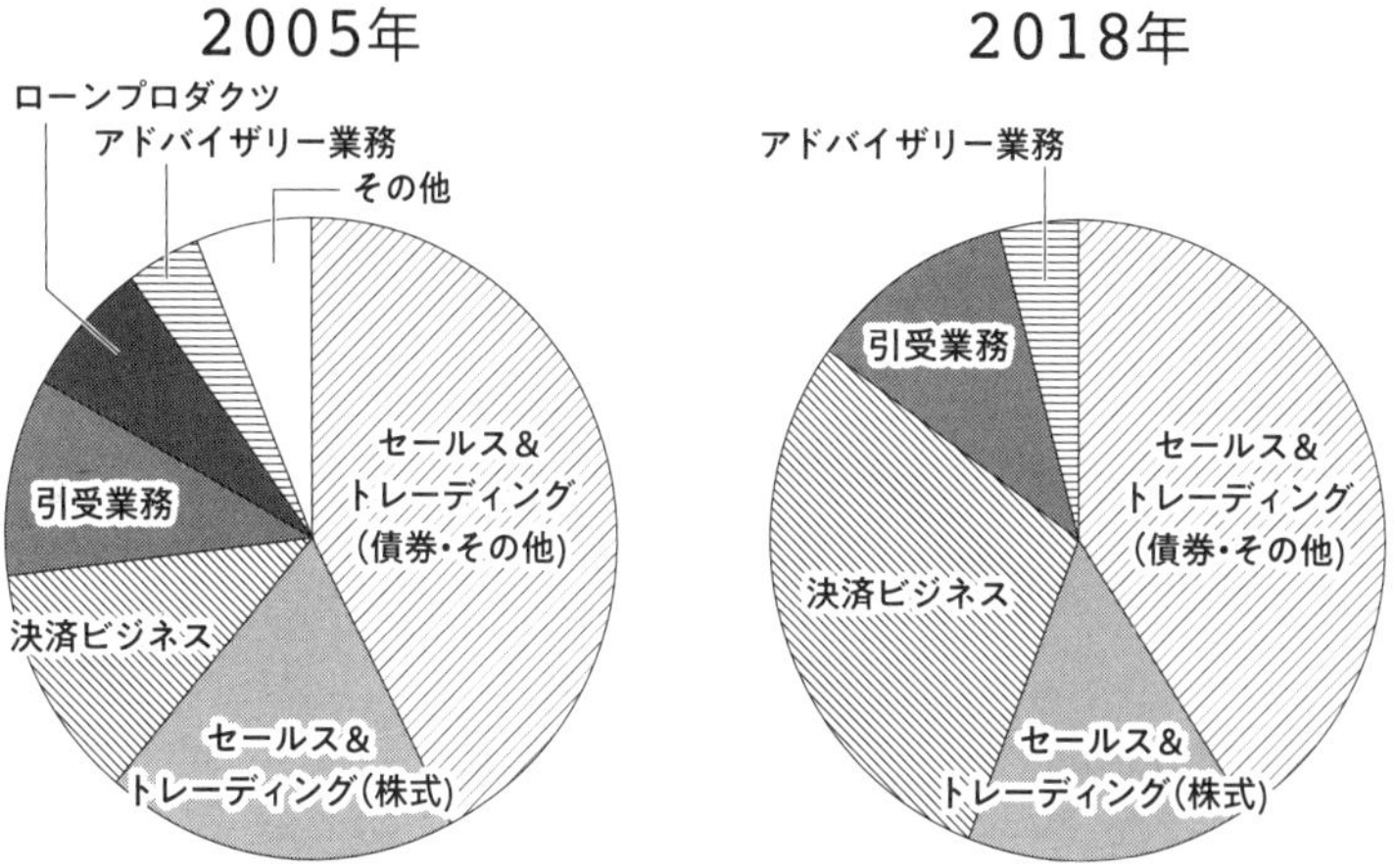

（出所）ドイツ銀行の決算資料より作成

このためドイツ銀行は、他の投資銀行から大量の人材を引き抜き、強化を図ってきたものの、人件費の高騰を招くこととなり、期待通りの成果を上げてこなかった。

欧州市場においても、米銀勢が強い攻勢をかけており、すでに約3分の2相当のマーケットシェアを占有しているとの試算もあり、非常に厳しい競争を強いられている。

そして、最近のドイツ銀行に対する経営不安や風当たりの強さも影を落とし、顧客を遠ざける要因のひとつにもなっている。このためドイツ銀行は、非トレーディング業務を強化し、さらに経費削減などによって、CIB部門を立て直すことが喫緊の課題になっている。

図表1-4　ドイツ銀行：純収益の国別シェア（2018年）

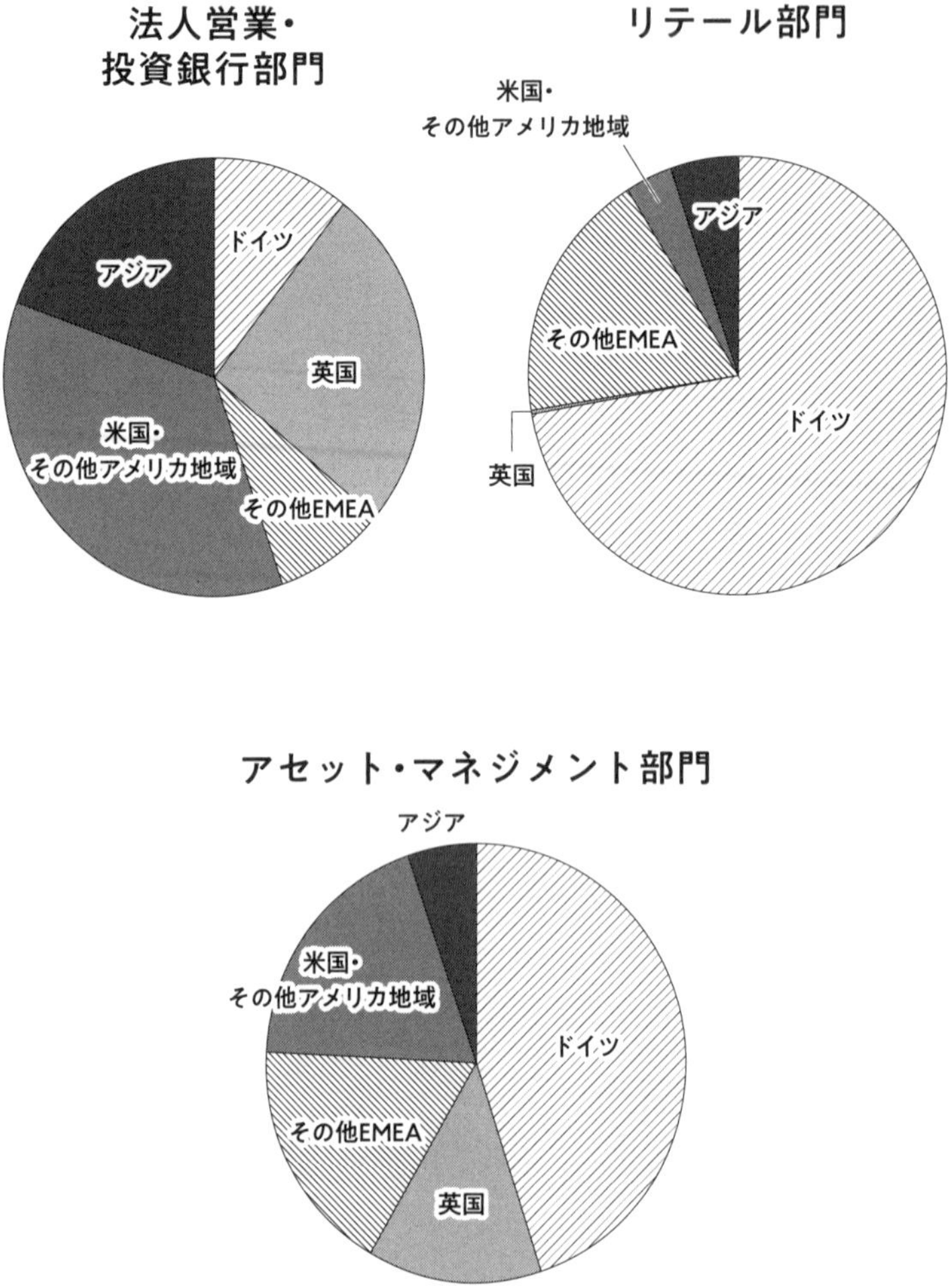

（出所）ドイツ銀行の決算資料より作成

課題その2

進まないポストバンク活用によるリテール部門（PCB）強化

ドイツ銀行は、リーマンショックの嵐が吹き荒れる2008年9月、リテール事業強化を図るため、ポストバンクの株式を買収し、子会社化することを決定した。ポストバンクは、1995年のドイツ郵政民営化に伴う3社分割により、ドイツポスト・ドイツテレコムと共に誕生した。

ドイツ銀行は、2009年2月に、ポストバンクの大株主であるドイツポストから、約22・9％の株式（5000万株）を取得（ドイツポストはドイツ銀行株約8％を取得）した。

その後、株式公開買付やオプションを行使することによって、ポストバンクの株式を追加取得し、2010年12月に連結対象へ（保有比率約52％）、2012年までに買収を終了させた（保有比率約96％）。この買収によって、ドイツ銀行は、ポストバンクが有するドイツ国内の個人顧客約1450万人（参考：ドイツ銀行の国内顧客約970万人）、また郵便局内の窓口を活用できることとなり、PCB部門を強化した。

しかし、もともとポストバンクの収益性が高くなかったことに加えて、労組による強い抵抗もあり、当初予定していたポストバンクの店舗整理や人員削減が、思うように進んでいない。その結果、なかなか統合効果を生み出しあぐねている。

また後述するが、ドイツのリテール市場は、地域金融機関である貯蓄銀行や州立銀行、信用協同組合銀行が乱立し、コスト競争による市場のシェア争いが激しく、利益が薄い環境にある。さらに、主要国による超低金利政策の影響も、これに追い打ちをかけている。

このため、2015年4月に発表された中期経営計画でドイツ銀行は、ポストバンクの株式を売却し、保有比率を50%未満に引き下げる方針を打ち出していた。とりわけ、金融規制が強化されるなかで、ポストバンク売却によって資本を増強すると共に、連結対象から外すことによって総資産額全体を減らし、レバレッジ比率を改善させる思惑があった。

しかし、一転して2017年3月、ドイツ銀行は、約80億ユーロの増資を決定すると共に、ポストバンクの売却を取りやめ、本体へ吸収することを発表した。すでに2013年と2014年に大型増資を行っていたため、更なる増資となった。ドイツ銀行は、ポストバンクを手元に残しながら、信用力と収益力の両方を高めることを決断したのである。

表向きの理由は、事業収益の多様化や、ドイツ国内市場の強化である。

しかし、一部報道では、ポストバンクの価値が大幅に下落するなかで、仮に売却した場合、国内会計基準上の評価損の影響から、偶発転換社債（後述）のトリガーに引っ掛かり、クーポンの支払いができなくなるリスクが背景にあると指摘された（国際会計基準上は2015年に大幅な減損を計上）。

ドイツ銀行は、PCB部門からの純収益が、全体の約4割を占める。しかし、実額でみると約102億ユーロ（2018年）程度と、ライバルのBNPパリバの約3分の1に過ぎない。これは、ドイツ銀行がこれまで投資銀行業務を主力にし、リテール業務に重きを置いてこなかったことを考えると、当然ともいえる。

さらに同社の問題は、経費率（非金利費用／純収益）が高く、利益が薄い点にある。ドイツ銀行のPCB部門の経費率は、2017年約92％から2018年約88％へ改善した。しかし、たとえばBNPパリバのリテール部門の経費率は約65％であり、大きな差がある。ドイツ銀行は、PCB部門を強化する上で、より大掛かりなコスト削減に取り組まなければならないことがわかる。

アセット・マネジメント部門（DWS）の株式を売却

DWSからの収益は、2018年、ドイツ銀行全体の約9％を占めた。

DWSは、約40か国に展開し、約7000億ユーロの運用資産を有する資産運用会社である。英IPEの調査によれば、DWSは、運用資産残高でドイツ国内第1位、世界で第20位の規模となっている（2018年）。

日本においては、1985年に「モルガン・グレンフェル・インターナショナル・アセット・マネジメント株式会社」として設立され、1990年に「ドイツ銀投資顧問株式会社」と合併、1999年に「バンカース・トラスト投信投資顧問株式会社」と合併し、「ドイチェ・アセット・マネジメント株式会社」へと事業を再編させた。

2018年3月には、DWSのIPO（新規公開株式）が発表された。

同年3月23日に行われたDWSのIPO（フランクフルト証券取引所）では、同社の発行済み株式総数の約22・25％にあたる4450万株が売却された（一株あたり約32・5ユーロ、計約14・5億ユーロ）。日本企業では、日本生命が、同社株式の約5％にあたる1000万株を、約3・25億ユーロで取得した。

DWSは、投資プラットフォームやデジタル分野の強化を掲げており、株式売却による資本増強で、中期的に約100人を新規雇用し、約9000万ユーロを投資する計画と発表している。

また、2019年3月には、保険会社のアリアンツが、DWSを買収して自社の資産運用部門と統合することを検討していると報道され、DWSの株価が一時急騰した。

ドイツ銀行にとって、残りのDWS株式を売却することによって得られる資金は、切り札とみられている。DWSの時価総額を仮に約60億ユーロとした場合、ドイツ銀行が保有する価値は約47億ユーロとなる。今のところドイツ銀行は、DWSを手放すことに後ろ向きであるが、仮に新たな資金需要が生じた場合、資金を確保するためにやむを得ず売却する可能性もあるとみられている。

増資に次ぐ増資と自己資本比率

金融規制が大幅に強化されたこともあり、ドイツ銀行は、相次ぐ大型増資を行っている。バーゼルⅢでは、自己資本比率について、所要最低水準を引き上げるとともに、自己資本への参入要件を厳しくした。さらに自己資本比率を補完するものとしてレバレッジ比率、流動性カバレッジ比率（LCR）、安定調達比率（NSFR）も導入されている。

自己資本比率とは、リスク・アセット（分母）に対する自己資本（分子）の割合である。

資本の質の高い順から「普通株式等Tier1（CET1）」、「その他Tier1」、「Tier2」で構成される。質が高いとは、経営危機の際に、損失をすぐに吸収できるという意味であり、たとえばC

ET1であれば普通株式や内部留保を指す。特にバーゼルⅢでは、この純度の高い資本しか含めないCET1部分の比率が4・5％以上に引き上げられ、条件が厳しくなった。

それだけではなく、CET1比率には、将来のストレスに対して資本を保全するバッファーとして、追加的に一律2・5％の積み立てが求められた。また「グローバルなシステム上重要な銀行」と認定されればG－SIBsバッファー（1・0〜3・5％）が、さらに各国当局によって景気過熱等を勘案したカウンターシクリカルバッファー（0〜2・5％）が、上乗せされる。G－SIBsは、金融安定理事会（FSB）が、5つのリスク要因（①国際的活動、②規模、③相互連関性、④代替可能性、⑤複雑性）に対応する指標を用いて各行の点数を算出し、選定する（図表1－5）。

最新（2018年11月公表）のG－SIBsについては、最も影響が大きいとされる「バケット5（＋3・5％）」に該当がなく、「バケット4（＋2・5％）」にJPモルガン・チェース、「バケット3（＋2％）」にシティグループ、HSBC、ドイツ銀行の3行が選定されている。

そして、バーゼルⅢでは、このように自己資本比率が大幅に引き上げられただけでなく、資本からの控除項目（繰延税金資産、持ち合い株等）も増加し、一部リスク・アセットの評価方法も見直され、より厳しい内容になった。

図表1-5　G-SIBs選定指標と対象行

G-SIBs選定指標

国際的活動	グローバルな債権・債務の金額
規模	レバレッジ比率(バーゼルIII)における総エクスポージャー
相互連関性	銀行間の資産・負債の金額、発行証券残高
代替可能性	預かり資産残高、決済システムを通じた支払額、債券・株式市場における引受取引の価値
複雑性	店頭デリバティブの想定元本、レベル３資産、トレーディング勘定および売却可能資産の価値

G-SIBs対象行と必要な資本バッファー(2018年11月)

バケット5)3.5%	なし
バケット4)2.5%	JP Morgan Chase
バケット3)2.0%	Citigroup, Deutsche Bank, HSBC
バケット2)1.5%	Bank of America, Bank of China, Barclays, BNP Paribas, Goldman Sachs, Industrial and Commercial Bank of China Ltd., 三菱UFJ FG, Wells Fargo
バケット1)1.0%	Agricultural Bank of China, Bank of New York Mellon, China Construction Bank, Credit Suisse, Groupe BPCE, Groupe Credit Agricole, ING Bank, みずほFG, Morgan Stanley, Royal Bank of Canada, Santander, Societe Generale, Standard Chartered, State Street, 三井住友FG, UBS, Unicredit Group

(出所)FSBの資料より作成

さらに、ドイツ銀行においては、欧州独自の自己資本比率規制も加わる。

欧州中央銀行（ＥＣＢ）は、４項目（①ビジネスモデル、②ガバナンスとリスク、③資本力、④流動性）の検証・評価プロセス（ＳＲＥＰ：Supervisory Review and Evaluation Process）を勘案し、毎年、各行の比率を通達している。

その結果、ドイツ銀行の必要最低自己資本比率は、図表１－６の通りになっている。


このためドイツ銀行は、２０１３年（計約30億ユーロ）と２０１４年（計約85億ユーロ）に相次いで新株発行による大型増資を行い、結果、２０１４年末に総自己資本比率（完全実施基準）が約16・０％（ＣＥＴ１＝約11・７％）へ改善した。

しかしこのような増資を行った後も、欧米他行と比較して、資本が不十分とみる向きが多かった。２０１４年10月に欧州各行のレバレッジ比率が公表されたものの、ドイツ銀行のレバレッジ比率の低さが問題視された。

２０１５年、前述の通りドイツ銀行は、ポストバンクを売却して資本を増強する方針を打ち出していたものの断念し、投資銀行業務の不振から大幅な赤字を計上した。さらに２０１６年、巨額の制裁金も明らかとなる。

図表1-6　ドイツ銀行の必要最低自己資本比率

	2018年	2019年
CET 1	4.50%	4.50%
Combined buffer requirement	3.44%	4.57%
Capital Conservation Buffer	1.88%	2.50%
Countercyclical Buffer	0.07%	0.07%
Maximum of	1.50%	2.00%
G-SIBs Buffer	1.50%	2.00%
O-Sll Buffer	1.32%	2.00%
Systemic Risk Buffer	0.00%	0.00%
SREP	2.75%	2.75%
Total CET 1 requirement	**10.69%**	**11.82%**
Total Tier 1 requirement	**12.19%**	**13.32%**
Total capital requirement	**14.19%**	**15.32%**

(出所)ドイツ銀行の決算資料より作成

図表1-7　ドイツ銀行：増資の動き（発行済株式総数）

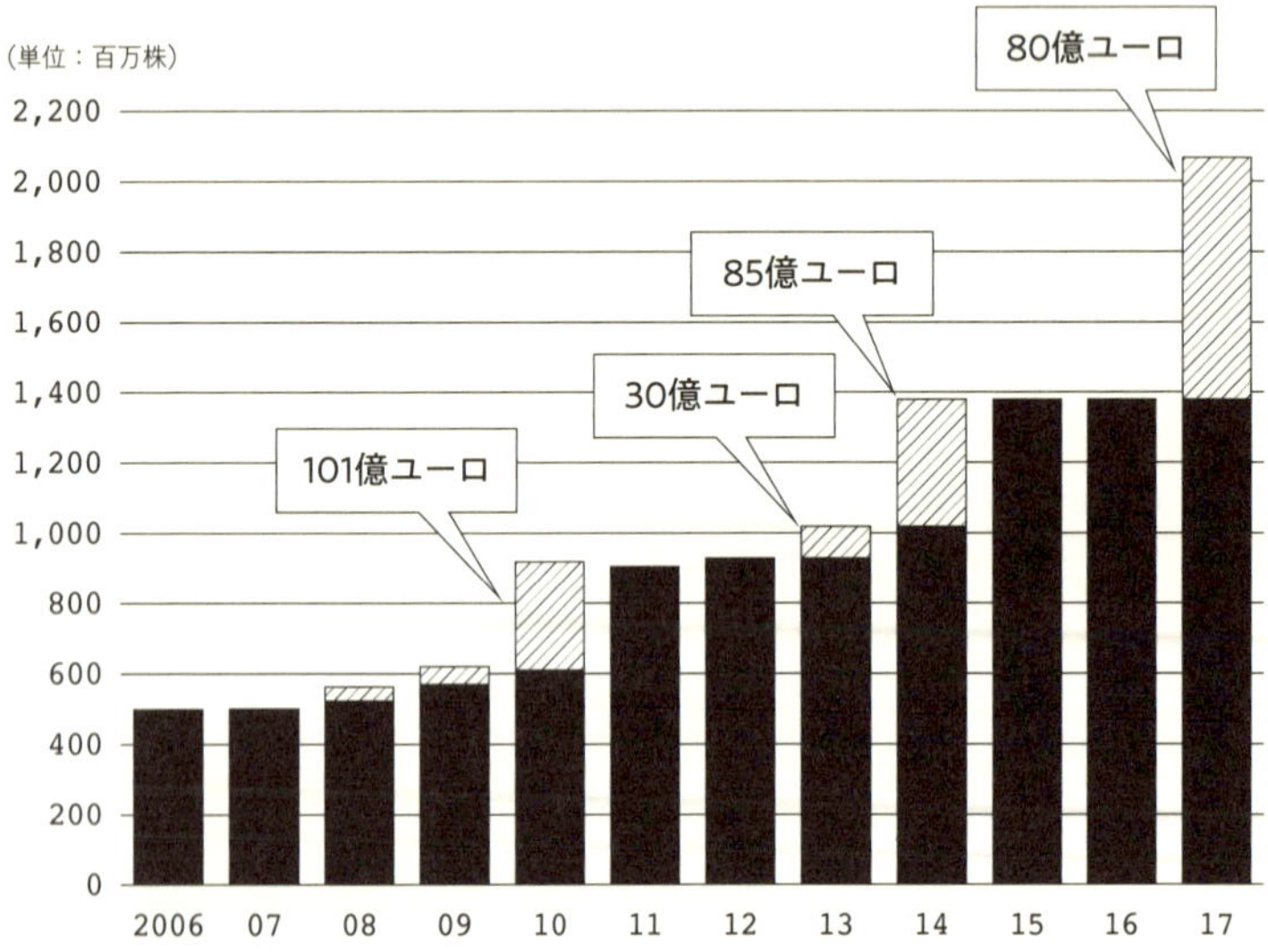

（出所）ドイツ銀行の決算資料より作成

ドイツ銀行は、まず資産売却によってリスク・アセットを削減し、２０１６年末の総自己資本比率を約16・６％（ＣＥＴ１＝約11・８％）へ引き上げた。そして２０１７年４月、約80億ユーロの新株発行による大型増資に踏み切った。ドイツ銀行は、ＣＥＴ１の目標を13％とするなか、同年末時点で総自己資本比率約18・４％（ＣＥＴ１＝約14・０％）を達成した。

このようにドイツ銀行は、相次いで大型増資を行い、自己資本を増強してきた。

しかし、収益が上がらず、また株価が低迷するなかでの大量増資

図表1-8　ドイツ銀行：自己資本比率（完全実施基準）の推移

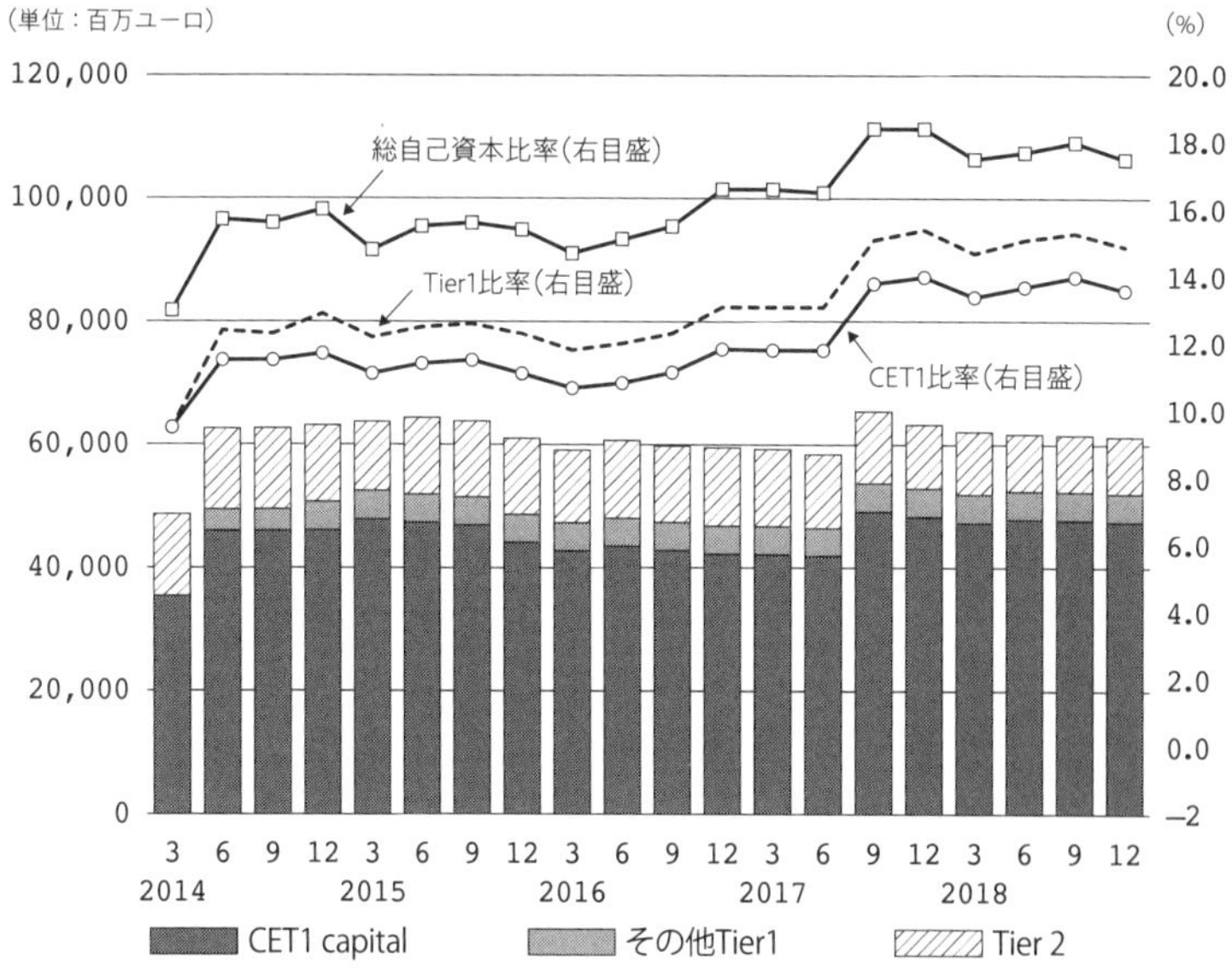

（出所）ドイツ銀行の決算資料より作成

は、株式の希薄化をもたらすリスクがある。現時点においては、低収益部門の売却や費用削減、あるいは上手くＩＴ投資などを活用し、収益力を上げていくことが、危機を脱する上で何より重要となっている。

２０１６年のＣｏＣｏ債をめぐる騒動

ドイツ銀行は、新株発行による増資だけでなく、「その他Tier1」資本の充実を図るため、「偶発転換社債（ＣｏＣｏ債）」も発行している。しかし、２０１６年2月、このドイツ銀行のＣｏＣｏ債（約47億ユーロ）を巡って、「ドイツ銀行ショック」とも言われる騒動に発展した。

ＣｏＣｏ債とは、制限条項がついた転換社債で、発行体である金融機関の自己資本比率が定められた水準を下回るなど、偶発的な事象であらかじめ定められた条件（トリガー条項）に抵触した場合、強制的に普通株へ転換されたり、元本を削減されるリスクのある債券である。

バーゼルⅢでは、金融危機において、劣後債を保有する一部投資家も救済されたことへの反省から、コンティンジェント・キャピタルという概念が導入された。

発行体である金融機関からみれば、金融危機時などにおいて、これらコンティンジェント・キャピタルが損失吸収の役割を担い、破綻から守ってくれる機能がある。他方、債券を買った投資家からみれば、銀行経営が悪化するなどの「有事」の際に、銀行側の都合で強制的に普通株へ「転換」されてしまうなどのリスクが存在する。

しかし、債券と言っても、株式と中間の性格を有することから、いわゆるハイブリッド証券と呼ばれている。CoCo債は、リーマンショック後の2009年11月、初めてロイズ銀行が発行して以来、欧州の大手金融機関を中心に、自己資本を増強する手段として相次いで発行されている。

一般にCoCo債は、劣後債と比べて利回りが高いことから、投資家に人気がある。また金融機関にとっては、バーゼルⅢにおいて、「その他Tier1」や「Tier2」などの自己資本に組み入れられる資本増強手段のひとつでもある。さらに、株式でないことから、経営指標であるROE（自己資本利益率）にも影響しないメリットがある。

ドイツ銀行は、2014年5月と11月、「その他Tier1」資本に組み入れられるCoCo債AT1債（その他Tier1債）を発行した。このとき、総額約47億ユーロのAT1債が発行された。しかし、2016年2月、ドイツ銀行が、これらAT1債のクーポン費用を支払えないのではとの懸念から、売り圧力が強まり、イールドが急騰した。

不安が広がった背景には、欧州の自己資本比率規制において、金融機関が求められるCET1比率を下回った場合、AT1債のクーポン支払いに制約（最大配当可能額を超過する支払いをしてはならない）が課される懸念があったためである。

2016年に欧州中央銀行（ECB）は、ドイツ銀行に対して約10・76％（フェーズイン・ベース）のCET1比率を求めていた。そして同年3月末のCET1比率は、約12％（フェーズイン・ベース）であり、利払い停止懸念を生じさせる低い水準にあった。

また、2015年の決算で大幅な赤字を計上し、同社の株価が暴落するなかで、仮にAT1債の株式への転換オプションが行使された場合、株式の希薄化が一層進み、実質的な元本割れリスクになる可能性があった。このような懸念から、ドイツ銀行の劣後債を5年間保証するクレジット・デフォルト・スワップ（CDS）は、一時400bp以上へスプレッドが急騰した。

結局、ドイツ銀行は、利払い費用の流動性を十分有していること（2016年4月の利払い費用約3・5億ユーロに対して約10億ユーロ）、中国の華夏《かか》銀行（Hua Xia銀行）の株式約19・99％の売却資金（約16億ユーロ）も充当可能と発表し、さらにAT1債の買い戻しも提案（2016年2月）することで、火消しに努めた。

相対的に低いドイツ銀行の「レバレッジ比率」

バーゼルⅢにおいては、自己資本比率を補完するものとして、新たにレバレッジ比率が導入された。レバレッジ比率は、2015年より開示が義務づけられている。分子を「Tier1」資本、分母を「エクスポージャー（与信額）」とした割合で、現時点では暫定的に3％となっている。

分母の「エクスポージャー」額は、①オンバランス項目、②デリバティブ取引、③レポ取引などの証券金融取引、④オフバランスのエクスポージャー合計で算出される。このとき、自己資本比率の分母と異なり、リスク・ウェイトを乗じない会計上の数字をそのまま使う。またG－SIBs認定金融機関に対しては、そのG－SIBsバッファー適用率の半分をレバレッジ比率に上乗せし、もし、同比率を下回った場合は資本流出制限を適用するとしている。

2013年6月、米国連邦預金保険公社の副会長は、ドイツ銀行のレバレッジ比率が基準値を下回り低過ぎると語り、大きく報道された。

このようなこともありドイツ銀行は、前述の通り相次ぐ増資によって、レバレッジ比率（完全実施基準）を改善させ、2014年以降約3・5％以上、2017年末に約3・8％、2018年末に約4・1％へ引き上げ、バーゼルⅢの規定水準を満たしている。

しかし、米国の金融機関は、通常のバーゼルⅢ規制に加えて、米国独自の基準としてプラス2％の追加的な資本上乗せ、つまりレバレッジ比率5％以上を要求されている。このため投資家の多くは、米国以外の金融機関に対しても、最低5％以上のレバレッジ比率を求めており、ドイツ銀行においても同比率の引き上げが喫緊の課題になっているのである。

ドイツ銀行は、当面の目標として同比率を4・5％へ引き上げることを掲げているが、仮に

Tier 1資本をそのままにレバレッジ比率を米国並みの5%へ引き上げようとすれば、思い切った資産の削減が必要になる。

モンテパスキ銀行救済とイタリア・リスク

2016年、イタリアのモンテパスキ銀行の経営不振は、関係の深いドイツ銀行に対する不安を増幅させる要因になった。モンテパスキ銀行は、イタリア国内第4位の規模（2016年まで第3位）にあり、1472年に創業した世界最古の銀行と言われる。

多額の不良資産を抱えたモンテパスキ銀行は、2014年に欧州銀行監督機構（EBA）によるストレステストにおいて不合格と指摘され、2016年7月にも自己資本比率が不十分とされた。

このため同年、自力再生のため約50億ユーロの増資を計画したものの、調達に失敗。モンテパスキ銀行は、政府による公的支援を仰がざるを得ない状況となり、同年12月にイタリア政府は正式に支援を決定した。2017年7月に欧州委員会は、イタリア政府による同社への公的支援（約54億ユーロ）を正式に承認している。

の個人投資家が、同社の劣後債を保有していたからとされている。政府の救済によって、小口投資家が保有する劣後債をシニア債に交換できることとなった。

イタリア政府の同社への出資比率は、救済によって約7割にも達した。しかし、モンテパスキ銀行は、欧州委員会との間で経営改善5か年計画に合意し、2021年までに政府保有株を売却することを約束している。

経営改善計画では、店舗数を約3割削減し、行員も約2割削減するとしている。同社が保有する約260億ユーロの不良債権は、証券化され売却されるが、売却可能なリスクの低い信用上位部分には政府保証が付き、リスクの高い部分は銀行救済基金に移管されることになっている。

このように、イタリア最大の懸念であったモンテパスキ銀行の経営危機問題は沈静化した。

イタリア中央銀行の統計をみるとイタリアの不良債権額は、2015年末時点で、約3600億ユーロ（グロス）、内破綻債権は約2100億ユーロあった。これは総貸出債権に対して、不良債権の割合が約18%、内破綻債権が約11%にもなる。このようなイタリアの不良債権問題は、イタリアの金融機関の経営を悪化させ、ひいてはイタリア国債にも影響を与える可能性があった。

ドイツ銀行の国別エクスポージャーをみると、ドイツと米国が圧倒的に大きいものの、EUでは英国に次ぎ、イタリア向けが高くなっている。内訳をみると、個人や企業向けエクスポージャーが高い。ドイツ銀行は今後、リテール業務において、ドイツ国内よりも高い利鞘が期待できるイタリアやスペインなどの市場に、力を入れていくとしている。

デリバティブのリスク・英国BREXITの影響

ドイツ銀行は、買収したバンカース・トラストの事業基盤を引き継いでいることもあり、欧米最大のデリバティブプレーヤーである。そして、ドイツ銀行のリスクとしてよく指摘されるのが、同社のデリバティブ取引の大きさである。

この点について、ドイツ銀行のチーフ・リスク・オフィサーが、2016年10月にドイツ紙のインタビューに答えた内容を、ロイターが紹介している。

「我々のデリバティブリスクについて、過大に強調され過ぎている。46兆ユーロのデリバティブと報道されているのは、想定元本に過ぎず、実際の正味エクスポージャーは、410億ユーロに過ぎない」

デリバティブの種類は、金利、通貨、株式、コモディティ、クレジットデリバティブなどさまざまあるが、多くの場合、差金決済であり、想定元本自体は交換されない。またドイツ銀行は、業務をよりシンプルにするべく、2017年以降、ポートフォリオの売却などによって、想定元本・正味エクスポージャーを、共に減らす方向にある。

金融危機後、デリバティブについては、一部大手金融機関において、クライアント・クリアリング事業（清算取次ぎ）のビジネスチャンス（手数料収入）が拡大した。

デリバティブは、サブプライム危機時にAIGの経営悪化の原因にもなったことから、規制が強化されてきた。そのなかで、デリバティブ取引の透明性を高めるため、指定されるOTCデリバティブ商品（金利スワップやCDS取引など）に対して、中央清算機関（CCP）や米国のSEF（スワップ執行ファシリティ）などを通じた決済が義務づけられた。このような規制強化に伴い大手金融機関は、これまで提供してきた執行サービスに加えて、顧客側（ヘッジファンド、年金基金、保険会社などの大口機関投資家）のCCP清算業務を代行するクライアント・クリアリング事業を開始した。

ただし、契約期間中に顧客から預かる担保が、金融規制上のレバレッジ比率計算に含まれて計上されてしまうなど、銀行側の負担も大きいとされている。このため、米国で積極的に同事業に関わる一部欧米の金融機関（シティグループ、ゴールドマン・サックス、モルガン・スタンレーなど）は、事業を外部へ切り離すなどのスキームで対応しているとみられる。

ドイツ銀行は、同分野で強みを有することもあり、当初、同事業に積極的とみられた。しかし２０１４年には、シングルネームＣＤＳ事業を、シティグループに売却しており、米国での事業を縮小させている。また２０１７年には、米国の一部オペレーションをＥＵに移したと報道されている。


もうひとつ、デリバティブ事業で大きく注目されているのは、英国ＢＲＥＸＩＴの影響である。

ロンドン証券取引所は、これまで傘下のクリアリングハウス（清算機関）であるＬＣＨクリアネットを通じ、ユーロ建て金利デリバティブ取引で圧倒的なシェアを誇ってきた。しかし、ＢＲＥＸＩＴ決定により欧州中央銀行（ＥＣＢ）は、ドイツ銀行に対して、英国のデリバティブ業務をＥＵ域内へ移すよう促した。そしてドイツ銀行は、２０１８年８月末時点で、ユーロ建てデリバティブの約半分（短期の金利先渡取引など）をロンドンからフランクフルトのＥｕｒｅｘ《ユーレックス》取引所に移したと報道されている。

欧州中央銀行（ＥＣＢ）は、ユーロ圏内に清算拠点を置くべきとの立場を取ってきた。

Ｅｕｒｅｘ取引所は、２０１７年後半以降、金融機関に対してプロフィット・シェアリング・アグリーメントを導入している。このような金融機関への利益還元は、同取引所へ移行する大きなインセンティブになっていると報道されている。現在、Eurex取引所のデリバティブ取引トップは、ドイツ銀行を筆頭に、JPモルガン・チェース、BNPパリバとなっている。Eurex取引所は、2019年までに、ユーロ建て金利デリバティブの約4分の1のシェア獲得を目指している。

また米国CMEグループ（シカゴ・マーカンタイル取引所）は、これまでロンドンで行っていた取引（通貨先物・スワップ取引、レポ取引、ユーロ建て国債）を、アムステルダムに移している。

ロンドン証券取引所は、約10万人の雇用と多額の収益源が奪われるとの危機感から、2018年にゴールドマン・サックス出身者を最高経営責任者（CEO）に迎え、対策に追われている。5年以上の金利デリバティブなどは、依然ロンドンが中心になっているものの、ユーロ建て関連のものについては、徐々にEU域内へ移動していくことが見込まれている。

英国BREXITへの対応策について、ドイツ銀行は、十分準備が進んでいると説明している。なお、デリバティブの規模については、ヘッジ目的と想定していても、リスクマネジメントに失敗すれば、多大な損失を被るリスクもあり、引き続き注意深く観察する必要がある。

注目されるゼービング新CEOの改革手腕

2018年4月、新CEOにドイツ銀行生え抜きで、当時47歳のクリスティアン・ゼービング氏が就任した。同氏は、1989年に実習生としてドイツ銀行に入行し、リスク管理部門を経て、コマーシャル、リテールバンキングやウェルス・マネジメント業務を統括してきた人物である。

ゼービング氏の就任によりドイツ銀行は、投資銀行業務から、リテールやウェルス・マネジメント業務へ大きく舵を切ると期待されている。

ゼービングCEOは就任直後、純収益の5割超を占める法人営業・投資銀行部門（CIB）を縮小し、2021年までに、リテール部門（PCB）およびアセット・マネジメント部門（DWS）からの純収益が、安定的に全体の約2分の1を占めるよう、事業を成長させると発表した。そして引き続き投資銀行業務は、ドイツ銀行の中核事業であるとしつつも、より多角的・安定的な収益基盤を確保していくとした。

また、この時点での再建計画では、CIB部門の約3分の1を米国市場が占めるなか、その従業員の約1割を削減すると共に、米国の金利トレーディング事業を圧縮し、株式部門をグローバルベースで見直すと発表した。法人営業については、米国やアジアを縮小し、欧州の顧客基盤を中核に、引受業務・グローバル決済業務など、すでに主導的な地位にある事業に注力する。さらに、PCB部門については、イタリアやスペインなどの市場をより強化し、ドイツ及びグローバル市場で、ウェルス・マネジメント事業を拡大させていくと発表した。

ゼービングCEOは、「これらの人員削減は痛みを伴うが、長期的な競争力を得るためには残念ながら避けて通れない」とし、「現在の株価は容認できない水準にあり、無駄にする時間はない」と語った。なお、2019年には、さらに大掛かりな再建計画を発表している（第6章参照）。

破談になったコメルツ銀行との合併案

ドイツ銀行の苦境が続くなか、コメルツ銀行との合併の可能性が協議された。もし両行が統合されれば、総資産額で約1・8兆ユーロとなり、HSBC、BNPパリバに次ぐ規模への復活が見込まれていた。

両行は、2016年夏にも合併協議を行ったが、各々の事業再編の取り組みを優先させたいとして、計画を棚上げした。2018年6月にドイツ銀行は、コメルツ銀行との合併の可能性について株主と協議した。さらに同年9月、ショルツ財務相が2行の合併の可能性について言及し、コメルツ銀行のツィールケCEOが、先延ばしせずに進めた方が良いと前向きの発言をした。

しかし、ドイツ銀行のゼービングCEOは、ドイツ銀行の株価が低迷するなかでの統合は、株式の希薄化・巨額の評価損が発生する懸念から、今すぐ望まないとし、今後1年半は議題に上らないだろうと言明、後ろ向きの態度を表明していた。

このような報道がなされた直後の2018年9月末、ドイツの株式指数（DAX指数）の構成銘柄からコメルツ銀行が外され、代わりに1999年に創業したばかりで、決済サービス事業を提供するワイヤーカードというベンチャー企業が、新たに銘柄に加わった。ドイツのDAX指数は、フランクフルト証券取引所上場のドイツ企業のうち、主要な優良30銘柄（ブルーチップ）から構成される。銘柄交替のニュースは、ドイツ経済において大手民間商業銀行の地盤沈下を象徴する出来事となった。

そして2019年3月、ドイツ政府の積極的な呼びかけによって、ドイツ銀行とコメルツ銀行は、再び本格的な合併協議を開始した。しかし同年4月末、仮に統合したら大規模なリストラが避けられないとして労組などが反発し、正式に交渉が打ち切られることとなった。

次の項では、現在のドイツ経済においてこれら大手民間商業銀行が置かれたポジション、そしてドイツ銀行とコメルツ銀行との合併協議において、何が障害になったのか考察したい。

ドイツ国内で最大のシェアを有する「貯蓄銀行」の存在

ドイツでは大多数の銀行が、金融関連業務のすべて（銀行業務・証券業務・保険商品販売など）を併営するユニバーサルバンク形態を取っており、主に3つのグループから構成されている。それ以外にも、住宅ローンなどの各種専門銀行が存在するものの、総資産額でみて全体の残り約2割程度となっている。

3つのグループの内、ひとつ目は「民間商業銀行」グループで、大手民間商業銀行（以下メガバンク）、地方銀行、外国銀行の在ドイツ支店で構成されている。現在4行あるメガバンクは、ドイツ銀行、コメルツ銀行、ウニクレディト銀行、ポストバンクである。

ウニクレディト銀行は、もともと地場でリテール業務に強みのあった旧バイエルン・ヒュポ・フェラインスバンクであり、2005年にイタリアの銀行が買収したことによって、名称が変わった。なお、ポストバンクは、前述の通りドイツ銀行が買収し、ドイツ銀行の一部となっている。

2つ目は、ドイツ国内で最大のシェアを有する「貯蓄銀行」グループで、設立母体が各地方自治体（市、町、群）である貯蓄銀行、そしてこれら貯蓄銀行と州政府が出資して州単位の業務を行っているランデスバンク（Landesbank：州立銀行）がある。

最初の貯蓄銀行が設立されたのは19世紀の初めに遡り、歴史も古い。これら貯蓄銀行は、業務活動の地域が限定されており、一部例外を除いて、地方自治体が所有者であることから公的金融機関と位置づけられている。

州立銀行は、ドイツが統一される前より、各州、及び西ベルリン1行含めて計12行あり、統一後に旧東ドイツに1行が設立され、計13行存在した。しかし、経営上の問題から吸収合併され、2018年8月時点で7行、後述するデカ銀行を含めて8行に減少した。州立銀行は、もともと振替銀行と呼ばれ、傘下の地方貯蓄銀行間の資金決済業務を主に担っていた。

現在は、各自治体への融資に加えて、預金受け入れ、住宅ローン、中小企業貸付、投資銀行業務、保険商品の販売など、すべてを行うユニバーサルバンクとして、民間商業銀行と遜色のない業務内容になっている。また各行の資産規模は大きく、ドイツ国内トップ10銀行の内、4行が州立銀行である。

国内の貯蓄銀行グループすべての総資産額を併せると、メガバンク4行合計を上回る。貯蓄銀行は、店舗数の多さから地方の雇用を創出しているだけでなく、地方自治体にとって、メイ

図表1-9　州立銀行「ランデスバンク」7行の株主構成

	株主				メインバンク		
	州政府	地方自治体	貯蓄銀行	その他	州	貯蓄銀行	資産規模(10億ユーロ)
Landesbank Baden-Württemberg(LBBW)	40.5%	19.0%	40.5%		3	90	237.7
BayernLB	75.0%		25.0%		1	72	214.5
NORD/LB Norddeutsche Landesbank Girozentrale(NORD/LB)	64.7%		35.3%		3	70	165.4
Landesbank Hessen-Thüringen(Helaba)	12.2%		87.8%		4	170	158.3
HSH Nordbank AG	85.4%		5.3%	9.3%	2	14	70.4
Bremer Landesbank Kreditanstalt Oldenburg-Girozentrale	41.2%		4.0%	54.8%	2	13	32.1
Landesbank Saar(SaarLB)	74.9%		25.1%		1	7	14.4

※2015年の数字。資産規模はBremer LB以外は2017年。SaarLBは2014年にBayerische LB傘下(75.1%)に。
HSH Nordbankは民営化に伴い2018年に株式を売却
(出所)IMF 2016、Association of German Public Banksの資料より作成

ンバンクとしての機能に加えて、税収も大きな収入源になっている。

またこのように地方経済を支え、大きな影響力を有しながら、中小企業金融や住宅ローンにおいても重要な役割を担ってきた。貯蓄銀行と州立銀行は、これまで設立母体である州政府や地方自治体が、債務を無制限に引き受けてくれる保証の下に置かれていたため、高格付けを維持し、低コストでの資金調達が可能など、厚い保護に守られてきた。

このため欧州銀行協会は、これら保証が貯蓄銀行に不平等に有利な立場を与え、自由競争が阻害されていると訴えてきた。その結果、同保証制度の見直しにより、２００５年7月以降、出資に基づく有限責任へと限定されることになった。このような公的保証の廃止により、貯蓄銀行及び州立銀行では、ビジネスモデルの見直し、経営統合による再編が進んでいる。

なお、デカ銀行は、貯蓄銀行グループの最上位に位置し、複数の貯蓄銀行が出資して設立された銀行である。同社は、貯蓄銀行などの顧客に対し、さまざまな証券業務、不動産関連業務、アセット・マネジメント業務などを提供している。

ドイツでは、州立銀行と貯蓄銀行は、補完的システムになっており、各地方自治体の貯蓄銀行の規模が小さい場合であっても、州立銀行やデカ銀行が提供する広汎な金融サービスを受けることができるようになっている。

図表1-10　ドイツの銀行：行数・支店数・従業員数・総資産シェア

	銀行数				支店数	従業員数	総資産(シェア)	
	2000	2007	2014	2018.8	2017	2017	2000	2018.8
民間商業銀行	314	278	295	263	9,003	158,100	28%	40%
メガバンク	4	5	4	4	6,820		16%	23%
地方銀行	223	174	176	149	2,023		10%	11%
外銀支店	87	99	115	110	160		2%	6%
貯蓄銀行	575	458	425	393	10,174	247,200	36%	27%
ランデスバンク	13	12	9	8	356	31,100	20%	11%
貯蓄銀行	562	446	416	385	9,818	216,100	16%	16%
信用協同組合銀行	1,798	1,236	1,052	895	9,442	146,400	12%	12%
その他専門銀行	46	40	58	50	1,453	34,192	24%	22%
合計	2,733	2,012	1,830	1,601	30,072	585,892		

(出所)Deutsche Bundesbank, FESSUDの資料より作成

3つ目は、「信用協同組合銀行」グループで、主に加入組合員のための金融機関である。19世紀半ばに最初の信用協同組合銀行が設立され、貯蓄銀行同様に歴史は古い。組合員の職業は、大半を勤労者が占めており、年金生活者・農林水産従事者もいる。また1973年の法改正により、組合員以外との取引も認められるようになった。

規模の大きな協同組合銀行は、預貸業務に限らず、ユニバーサルバンクとして証券業も含む、幅広い業務を展開している。2000年には、農業協同信用組合系ライファイゼン・バンクや、商工業信用協同組合系フォルクスバンクなどを含め、約1800行あった。その後、統廃合によって約900行にまで減少したものの、全体でみた国内の貸出シェアは伸びている。

ドイツ国内において、メガバンクに次いで大きいDZ銀行は、これら信用協同組合銀行を統括する全国機関としての役割のほか、独自の預貸業務や投資銀行業務も行っている。DZ銀行は、2016年に信用協同組合中央銀行であったWGZ銀行と統合している。

ドイツ国内の銀行数は、継続的な統廃合によって、2000年の2733行から、2018年8月の1601行まで減少した。特に州立銀行は、サブプライム危機により業績が悪化し、行数の減少（13行→8行）に加えて、総資産・貸出の減少も著しくなっている。

しかし、銀行グループ別の貸出シェアの推移（図表1－11）をみると、州立銀行の減少分を吸収しているのは、メガバンクなどの大手民間商業銀行よりも、貯蓄銀行や信用協同組合銀行の

図表1-11　ドイツ：金融機関別貸出シェア・預金シェア

貸出シェア（非金融機関向け）

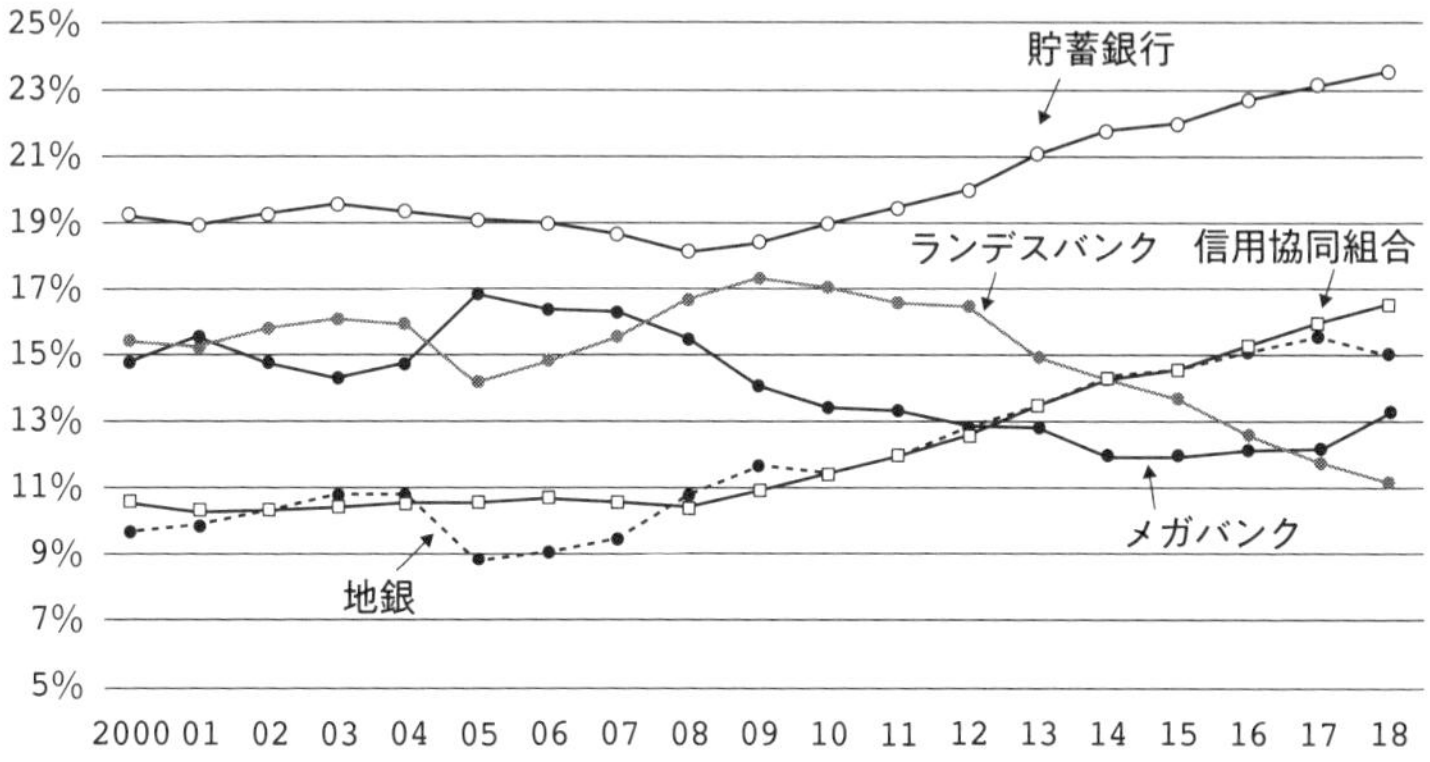

（出所）Deutsche Bundesbankの資料より作成

預金シェア（非金融機関から）

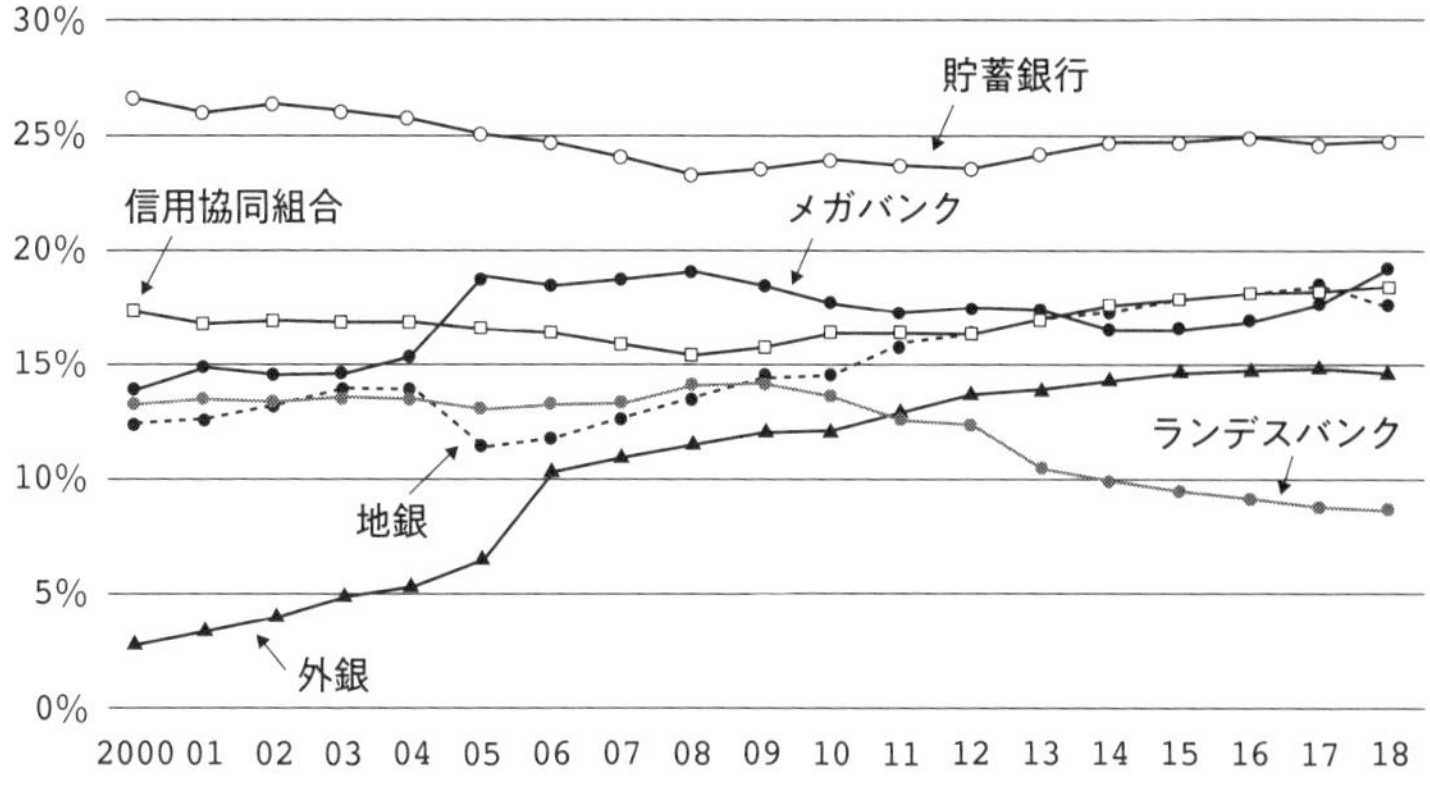

（出所）Deutsche Bundesbankの資料より作成

方が大きい。銀行数が減少しているものの、依然としてドイツでは、貯蓄銀行や信用協同組合銀行の壁が厚く、とりわけ中小企業金融・リテール業務において、ドイツ銀行などの大手民間商業銀行が、収益拡大を図ることが厳しい環境になっている。

サブプライム危機がドイツの金融機関に与えた影響

サブプライム危機は、ドイツの金融機関にも深刻な影響をもたらした。
これら金融機関は、国内の利益率が低水準にあるなか、簿外に特別目的会社を作り、高い運用利回りが見込めるサブプライムやCDOをはじめとする不動産担保証券を大量に抱え、過剰なリスクを取るようになっていった。

2007年8月、半官半民のIKBドイツ産業銀行が経営危機に陥り、ドイツ復興金融公庫及び民間金融機関が約50億ユーロの資金を拠出し、それ以外にも資金保証などを行ったものの、2008年に米国のローンスター・ファンズへ売却された。また、旧東独地域で唯一のランデスバンク（州立銀行）であったザクセン州立銀行が大きな損失を被り、貯蓄銀行連合から約173億ユーロ、ザクセン州から約27・5億ユーロの保証を供与され、最大手のバーデン・ヴュルテンベルク州立銀行に救済合併された。そして、ドイツ最大のランデスバンクであったウエスト州立銀行が大きな損失を被り、バイエルン州立銀行との合併を目指したものの、結局3分割されて清算に近い形になった（2012年7月）。

金融危機下の2008年10月、ドイツ連邦議会は、金融市場安定化基金（SoFFin：Special Financial Market Stabilization Funds）を設立し、最大約4000億ユーロの保証、資本注入のために約800億ユーロの財源を確保した。そして実際に使用された額は、ピーク時に保証が約1680億ユーロ、資本注入が約300億ユーロであった。

また2009年7月には、通称バッドバンク法（「追加的金融市場安定化法」）を成立させた。これにより金融機関は、連邦財務省傘下に置かれた金融市場安定化基金にバッドバンク（清算事業体や特定目的事業体）を置いて、不良資産（2008年12月までに取得した仕組み証券）を切り離して譲渡し、代わりに金融市場安定化基金が約20年間保証する債券（譲渡資産の簿価の約90％相当）を受け取ることで、バランスシートを改善させることが可能となった。

そして前述のウェスト州立銀行や不動産専門銀行のヒポ・レアル・エステートが実際にバッドバンクを利用している。

サブプライム危機の影響が大きかったのは、バイエルン州立銀行、IKBドイツ産業銀行、ドイツ銀行をはじめとする大手民間商業銀行、信用協同組合銀行を統括するDZ銀行などであった。

欧州中央銀行（ECB）のレポートによれば、サブプライム危機に伴う政府による公的資金支援額（保証も含む）は、2010年5月末時点でドイツが対GDP比約25％あり、米国の同約26％にほぼ匹敵している。特に公的資金による資本注入額（金額ベース）で大きかったのは、欧州の金融機関において、英国とドイツであった。

次々にライバルが消えてゆくドイツのメガバンク

冒頭に述べた通り、長い間ドイツの民間大手商業銀行は、ドイツ銀行、コメルツ銀行、そしてドレスナー銀行の三大銀行体制であった。これら民間大手商業銀行は、主にドイツの大企業に対して、貿易金融を含めたさまざまな金融サービスを提供する中心的な担い手であった。

そして大企業と大手金融機関が株を相互に持ち合い、密接な資本のネットワークが構築され、長い間ドイツ経済の発展を支えてきた。

たとえば1990年代初頭、ドイツ銀行は、自動車のダイムラー・ベンツ、保険最大手のアリアンツ、ミュンヘン再保険などの大株主でもあった。

図表1-12　ドイツの金融機関による損失の償却額

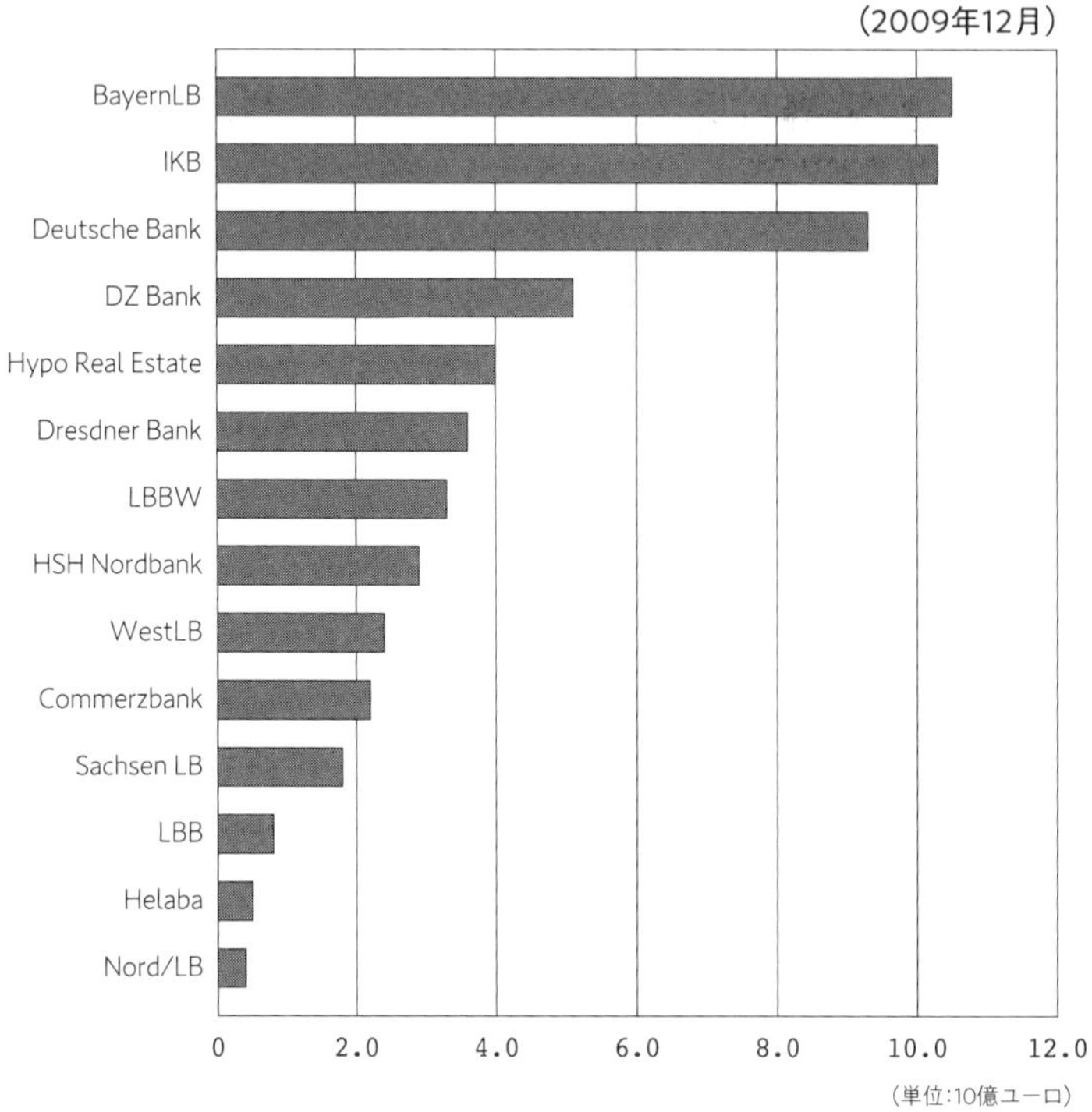

(出所)Ramthun et al., Hans-H.Bleuel (2009)の資料より作成

書籍『ドイツ銀行の素顔』（ハンス・オットー・エグラウ著、東洋経済新報社、１９９０年）によれば、当時ドイツの売上高上位20社の企業（製造業）のうち、ドイツ銀行の取締役は、７社の監査役会会長であった。ドイツ銀行は、国内の大企業及び同族企業において、経営幹部ポストを有し、産業界と強い組織的な結びつきがあった。

しかし、１９９０年代半ば以降、ドイツ銀行をはじめとする民間大手商業銀行は、持ち合い株式の売却を進めた。背景には、連邦政府による税制・会計基準・企業の情報開示といった制度改正、資金の効率化に加えて、グローバル展開を目指すなかで、巨額の買収資金が必要になったこともある。そして２０００年代を通じて、大半の持ち合い関係が解消された。

そして前述の通りドイツ銀行は、英国の投資銀行モルガン・グレンフェルや米国のバンカース・トラスト買収により、最も積極的に海外へ展開し、国際的な金融機関として大きく飛躍を遂げた。

他方、ドレスナー銀行は、１９９５年に英国のクラインワート・ベンソンを買収し、ドレスナー・クラインワートとなったものの、２０００年頃から業績が悪化する。

一時ドイツ銀行との合併も噂されたものの、２００１年に保険会社のアリアンツに買収された。しかし保険事業との相乗効果を生み出せず、２００７年以降にはサブプライム関連投資からの損失が拡大して業績が悪化し、アリアンツの経営を圧迫した。このため、2008年8月、コメルツ銀行に売却（約98億ユーロ）された。

コメルツ銀行は1990年代以降、ドイツ銀行と同様に投資銀行業務のグローバル展開を図ったものの、期待通りの成果を得られず、ドイツ国内や欧州域内における、リテールや中堅・中小企業向け融資業務に、よりフォーカスした戦略へと転換した。

そして、サブプライム危機下、ドレスナー銀行を買収したのである。しかしドレスナー銀行が抱えていた不良資産の負担に加えて、コメルツ銀行自身の損失も大きく、結局、ドイツ政府に救済されることとなる。

政府は、コメルツ銀行に対し、2008年12月に約82億ユーロ、2009年1月に約100億ユーロの公的支援を行った。ドイツ政府は、新株を引き受ける形で同社を救済し、コメルツ銀行の株式約25％を保有した。

その後も、2010年の欧州ソブリン危機の影響に加えて、傘下の商業用不動産ファイナンス企業と船舶ファイナンス企業を通じて、多額の不良資産を抱えた。

そして救済から10年経た現在もなお、政府が約15％の同社株式を保有している。

ドイツ政府は、コメルツ銀行株の処分に関し、損失を回避するため、1株あたり約25ユーロの売却を希望していると報道されている。しかし、株価が低迷するなか、フランスのBNPパリバやイタリアのウニクレディトが、同社株式の購入に高い関心を寄せているものの、ドイツ政府が希望する価格に至っていないと伝えられている。

またドイツ政府は、同社が強みを有する中堅・中小企業向け融資業務を、外国の銀行に握られることを警戒し、外国の銀行による買収を望んでいないとみられている。その点、政府としては、ドイツ銀行との合併であれば、経営権をドイツ国内にとどめることができる利点がある。

ブンデスバンク統計の民間大手商業銀行4行の内、ウニクレディトがイタリアの資本傘下に、ポストバンクもドイツ銀行の資本傘下にあるなか、仮にドイツ銀行とコメルツ銀行が合併すれば、ドイツ資本の大手民間商業銀行は、ドイツ銀行1行に収斂されることになると言われていた。

コメルツ銀行との統合交渉が破談になった理由

ドイツ銀行の総資産額と比較すると、コメルツ銀行の規模は、約3分の1程度である。またここ数年、両行共に、総資産額が大幅に減少した。両行の総資産額は、2007年から2018年にかけて、ドイツ銀行が約2兆ユーロ超から約1・35兆ユーロへ、コメルツ銀行が約6200億ユーロから約4600億ユーロへ減少している。

現在、ドイツ銀行が直面する課題はさまざまあるが、経費率（非金利費用／純収益）の高さが、なによりも取り組むべき重要な課題になっている。ドイツ銀行全体の経費率は、2018年約93％であった。しかし、ドイツ国内の他銀行グループ群の経費率と比較すると、州立銀行が約83％、貯蓄銀行が約68％、信用協同組合銀行が約67％（2017年）で、欧州のライバルBNPパリバも全体で約72％程度となっており、ドイツ銀行の経費率の高さが突出している。

ドイツ銀行は、収益低下のスピードに対して、コスト削減が追い付いていない。

ゼービングCEOは、就任当初、フルタイム従業員数を2019年までに約9万人へ削減することを打ち出した（2017年末約9万8000人）。しかしリテール部門においては、そもそもポストバンクとの統合において、課題が山積している。

ポストバンクとの統合作業については、2018年9月の決算説明会でも質問が出た。しかし、ようやく法律面での統合を終えたばかりであり、本社やシステムの統合は、これからとの答えであった。ドイツ銀行の支店数は、2009年末時点の1964店舗（国内961店舗）から、ドイツ国内最大の支店ネットワークを有するポストバンクとの合併により、2010年末時点で3083店舗（国内2087店舗）へ拡大した。そして、その後の統廃合により、

2018年末時点で2064店舗（国内1409店舗）へ減らしている。しかし、国内支店の統廃合については、ポストバンクの労組などにより雇用が奪われるとして反発も根強く、時間もかかり容易でない。

現在のドイツ銀行の立場から考えると、ポストバンクとの統合ですら時間を要するなか、支店数約1000店舗、従業員数約4万9000人を抱えるコメルツ銀行との合併は、さらに一層の負担を強いられることになる。コメルツ銀行の経費率（2018年）をみても約80%あり、高めの水準にある。

つまり、両行が統合した場合、大規模な支店の統廃合と人員削減を避けて通れないのである。

次に収益面である。ドイツ銀行は、2018年にようやく黒字に転じたものの、ここ数年赤字が続いていた。コメルツ銀行は、2013年以降、黒字に転じたものの、回復の足取りは鈍い。

コメルツ銀行は、2009年以降も、貸倒引当金やリストラクチャリングコストの負担が大きかった。これは、サブプライム危機の影響（傘下のユーロヒポなど）に加えて、船舶ファイナンス（傘下のシフズバンクなど）により大量の不良資産を抱えたことによる。

ユーロヒポは、もともとドイツ銀行、コメルツ銀行、ドレスナー銀行の3行が、自行のバランスシートから不動産融資を切り離すために設立（2003年）した銀行で、2005年にコメルツ銀行が買い取った。しかしユーロヒポは、欧州で活発に不動産担保証券の組成を行っており、またソブリン債でも大量の不良資産を抱えた。このためコメルツ銀行は、同社を清算会社に移し、償却を進めている。

このようにコメルツ銀行は、多額の不良債権を抱えていたものの、これらを償却する部門を作り、ようやくそれを解消させつつある。さらに2018年、コメルツ銀行は、リテールや中堅・中小企業向け融資業務により注力するべく、トレーディング事業の一部（EMC、株式&コモディティ部門）を、ソシエテ・ジェネラルに売却することで合意した。これにより、リスク・アセットを削減し、金融監督当局に対するトレーディング勘定コストを削減した。

ドイツ銀行にとり、コメルツ銀行と合併する最大のメリットは、中堅・中小企業向けビジネスを拡大させることができる点にある。

ドイツの中堅・中小企業は、「ミッテルスタンド」と呼ばれ、ドイツ経済を支える屋台骨と言われる重要なポジションにある。ドイツ経済において、大企業の存在はもちろん大きいものの、近年では、中堅・中小企業が景気の牽引役になっている。

ミッテルスタンドの伝統的な定義は、従業員数約500人以下、売上高で年間約5000万ユーロ以下の企業を指すが、そこから派生して売上高が年間10億ユーロ以上になった企業についても含めて総称することがあるという。多くは、家族経営で非上場という特徴を有する。ドイツ経済全体に占める割合は、企業数で99％超あり、雇用の6割超を占め、小規模ながら独自の技術を持ち、グローバル化も進んでいる。

このためドイツ国内に限らず、ＢＮＰパリバ、ＨＳＢＣ、ウニクレディトなどを含め、多くの海外の金融機関は、ドイツのミッテルスタンド向けビジネスに熱い視線を注いでおり、争奪戦が繰り広げられている。

たとえば、ＢＮＰパリバは、これらドイツのミッテルスタンドに対するサービスを拡大させていきたい考えで、ドイツ国内上位3位に食い込むことを目標にしている。ＢＮＰパリバは、旧バイエルン・ヒュポ・フェラインスバンクに在籍していた企業融資部門の総責任者を引き抜き、ドイツ部門のトップに据え、法人顧客数を倍増させて急拡大している。

ドイツ銀行のゼービングＣＥＯも、常々「ドイツのミッテルスタンドは、我々の最も重要な顧客グループのひとつである」と語っている。

現在、ドイツの企業金融は、小規模なほど貯蓄銀行と信用協同組合銀行のマーケットシェアが高く、規模が大きくなるほど大手商業銀行のシェアが高い。しかし、全体的な額でみれば、貯蓄銀行と信用協同組合、そしてコメルツ銀行がその多くを占有し、ドイツ銀行のシェアはそう高くないと言われている。

特にコメルツ銀行は、自称「ドイツのミッテルスタンド銀行」を謳い、力を入れている。コメルツ銀行の純収益に占めるミッテルスタンドのシェアは約46％を占め、最大の収益基盤となっている。コメルツ銀行は、ドイツ国内の中堅・中小企業の約3割と取引しているという。ドイツ銀行にしてみれば、コメルツ銀行を吸収合併することによって得られるミッテルスタンドの営業領域は、非常に魅力的である。また政府の強い後押しという点も、今後、サポートを得る上でメリットとなろう。

しかし、先に述べた通り両行共、経営に問題を抱え、高い経費率に苦しむなか、痛みを伴う支店の統廃合や、大規模な人員削減など、大幅なコストカットに切り込まない限り相乗効果は生まれない。労組は、合併した場合、約3万人のリストラが避けられないとして、対決姿勢を強めていた。

現在のドイツ銀行の立場を考えると、まずポストバンクとの統合効果を出し、収益の改善を図ることで精いっぱいである。また他行と合併するにしても、ドイツ銀行側のタイミングとして、まず低迷する株価を、回復させてからの方が、より有利に進められる。

しかし、最大の問題は、どこまで市場が待ってくれるかである。

ドイツ銀行にとって、国内で安定的な収益源を確保していく上での最大の壁は、国内の金融システムにある。

貯蓄銀行は、経営母体である州立政府や地方自治体と密接に結びついており、歴史的にみても長い間、地域住民の貯蓄・財産形成の奨励、地場中小企業の資金需要の充足、地方自治体のメインバンクという重要な役割を果たし、確固たる基盤を築き上げてきた。そして州政府や地方自治体はその権限を奪われることを避け、連邦政府は州政府の管轄である以上、介入に消極的であった。サブプライム危機以降、これら州立銀行の統廃合が進んでいるものの、国際通貨基金（IMF）は、州立政府や地方自治体による所有を緩める動きが鈍いと指摘している。

連邦政府や金融監督当局の間では、最終的に2～3行程度の州立銀行数が望ましいとの意見もある。しかし、これまでドイツ経済において上手く機能してきたこと、市場原理の暴走が金融危機を引き起こしたことへの批判から、積極的に民間資本を取り入れるべきとの考えに消極的とみられている。

ドイツ銀行は、傘下にポストバンクを持つものの、ドイツ国民の預貯金の預け入れ先としては、貯蓄銀行や信用協同組合銀行の方が広く利用されている。これは歴史的に、貯蓄銀行や信用協同組合銀行の方が先に国民の金融機関としての地位を築き、後にポストバンクによる郵便貯金制度が開始された経緯があるためとされる。ドイツは、欧州で最もリテール業務の競争が激しい市場と言われており、金融機関の多さから収益に見合うだけの貸出先がなく、低い利鞘を余儀なくされてきた。

２０１８年８月末の講演会でゼービングＣＥＯは、「欧州の金融機関は、フィンテックへの投資コストに加えて、金融監督当局による要件厳格化、リスク管理コストの増大により、合併して大きくなる以外に生き残る道はない」と語った。この発言をみてもゼービングＣＥＯは、合併を大きな選択肢のひとつに考えているようにみえる。

また２０１８年９月の決算説明会でドイツ銀行のＣＦＯは、「我々は、ドイツの銀行であることを、ただ座って嘆くわけにはいかない。ドイツのように低い利鞘しか得られないような環境にあっても、今後数年かけて、我々のブランド力、海外とのネットワーク、フィンテックなどを活かし、より高い収益力を得られるビジネスモデルを確立していく」と語った。

次章では、同じ欧州の大手金融機関であり、ライバルでもあるＢＮＰパリバについて取り上げる。縮小に追い込まれるドイツ銀行に対して、安定的な成長を続けるＢＮＰパリバ。両社のビジネスモデルがどのように異なっているのかを明らかにする。

第2章

BNPパリバは欧州のJPモルガン・チェースとなるか

BNPパリバのマエストロ

「ドイツ銀行は、大丈夫だろうか」
BNPパリバのボナフェCEOは、パリのオフィスで呟いた。
「これまでドイツ経済の発展を支えてきた
輝かしい歴史・伝統があるのに」

巷では、ドイツ銀行を、
巨大なヘッジファンドと揶揄する人もいるという。
「我々とは、かなり違う」
ボナフェCEOは、ため息をついた。

リーマンショックによって、
欧州の金融機関は大きな痛手を負った。
RBSは、英国政府から巨額の支援を受け、国有化された。

ＵＢＳも、スイス政府から支援を受けた後、
投資銀行部門を大幅に縮小し、
今では、ウェルス・マネジメント事業に勝負をかけている。
リーマンショックで傷ついたその他金融機関においても、
損失を償却するため、
それぞれの資産をそぎ落としてきた。

しかし、ＢＮＰパリバは、順調な拡大を続け、
ドイツ銀行を抜いて、欧州で
ＨＳＢＣに次ぐ第２位の金融機関へと成長した。

「やはり周辺国のリテール業務を買収したのは、正解だった」

2000年以降、BNPパリバは、
積極的に海外の金融機関を買収し、地域的業容を拡大していった。
米国のバンクウェスト、
ベルギーやルクセンブルクのフォルティスをはじめ、
トルコ、イタリア、オーストリアの金融機関を、
次々に買収していった。

「自国だけでなく、周辺国にまでリテール業務を拡大してこそ、
景気循環サイクルを生き残れ、収益に安定性が生まれる」
ボナフェCEOは、満足そうに笑った。

投資銀行業務の比率が高いドイツ銀行に対して、
BNPパリバは、リテール業務が大半を占めている。

「金融機関ビジネスは、
オリンピックチャンピオンになることではない」
ボナフェCEOは、なによりも
「社会的責任」、「倫理」を大切にする金融を目指していた。
温室効果ガスが排出され、
環境に悪影響を及ぼす産業への融資を停止し、
健康に与える影響から、たばこ産業への融資もやめた。

「BNPパリバが、欧州のJPモルガン・チェースに似てきたって？
いずれにせよ、業容を多角化し、
収益基盤をさらに強固にすることは重要だ」
ボナフェCEOは、ドイツ銀行の株価をゆっくり眺めた。

（筆者の想像が含まれます）

勢力図が大きく変わった欧州の金融機関

２００８年の金融危機は、米国のみならず欧州の金融機関にも多大な影響を与え、勢力図を大きく変化させた。

特に英国の金融機関は、国際的なハブとして機能するロンドン市場が、米国と活発な資本取引を行ってきたことに加えて、国内の証券化市場の規模も大きく、金融危機の影響を大きく受けた。

たとえば、英国のロイヤル・バンク・オブ・スコットランド（ＲＢＳ）は、２００７年当時、欧州で総資産額トップの金融機関であった。しかし、金融危機により経営が悪化し、事実上破綻、最も資産を圧縮させた銀行のひとつになってしまった。

ＲＢＳは、２００９年12月までに英国政府から巨額の公的資金注入（約４５５億ポンド）を受けて国有化され、政府が約84・４％の株式を保有するに至った。そして政府から、投資銀行業務を縮小し、より国内の個人や企業向け商業銀行業務に注力することを求められた。

資産売却を強いられたＲＢＳは、保険事業や米国の金融子会社シティズンズなどの資産を売却したものの、２０１６年まで赤字経営が続いた。２０１８年には、住宅ローン担保証券の販

図表2-1　欧州の金融機関：総資産額の変化(2007年→2018年)

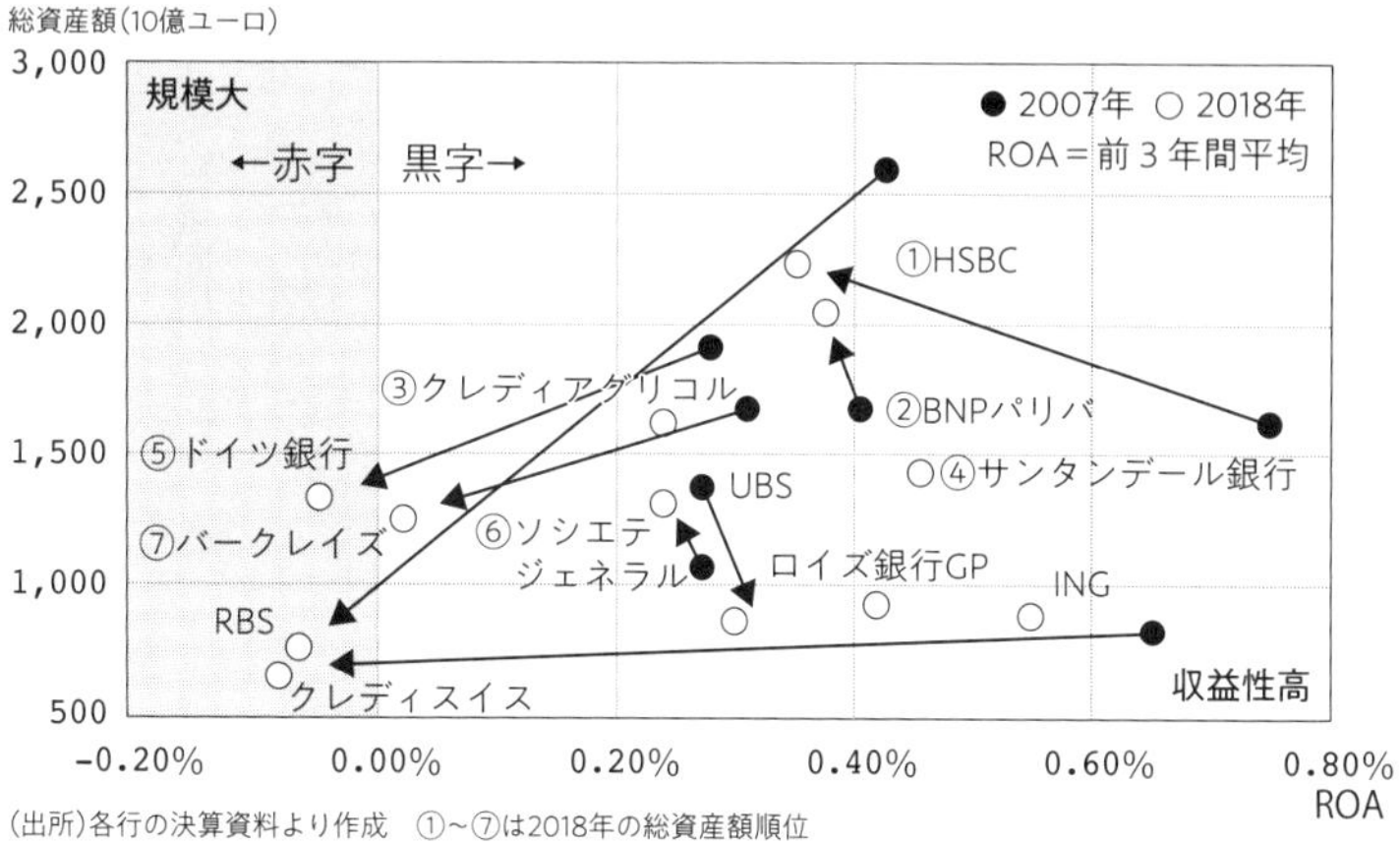

（出所）各行の決算資料より作成　①～⑦は2018年の総資産額順位

売に絡む一連の訴訟問題で、米司法当局に対し、約49億ドルの制裁金を支払うことでも合意した。

英国政府は、2015年以降、保有株式の売却を進めているものの、RBSの株価が低迷するなか、2018年6月時点で約62・4%保有しており、2024年までの売却（目標売却価額約206億ポンド）を目指すと表明している。

現在、英国の金融機関ランキング（総資産額、2018年）は、トップのHSBCが突出し、バークレイズ銀行、ロイズ銀行グループ、RBSの順になっている。

バークレイズ銀行は、2008年に破綻したリーマン・ブラザーズの本社ビルと米国のコア事業を買収し、投資銀行ビジネスの拡大を図った。

しかし、金融危機に絡む損失が大きく、その後の金融規制強化の影響もあり、投資銀行業務を縮小し、中核事業以外の資産売却を進める方向へと転換した。2009年に資産運用部門バークレイズ・グローバル・インベスターズを、米国の大手資産運用会社ブラックロックに売却している（対価として受け取ったブラックロックの株式も2012年に売却済）。

2014年には、リスク資産を減らす措置として、収益性の低い非中核事業資産をバッドバンクに移し、売却を進めた。また、リーマン・ブラザーズ買収を経て強化してきた債券トレーディング業務を縮小し、周辺国（フランス・イタリア・スペイン・ポルトガルなど）のリテール業務、アフリカ事業、そして米国やアジアなどの海外ウェルス・マネジメント業務も売却を進めた。

次に、スイスの金融機関である。

UBSは、金融危機後にビジネスモデルを大きく転換させた銀行として注目されている。同社は、従業員約2割を解雇し、それまで中核業務のひとつであった投資銀行部門を大幅に縮小し、ウェルス・マネジメント事業を強化させてきた。

UBSは、2008年の金融危機で債券部門が巨額の赤字を抱え、スイス政府とスイス国立銀行（中央銀行）から資本注入（約60億スイスフラン）及び救済スキーム（不良資産を最大約600億米ドル移管できる基金を設立）を受けた。なお、翌年スイス政府は、同社への信頼が十分回復されてきたとして、保有していた同社株式約9%を売却している。同社は、2011年末に投資銀行部門、特にトレーディング業務の大幅な縮小を発表した。

このような金融危機後の方針転換によって、同社の純収益に占める投資銀行業務の割合は、2006年の約46%から2018年に約26%まで低下し、代わりにウェルス・マネジメント業務が約54%へ拡大した。アセット・マネジメント事業については、当初ブラックロックなどへの売却を考えていたものの合意に至らず、売却せず維持している。現在の総資産額は、米国のゴールドマン・サックスやモルガン・スタンレーとほぼ同規模にある。


一方、クレディ・スイスは、金融危機の際、損失額がUBSほど大きくなかったこともあり、政府からの公的資金による支援の申し出を断り、自力での増資で乗り切った。

当初、UBSほどのドラスチックなビジネスモデルの変更はみられなかったものの、2015年から2017年にかけて3期連続の赤字に至ったこともあり、投資銀行業務をさらに縮小させる方向へと転換している。

赤字の原因であるが、2015年には、トレーディング部門の損失に加えて、米国投資銀行ドナルドソン・ラフキン・アンド・ジェンレット（2000年買収）の減損処理、2016年には、米司法省との間で、住宅ローン担保証券の販売に絡む一連の訴訟問題で和解し、約52・8億ドルの法的費用に備える引当金を積み増したことの影響を受けた。そして2017年は、米国の税制改正に伴う繰延税金資産の評価額引き下げによる減損が影響した。

クレディ・スイスも、UBSと同様、ウェルス・マネジメント業務を中核事業として、拡大させていく方針を打ち出している。他方、トレーディング業務を縮小させており、純収益に占める投資銀行業務の割合は、2006年の約58%から2018年約38%へ縮小した。

このようにスイスの両行は、ウェルス・マネジメント業務に力を入れているものの、世界的にオフショア預金に対する監督が厳格化されるなかで、これまで秘匿性を確保できたスイスの金融機関を利用するメリットが薄れている点が心配される。

米国では2010年、外国口座税務コンプライアンス法（FATCA：Foreign Account Tax Compliance Act）が成立し、海外の金融機関に対して、米国の個人・法人顧客の金融口座情報の提供を義務づけている。またOECDにおいても、共通報告基準（CRS：Common Reporting Standard）を策定しており、スイスにも導入されている。このような制度によって金融機関は、非居住者の金融口座情報を税務当局へ報告しなければならない。そして各国の税務当局は、お互いに情報を交換する体制になっている。

なお、英国では金融危機の際に、RBSやロイズ銀行グループなどに対し、政府が救済資金を注入せざるを得ず、国民の批判が強かった。

このため、2013年に銀行改革法を成立させ、2019年よりリングフェンス（ある部門

『巨大銀行のカルテ』

正誤表

下記に誤りがありましたので、訂正いたします。
深くお詫び申し上げます。

399頁（タイムライン内）

【誤】
バーゼルⅢ全面適用

【正】
バーゼルⅢ最終化　2022年～2027年（完全適用）

株式会社ディスカヴァー・トゥエンティワン

の資金を完全に分けて、他の部門と別扱いにすること）が導入されることになった。リングフェンスとは、国民の預金をリスクから遮断し、保護することを目的としている。具体的には、国民の預金受け入れ業務を行う部門をリングフェンス銀行とし、潜在的リスクの高い、他の金融業務から切り離さなければならない。

つまり、リテール部門と投資銀行部門を分離することで、金融危機などが生じた際に政府は、リテール業務を行う銀行のみを救済する選択肢を取り得ることができ、過度な税負担を避けられる仕組みである。

英国の大手金融機関は、すでに同法律に対応する体制を整えたものの、銀行内での業務や資金面での効率性を考えた場合、足枷となるリスクもある。

存在感を増す欧州の金融グループＢＮＰパリバ

このように欧州の金融業界は、２００８年の金融危機以降、勢力図が大きく変わり、現在、ＨＳＢＣが総資産額でトップになっている。しかし、ＨＳＢＣにおいては、純収益の約半分以上を香港含むアジア地域が占めており、やや特殊な存在である。このため、欧州市場を主戦場とする金融機関として最大のＢＮＰパリバを取り上げる。

BNPパリバは、総資産額約2兆ユーロを有する巨大な金融機関であり、テニスの全仏オープンのスポンサーとしても知られている。フランス国内では、第2位にクレディ・アグリコル（総資産額約1・6兆ユーロ）、第3位と第4位にソシエテ・ジェネラルとグループBPCE（同約1・3兆ユーロ）がある。グループBPCEは、2009年に信用協同組合系の2つの金融機関グループ、ケス・デパーニュとバンク・ポピュレールが合併して誕生した。

ブルームバーグは、2018年5月、BNPパリバが「欧州のJPモルガン・チェースのようである」という記事を書いた。投資銀行業務が主力のドイツ銀行と異なり、BNPパリバは、リテール業務が収益全体の約6割を占めている。同社のリテール業務は、国内フランスのみならず、周辺諸国（イタリア、ベルギー、ルクセンブルク、トルコ、中欧諸国）や米国の銀行を買収することによって拡大してきた。

2011年より同社トップを務めるボナフェCEOの経営方針は、「シンプルであれ、強くあれ、焦点を絞れ」である。同氏は、ブルームバーグとのインタビューにおいて、「金融機関のビジネスは、チャンピオンになることではない。これはオリンピックゲームではない。金融機関は、景気循環サイクルを生き残れる強靭さ・賢さを備え、つねにすべてのサービスを提供できる体制を維持しなければならない」と語っている。

パリ国立銀行とパリバの合併で誕生したBNPパリバ

BNPパリバは、2000年にパリ国立銀行（BNP）とパリバ、両行が合併して誕生した。

《パリ国立銀行：BNP》

パリ国立銀行の最も古い前身は、1848年のフランスの金融危機下において、設立された国立パリ割引銀行である。

同社は1860年代、海外との貿易取引が拡大するなか、他行に先駆けて上海、カルカッタ（現コルカタ）、カイロ、メルボルンなどの海外拠点に展開し、貿易金融を提供した。しかし、第二次世界大戦後の1945年に国有化される。1966年、フランスの産業政策に基づき、やはり国有化されていた国立商工業銀行と合併し、パリ国立銀行（BNP）が誕生した。

フランス最大の銀行として、1967年には銀行カードを発行し、多くのフランス国民が銀行を利用する窓口となった。1980年代以降は、ロンドンにも拠点を置き、貿易金融や投資銀行業務を含む国際業務を積極的に展開し、欧州の資本市場を開拓していった。

しかし、国営であったことから、必ずしも財務体質が強固でなかった。このため、1993年に民営化され、利益重視の経営へと転換した。

《パリバ：Paribas》

パリバは、オランダ貯蓄信用銀行とパリ銀行の合併により、１８７２年に誕生した。同社は、フランスなどの政府による国債発行や、内外企業による社債発行を引き受け、資金調達をサポートした。マーチャントバンクであったことから第二次世界大戦直後の国有化を免れ、大企業に対する海外での金融サポート業務を積極的に展開した（なお、１９８２年に一時国有化され、１９８７年に民営化されている）。１９９０年代には、投資銀行業務を主軸に競争力強化を図り、フランス有数の投資銀行に成長した。

２０００年のＢＮＰとパリバ合併においては、株式市場を舞台に、激しい争奪戦が繰り広げられた。

米国で銀行の大型合併が相次ぎ、また欧州でも統一通貨「ユーロ」誕生に伴い金融再編の動きが加速するなか、当初、ＢＮＰは、ソシエテ・ジェネラルとの合併交渉を行っていた。しかし、１９９９年2月、ソシエテ・ジェネラルが突然、パリバとの合併合意を発表する。これに驚いたＢＮＰは、3行による合併を提案したものの、聞き入れられなかった。対抗措置としてＢＮＰ側は、ソシエテ・ジェネラル及びパリバ両行に対して株式の公開買い付けを行い、買収を試みた。結果的にＢＮＰは、ソシエテ・ジェネラル株の一部しか買収できなかったものの、パリバ株の過半数以上を獲得できたことから、合併を決めたのである。このようにして、フランスの3大銀行が合併のさや当てを繰り広げた結果、2000年5月に、BNPパリバが誕生した。

2007年8月のパリバショック

フランスの金融機関では、ソシエテ・ジェネラルやクレディ・アグリコルが、サブプライム危機の影響を最も受けたと報道された。他方、BNPパリバは、2001年に買収したバンクウェストによる損失があったものの、グローバルプレーヤーであるその規模を考えれば、危機の影響が限定的であった。

金融危機の際のBNPパリバといえば、リーマン・ブラザーズが破綻する約1年前に起こったパリバショックが思い起こされる。

2007年8月、BNPパリバ傘下のアセット・マネジメント会社、BNPパリバ インベストメント・パートナーズは、サブプライム関連証券が組み込まれている3つのABSファンド（総額約20億ユーロ）の価格算出が困難になったとして、募集・解約を一時的に凍結すると発表し、世界のマーケットがパニックに陥った。同ファンドが凍結されたニュースは、「パリバショック」として市場を駆け巡り、株価が暴落し、金融機関が短期資金を融通するインターバンク市場の流動性危機にまで発展した（詳細次章）。

この危機は、価格算出が困難になったという理由によるもので、ＢＮＰパリバの流動性に大きな問題が生じていた訳ではなかった。結局、２００７年８月末、ＢＮＰパリバ傘下のアセット・マネジメント会社は、大きな損失もなく、一時凍結していたＡＢＳファンドの償還を再開した。しかし、パリバショックは、サブプライムローン問題が、大きくクローズアップされるきっかけになった。

ＢＮＰパリバの収益動向

ＢＮＰパリバの業績は、２０１４年以外、安定的に推移している。

２０１４年に純利益が大幅に落ち込んだのは、同年６月に米司法省が総額約90億ドルの制裁金を課し、ドル資金の一部決済業務を最長１年間禁じたためである。これは同社が、米国の金融制裁対象国との間で、原油取引のドル送金などに関わったとされたためである。

オランド仏大統領は「制裁は過剰で不公正」と抗議したものの、ＢＮＰパリバは同制裁により、引当金積み増しによる損失額約58億ユーロを計上した。これにより、同社ドクルセル最高執行責任者（ＣＯＯ）を含む13人が引責辞任する事態となった。

図表2-2　BNPパリバ：業績

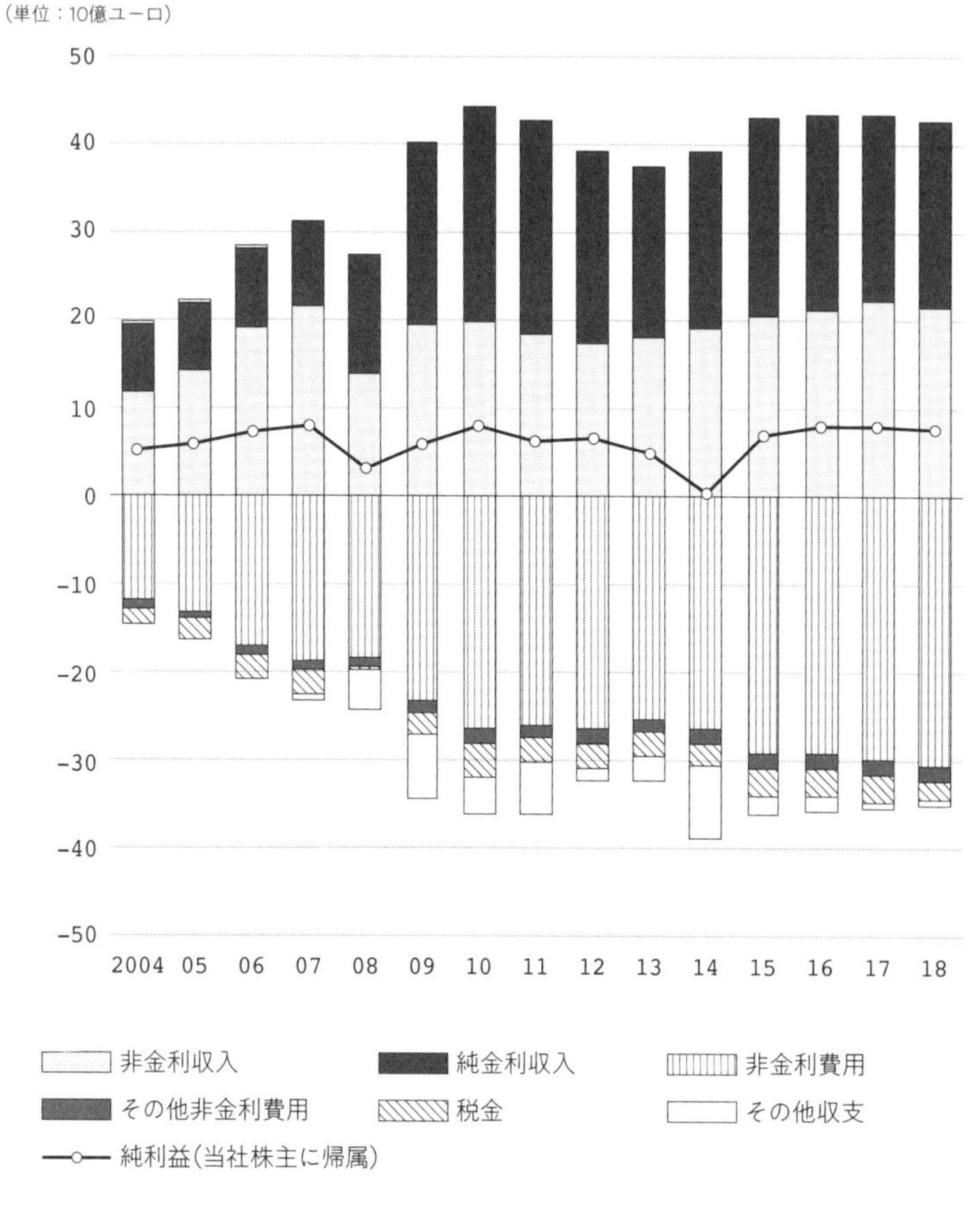

（出所）BNPパリバの決算資料より作成

相次ぐ買収により拡張を続けるリテールバンキング

前述の通りBNPパリバは、純収益の約6割超をリテール業務が占めており、保険やウェルス&アセット・マネジメント業務も含めれば約74%になる。

リテール業務の最大の特徴は、地域基盤がフランスに限定されないということである。純収益のシェアをみても、フランスの割合が僅か約14%であり、周辺3か国（イタリア、ベルギー、ルクセンブルク）で約21%、米国やトルコなどを含むその他の地域が約12%、ドイツを中心としたパーソナルファイナンス（消費者金融など）が約13%となっている。このため、同社はフランスだけでなく、イタリア、ベルギー、ルクセンブルクの周辺3か国も含め、「国内市場」と位置づけている。

2000年にBNPパリバグループが誕生して以来、左記に示す通り、積極的に海外の金融機関を買収し、地域的な業容を拡大していった。

2001年：米国のバンクウェスト買収

バンクウェストは、1998年に合併した2つの子会社、バンク・オブ・ザ・ウェスト（1874年設立、カリフォルニア州）と、ハワイ最大のファースト・ハワイアン・バンク（1858

図表2-3　BNPパリバ：純収益のセグメントシェア（2018年）

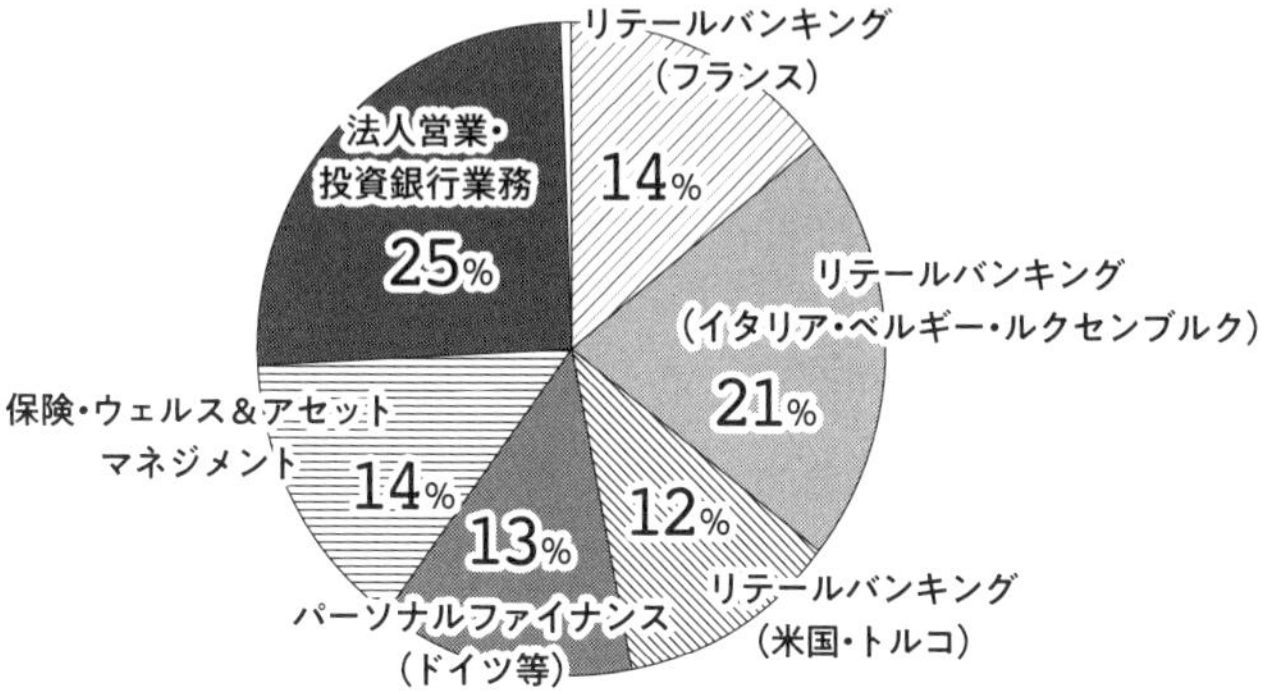

（出所）BNPパリバの決算資料より作成

年設立）を傘下に持つ。バンク・オブ・ザ・ウェストは、2001年にBNPパリバグループ傘下に入った後、米国の拠点として左記に示す銀行を次々に買収し、拡張を続けた。

2001年：ユナイテッド・カリフォルニア・バンク（カリフォルニア州）

2004年：ユニオン・セーフ・デポジット・バンク（カリフォルニア州）
　　　　コミュニティ・ファースト・ナショナル・バンク（ノースダコタ州）

2005年：コマーシャル・フェデラル・バンク（ネブラスカ州）

また海外オフィスを、東京（2006年）、台湾（2007年）に開設している。2018年末現在、全米24州に535支店、約874億ドルの総資産額を有している。

2005年：トルコの銀行TEB（1927年設立）買収

BNPパリバは、2005年、TEB（Türk Ekonomi Bankası）を、親会社株約50%を買収することで、傘下に収めた。買収後、TEBの支店数を、約90から約500以上へ拡大させている。

2006年：イタリアのラヴォロ銀行（国内第6位、1913年設立）買収

ラヴォロ銀行（BNL：Banca Nazionale del Lavoro）は、1929年に国営化され、国の映画産業と密接な関係にあった。1989年には、イラクのフセイン政権に対する不正な武器輸出に関与したとして、同社幹部が有罪判決を受けている。経営再建によって、1998年に株式上場を果たし、民営化された。BNLは、735支店（2018年末時点）を有し、住宅ローン業務に強みを持っている。

2009年：フォルティスの一部（ベルギーとルクセンブルク）を買収

フォルティス・フィナンシャル・グループは、ベルギー・オランダ系で、欧州を代表する金融機関であったが、金融危機により経営が悪化した。同社は、ベネルクス政府から救済を受けたものの、オランダの事業（銀行・保険）のみオランダ政府傘下に残し、ベルギーとルクセンブルクの銀行事業をBNPパリバへ売却した。「フォルティス」の商標は、BNPパリバへ譲渡され、残されたフォルティスの保険部門はアジアスへと改称された。

ルクセンブルクのBGL（Banque Générale du Luxembourg）は、2000年にフォルティスに買収され、フォルティス・バンク・ルクセンブルクに改称されていた。しかし、2008年のフォルティスの経営危機により、ルクセンブルク政府が同社の株式を取得し、再び銀行名をBGLに戻した。BNPパリバは、2009年5月にBGLの株式を過半数取得し、名前をBGL BNPパリバへ変更している。BNPパリバは、フォルティス買収によって、ベルギーとルクセンブルクだけでなく、傘下にあったポーランド及びトルコの子会社も取得し、中欧や地中海の南東部を中心にした新興市場へも業務を拡大させた。

2018年：ライファイゼンのポーランド事業、ABNアムロ銀行ルクセンブルクを買収

BNPパリバは、オーストリアのライファイゼン・バンク・インターナショナルのポーランド事業、ライファイゼン・バンク・ポルスカの中核銀行業務を買収した。この中核銀行業務は、BGZ・BNPパリバ（ポーランド国内で第6位）に統合される。

また同年9月には、ルクセンブルクのBGL BNPパリバが、オランダのABNアムロ銀行の子会社であるABNアムロ銀行ルクセンブルクを買収した。これにより、BNPパリバのウェルス・マネジメント業務が強化されると見込まれている。

このように2000年以降、BNPパリバは、積極的に海外の金融機関を買収することによ

って、地域的な拡大を続けてきた。リテール部門の顧客数は、フランスの約740万人を筆頭に、国内市場に分類されるベルギー及びルクセンブルクが計約380万人、イタリアが約280万人となっている。そして、海外市場については、中欧諸国約560万人、トルコ約550万人、アジア約640万人、米国約260万人と、多岐にわたっている。

またパーソナルファイナンス部門（消費者金融、保険業務、自動車ローン業務など）においても、周辺諸国で積極的に事業を展開し、欧州市場での取り扱いで上位を占めている。ブランド名は、ドイツ及びフランスがセテレム、ベルギーがアルファクレジットなどとなっている。フランス国内においては、自動車ローンや小売業者を通じた消費者ローンに力を入れており、たとえば、トヨタやスズキなどの自動車メーカー、イケアやカルフールなどの小売業者と提携している。海外では、2017年10月に、米国の自動車メーカーGMの欧州金融事業を買収した。

保険・ウェルス&アセット・マネジメント部門においては、フランス及びベルギーのウェルス・マネジメントでマーケットシェア1位になっているほか、アジア市場への拡大にも力を入れている。

一方、BNPパリバのリテール業務を国別でみたとき、ルクセンブルクで伸びているものの、

図表2-4　BNPパリバ：純収益のセグメント別増減

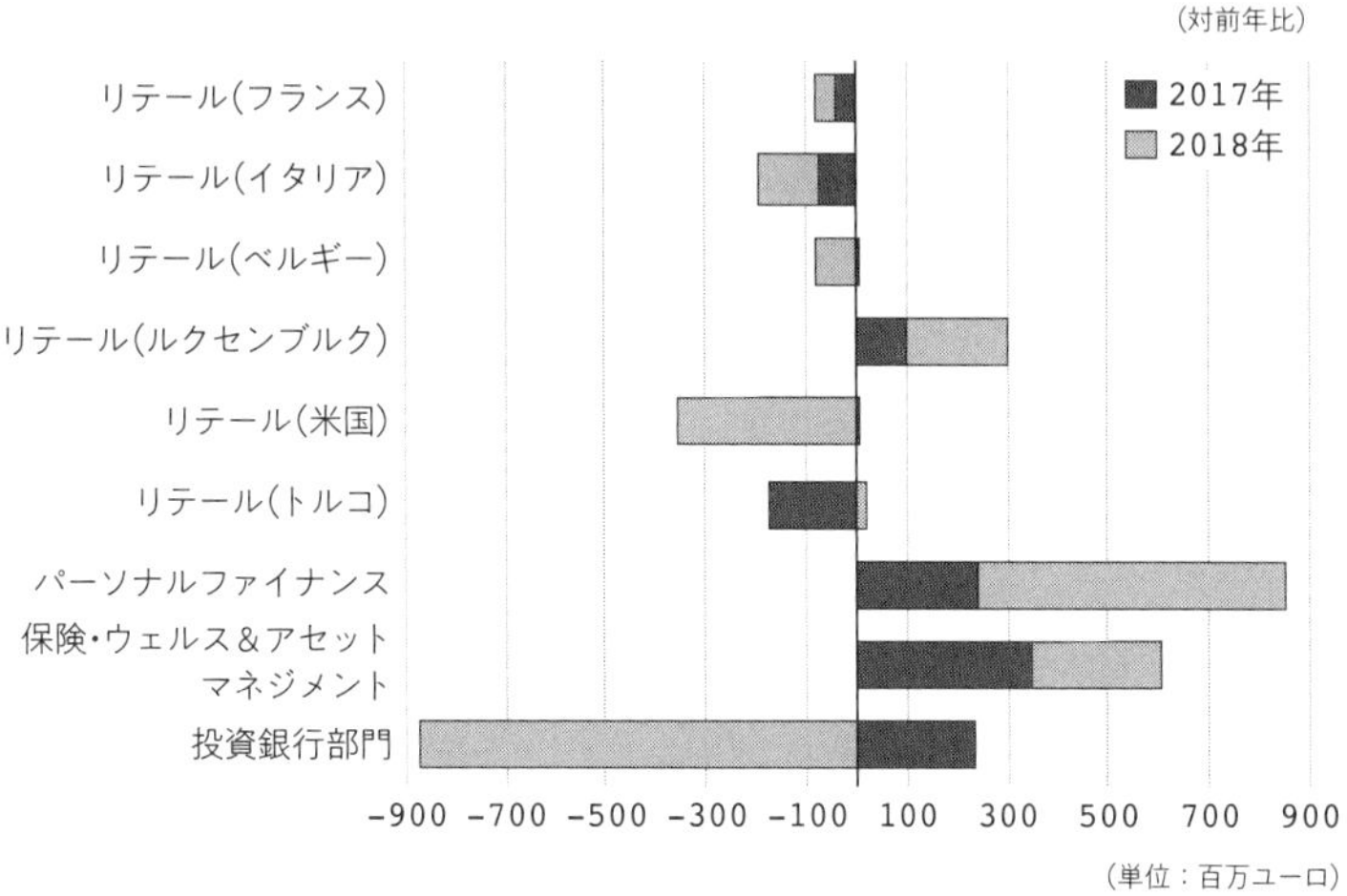

(出所)BNPパリバの決算資料より作成

フランスを含むその他地域で減少しており、苦戦している。特にフランスにおいては、金融機関同士の過当競争からなかなか収益を確保できない事情がある。ＢＮＰパリバは、業容地域の多角化やパーソナルファイナンスを強化させることによって、リスクを軽減させている。

リテール部門でのフィンテック活用の動き

ＢＮＰパリバも、他の金融機関と同様、今後リテール部門の経費を抑制し、より収益性を向上させるためには、フィンテックの活用が鍵を握るとして、投資・開発に力を入れている。

現在、同社のリテール部門においては、

デジタルプラットフォームを通じた顧客数が約800万人（内ハローバンクが約300万人、コンプト・ニクル社が約110万人）に達している。

同社は2013年、スマホとタブレットを利用したインターネットバンキングアプリ「ハローバンク」をリリースしている。同アプリは、送金・借入・家計簿管理が可能で、すでにフランス・ベルギー・イタリア・ドイツ・オーストリアで、約300万人以上が利用している。

2017年には、顧客層の拡大を図るため、フランスのフィンテックベンチャー、コンプト・ニクル社を買収した。同社は、2013年に誕生したばかりにもかかわらず、買収当時約54万の顧客口座を有し、約30秒に1口座開設されるほど利用されていた。フランスでは、オンラインでの口座開設でも数日間を要するなか、コンプト・ニクル社では、銀行窓口へ行かずとも約4000店以上ある町のたばこ屋さんで、僅か数分で口座開設ができる。また約20ユーロの年会費を支払えばマスターカードが使え、スマホでの送金も可能である。買収後、利用者が約110万人に拡大しているが、2020年までに約200万人の顧客を獲得したいとしている。

2017年より大手スーパーマーケットチェーンのカルフールや、クレディ・ミューチュエルと共に、デジタル決済サービスも導入している。電子決済だけでなく、興味のあるお店からのニュース配信・割引情報・お店のクーポン管理・友人間の送金・家計簿管理・支援団体への寄付などが可能である。

2017年9月には、ロボアドバイザー技術のガンビット社（ベルギー）を買収した。同社は2007年に、リエージュ大学からスピンオフする形で創業した企業である。BNPパリバにおいては、すでにチャボットなど、約500体のロボットが稼働している。

BNPパリバも、他の金融機関と同様、フィンテック技術を活用することによって、支店数を減少させるなど、コスト削減に取り組んでいる。同社は2020年以降、年間約33億ユーロの経費削減を目指している。

今後、顧客にとって、いかに使い勝手の良いプラットフォームを開発するかが、金融機関同士の競争において、重要な鍵を握ると考えられる。

純収益の約25%を占める法人営業・投資銀行部門

BNPパリバの法人営業・投資銀行部門は、純収益の約25%を占めている。その内訳は、約44%がトレーディング業務を行うグローバル・マーケッツ、約37%が引受・アドバイザリー・貿易金融業務を行うコーポレートバンキング、残りをカストディなどの証券業務が占める。

地域別にみると、主導的地位を確立している欧州や中東を含むEMEA（Europe, the Middle

East and Africa）が約6割を占め、残りが米国及びその他アメリカ地域、アジア太平洋地域となっている。

法人営業・投資銀行部門は2018年、税引き前利益が対前年比で約21%減少した。他の欧米金融機関と同様、トレーディング業務の落ち込み幅が大きかったほか、これまで比較的好調だったコーポレートバンキングも減少に転じた。

同社は、デリバティブ及び専門分野のファイナンスにおいてグローバルなカバレッジを持ち、エクイティ・デリバティブに強みを有している。コーポレートバンキングは、ユーロ建て債の引き受け業務・貿易金融業務・シンジケートローンなどに強みを持つ。これら業務については、旧パリバ時代からの強みを引き継いでいる。証券業務は、カストディの取り扱い額の増加が大きく寄与し、収益を拡大させている。2017年11月には、米国の資産運用会社ジャナス・ヘンダーソン社（第一生命出資約8・6%、2017年5月時点）と提携した。

法人営業・投資銀行部門においてもフィンテックが大きな鍵を握っている。

BNPパリバは、機関投資家向けにさまざまなプラットフォームを提供しており、2012年より「コルテックス」（債券トレーディング）、「スマートデリバティブ」（ストラクチャード・エクイティ・デリバティブ）を導入し、2013年より多数のアプリケーションが含まれる「セントリック」(為替・株の売買)も導入している。

これらのプラットフォームを通じて投資家は、最新情報の閲覧、取引の執行、トレーディングのモニタリングが可能となっている。すでに「スマートデリバティブ」は約600社以上、「セントリック」は約1万社で利用されている。

積極的なサスティナブル・ファイナンスへの取り組み

ユーロマネー誌(euromoney)は毎年、「ユーロマネー・アワード」において、さまざまな賞を発表している。そしてBNPパリバは、2018年に「サスティナブル・ファイナンス賞」を受賞した。

サスティナブル・ファイナンス賞は、現地の法規制や文化を尊重した上で、社会的責任・倫理・ダイバーシティ・人権といった分野を重視した経営を行っている金融機関に与えられる賞で、BNPパリバは、このような企業の社会的責任を、経営戦略の重要なひとつと位置づけている。

たとえば、2017年10月には、採掘や生産過程で大量の温室効果ガスが排出され、環境に悪影響を及ぼす可能性のあるシェールオイルやガス、オイルサンド(重質油を含む砂の層)の探鉱・生産・供給に関わる企業への融資を停止し、北海の原油・ガスの探鉱や生産プロジェクトへの融資も取りやめ、石炭や石炭火力発電への融資も減らすと発表した。同時に、気候変動に対処する団体と戦略的パートナーシップの締結、クリーンエネルギーを推進する団体への参画に加えて、再生可能エネルギーへの融資を２０２０年までに約１５０億ユーロへ拡大する目標も掲げた。また、２０１７年12月には、たばこの消費が健康に及ぼす影響を考え、たばこの製造・生産・卸売・貿易が、売り上げの大半を占める企業への投融資を停止した。

同社は、社会全体に貢献し、経済発展に取り組む企業に対して資金提供を行っていくと言及している。

ジャンローラン・ボナフェＣＥＯの経営方針

２０１１年12月以降、ＢＮＰパリバのＣＥＯを務めるのは、ジャンローラン・ボナフェ氏である。彼は１９６１年生まれで、もともとエンジニアリング専攻であったが、１９９３年に同社の法人営業・投資銀行部門に入社した。

入社後は、２０００年のＢＮＰとパリバとの統合を推進し、２００２年にフランスのリテール部門トップ、２００８年には同社の最高執行責任者（ＣＯＯ）に就任し、全リテール部門を率いた。２００９年には、買収したフォルティスのＣＥＯに就任して統合を推進し、その後

2011年にBNPパリバのCEOに就任した。また2008年以降、大手スーパーマーケットチェーン、カルフールの役員も務めている。

BNPパリバは、2017年以降、毎年約30億ユーロかけて積極的なデジタル投資を行っている。ここ数年、フランス国内のリテール業務の苦戦を、周辺市場におけるリテール業務拡大や、パーソナルファイナンスなどの収益の伸びでカバーしてきた。同社は、フィンテックを活用することで一層のコスト削減を実現し、より高い収益力を目指す方針である。

当初、2016年までに経費率を約3分の2まで抑制するとの目標を揚げ、国内のリテール業務関連経費などを大幅に削減してきた。しかし、金融機関を対象にしたストレステストや、強化された金融規制への対応費用などの影響もあり、未だ目標を達成できていない（2018年約72％）。

今後、デジタル投資の活用によって、フランスやベルギーなどで支店の統廃合や従業員の削減を進め、経費率を2020年までに約64・5％へ削減する目標である。また投資銀行業務においても、欧州市場のキャピタルマーケッツでの競争力を強化する。ROEは、2020年9・5％達成を目標としている（2018年約8・2％）。

最後に、第2章のタイトルである「BNPパリバは欧州のJPモルガン・チェースとなるか」という疑問についてであるが、JPモルガン・チェース並みの強力な投資銀行部門を育て上げることは、そう容易でないのも事実である。また米国と欧州では、マーケットの性質も異なることから、取り得るべき戦略も自ずと異なる。特に現在のボナフェCEOは、独自の考え方や戦略を通じて収益性を高める努力をしており、堅実さがうかがえる。

しかし今後、もしBNPパリバが、強力な投資銀行を買収することなどがあれば、JPモルガン・チェース型のビジネスモデルに大きく近づく。

2019年7月、ドイツ銀行は、歴史的な事業縮小計画を発表し(第6章で後述)、ヘッジファンド向けのプライム・ブローカレッジ業務(約1500億~1600億ユーロとの報道)を、BNPパリバに移管すると発表した。これによりBNPパリバは、これまでドイツ銀行が強みを有していたヘッジファンドの顧客基盤を得られ、JPモルガン・チェースに一歩近づく大きな足掛かりを得た。ただし、同発表直後から、ヘッジファンドの資金が一部引き出され、他行へ流れているとも報道されており、簡単ではない。

BNPパリバは、欧州最強の金融機関を目指している。そして、どこから見ても完璧にみえるJPモルガン・チェース型のビジネスモデルを、意識していることは間違いないであろう。

第3章

リーマンショックが米銀に与えた影響

バンク・オブ・アメリカのマエストロ

2008年12月
バンク・オブ・アメリカのルイスCEOは、驚いた。
買収を決定していた
メリルリンチの第4四半期の損失額が、
当初予想されていた金額の
倍近くに拡大することが判明したのである。

「メリルリンチが抱えていた巨額のCDOは、
売却済みのはずなのに！」

これらCDOの帳簿は、ハリー・ポッターの悪役をもじり、
「言ってはいけない帳簿＝ヴォルデモート・ブック」
と陰で呼ばれていた。

これら不良資産は、
メリルリンチの新ＣＥＯに、２００７年末に就任した
セイン氏によって、米ヘッジファンドに、
僅かな値段で売却済みだった。
「まだ不良資産が大量に残っていたということか？」
ルイスＣＥＯは、愕然とした。

２００８年９月15日
リーマンブラザーズが破綻した同日、
ルイスＣＥＯは、
メリルリンチを約５００億ドルで買収すると発表した。
金融界の救世主として、意気揚々と発表したものの、
連邦預金保険公社のシーラ・ベア女史から、
「高過ぎるわよ」と指摘されてしまう。

２００８年12月半ば

メリルリンチ買収について、
株主からも批判されていたルイスＣＥＯは、
バーナンキＦＲＢ議長とポールソン財務長官に会いに行った。

そして、買収に重大な悪影響を及ぼす事由が発生した場合に
契約を撤回できるＭＡＣ条項を適用し、
「やはり、メリルリンチの買収を取りやめたい」と伝えた。

しかし、ルイスＣＥＯは、２人から説得される。

「もしメリルリンチの買収をやめたら、
バンク・オブ・アメリカにも大きな影響が及ぶかもしれない！」

「バンク・オブ・アメリカの役員を更迭することにもなりかねない！」

（それは、私が辞めさせられるということだろうか）

ルイスCEOは、思った。

そして、政府から、
追加的に巨額の支援を得られるとの条件で、
メリルリンチ買収に同意した。

ルイスCEOは、金融危機下、
2社の買収を決定し、
金融界の救世主になるはずであった。
しかし結果的に、バンク・オブ・アメリカを
危機に追いやった悪役にされてしまう。
同氏は、2009年9月に退任が発表された。

（筆者の想像が含まれます）

リーマンショックが米銀に与えた影響

リーマンショックから早10年が経過した。

リーマンショックについては、すでに多数の本が出版されている。しかし、当事者の生々しい回想録や、時系列の記録などの書籍が多い一方で、同金融危機が、具体的にどのような影響を各銀行に与えたのかについて書かれた書籍があまりない。

金融危機後、日々のニュースのなかで、米銀が比較的早い段階で収益を回復したという記事を目にし、意外とその傷が浅かったのではと思われている方も多いかもしれない。

もし、本来あるべき傷より、傷が浅かったとするならば、それは「保証」のついた債券については、政府が買い取り、救済したからにほかならない。詳細は後述するが「保証」とは、エージェンシーMBS債や、AIGによるCDSプロテクションなどのことである。

他方、「保証」のついていなかったノンエージェンシーMBS債は、それを購入した投資家たち（訴訟しなかった分について）、そしてそれを保有していた金融機関が、当然のことながら自助努力によって償却してきた。

１９９０年代以降、大小さまざまな金融危機に見舞われたなかにおいて、リーマンショックの影響は、非常に大きかった。そして欧州の金融機関ほどでないにしても、米銀の勢力図を、大きく塗り替えた。

つまり、金融危機の影響を語らずして、各金融機関が経てきた10年間の軌跡、そして現在の状況を把握するのは不可能である。したがってこの章では、リーマンショックが各金融機関に与えた影響について紐解くことにしたい。

証券化市場における政府支援機関（ＧＳＥ）の役割

まず、米国の住宅ローン担保証券（ＭＢＳ債）は、そもそも誰が始めたのか。その発行・流通市場において、ＧＳＥが最も大きな役割を果たしてきたことは、よくご存じであろう。

最初に設立されたのは、ファニーメイ（連邦住宅抵当公庫）である。世界大恐慌後の１９３８年、住宅金融市場の混乱や持ち家比率の低下を受け、「国家住宅法」に基づき、設立された。連邦住宅局（ＦＨＡ）が保証する住宅ローンを買い取り、国民のマイホーム保有を促進することが目的であった。ファニーメイは、政府機関として設立されたが、段階的に民営化され、１９７０年に上場した。

ファニーメイの役割は、時代と共に変化していった。当初、ＦＨＡが保証する住宅ローン債権を購入し、そのまま保有して利鞘を収益源としてきた。しかし民営化後、ＦＨＡの保証がない住宅ローン債権についても買い取りが可能となり、またこれら債権を証券化することも許可された。

フレディマック（連邦住宅貸付抵当公社）は、ファニーメイが上場した１９７０年に設立された。民営化されたファニーメイとの競争を促す狙いに加えて、当時経営が厳しくなっていた貯蓄貸付組合（Ｓ＆Ｌ）が抱えていた住宅ローンを切りはなし、流動性を供給することも目的とされた。同社は、「緊急住宅融資法（１９７０年成立）」に基づき、連邦住宅貸付銀行（ＦＨＬＢ）による出資を受けて、設立された。当初より、Ｓ＆Ｌの住宅ローン債権を証券化し、これら証券を保証する業務を行っていた。１９８８年に上場し、民営化された。

ファニーメイとフレディマックは、民営化されたものの、米国連邦政府より優遇措置が残されたため、ＧＳＥと呼ばれている。そして政府機関であるジニーメイ（連邦政府抵当金庫）は、ファニーメイが民営化される前に保証機能を分離し、政府による全額出資により１９６８年に設立された。ジニーメイは、ファニーメイやフレディマックと異なり、住宅ローン債権の買い取りは行っておらず、ＦＨＡの保証がついた証券について、元利金の支払いを保証する機関としての役割を果たしている。

フレディマックは1971年、ファニーメイは1981年に、MBS債の発行をスタートさせている。これらGSEが発行するMBS債が、エージェンシーMBS債と言われるのに対し、後に民間金融機関が発行するMBS債は、ノンエージェンシーMBS債と言われる。

1980年代に入りMBS債市場は、急速に拡大した。特にS&L危機により、S&Lが保有する住宅ローン債権を、大量にGSEに売却したことも背景にあった。当時のS&Lは、長期固定金利型の住宅ローンを提供していたが、第二次オイルショックを契機にした激しいインフレと、金利急騰に見舞われ、多額の逆鞘が生じ、経営難に陥っていた。

ファニーメイやフレディマックは、住宅ローンの組成そのものを行うことはなく、金融機関やモーゲージバンクなどから住宅ローン債権を購入し、そのまま自社のバランスシートに保有して利鞘収入を得る「ポートフォリオ投資事業」、住宅ローンの証券化・信用保証を行うことで手数料収入を得る「MBS信用保証事業」を行っていた。

ファニーメイとフレディマックは、住宅金融を安定的に供給する担い手として、政府からさまざまな優遇策を受けていた。たとえば、①州・地方の法人所得税免除、②緩い自己資本比率規制、③財務省による緊急融資枠（22・5億ドルまでの債券買い取り）、④証券の発行や売買処理においてて連銀のブックエントリーシステムを利用できるなどである。

結果的に、このようなGSEが果たす公的な役割や、政府の優遇策により、政府保証債券でないにもかかわらず、暗黙上、政府保証の裏づけがあると考えられ、財務省証券並みの安い金利で資金を調達することができた。そして投資家も、信用力が非常に高い一方で、米国債より利回りが高く、厚みのある流通市場もあることから、積極的にこれらエージェンシーMBS債に投資した。

ファニーメイとフレディマックは、資金調達コストが低く抑えられるなかで、高い利益を上げた。たとえば2000年のファニーメイのROEは約25%、フレディマックが約39%あった。両社は、緩い自己資本比率規制の下、少ない資本金で高レバレッジをかけ、多額のMBS債を保証していた。

2000年以降、政府支援機関（GSE）に追随して証券化を急拡大させた投資銀行

GSE以外の金融機関が発行するノンエージェンシーMBS債について、最初に民間投資銀

行が構想を始めたのは、1970年代後半である。ソロモン・ブラザーズのルイス・ラニエリ氏率いるチームだった。

ラニエリ氏は、ソロモン・ブラザーズの郵便室のアルバイトから仕事を始め、同社の副会長にまで昇進し、最初にノンエージェンシーMBS債を作った人物として知られている。有名なマイケル・ルイス著『ライアーズ・ポーカー』（角川書店、1990年）にも登場している。

同氏は、債券トレーダー時代、それまで障害になっていた制度面での改正を働きかけ、1984年に「第二次抵当市場強化法」を成立させたことにより、民間金融機関によるMBS債発行の道を開いた。このときMBS債は、公認格付機関により上位2ランクまでの格付けを付与されなくてはならないと規定された。

ノンエージェンシーMBS債の誕生によって、初めて債券のトランシェ分け（債券をリスクに応じて分割すること）がされた。ノンエージェンシーMBS債は、政府保証を有していなかったため、トランシェ分けすることで、上位半分をトリプルAなどの高格付けにして投資家に売却し、よりリスクの高い下位半分を投資銀行が保有する形を取った。最初の頃のノンエージェンシーMBS債は、トランシェ分けが2つであったが、年月を追うにつれて複雑化していった。

2000年にITバブルが崩壊して米国NASDAQ市場が暴落し、2001年9月に同時多発テロが発生した。米連邦準備制度理事会（FRB）は、政策金利の誘導目標を、2001年1月に6・0％へ引き下げたのを皮切りに、10度にわたる利下げを行い、同年12月に1・75％まで引き下げた。さらに2003年までに1・00％へ引き下げ、最終的に2004年5月まで低金利政策を続けた。

この結果、住宅ローン金利が大幅に下がり、借入需要の増大から、住宅バブルが引き起こされていった。投資銀行を含む金融機関やモーゲージバンクは、住宅ローンの証券化を積極的に拡大させた。

これら金融機関にとって、証券化から得られるメリットは非常に大きかった。証券化により手数料収入を得られるだけでなく、資産からローンを切り離すことによって運用面での効率化を図り、ROEを引き上げられた。資金調達面においても、MBS債を借り入れ担保に使えた。このような背景から大手投資銀行を中心に、証券化業務の割合が増えていった。

そして、これら金融機関は、証券化により手数料収入を得るだけでなく、証券化するためのポートフォリオを確保するために、住宅ローンそのものを組成するオリジネーション企業を、次々に買収していった。図表3－1は、リーマン・ブラザーズが作成した内部資料である。リーマン・ブラザーズは、1998年から2006年にかけて、BNCモーゲージやオーロラ・

図表3-1 投資銀行によるモーゲージバンクの買収

I-Bank	Mortgage Business	Acquired	Credit Quality	Est.Price ($MM)
Lehman Brothers	Aurora Loan Services	1998	Alt-A	$10
	Finance America	1999	Subprime	$36
	Lehman Brothers Bank	1999	NA	$8
	SPML(U.K.)	1999	Non-confirming	$28
	BNC Mortgage	2000	Subprime	$81
	Financial Freedom (Sold in 2004)	2000	NA	$40
	Preferred Mortgages (U.K.)	2003	Non-confirming	$134
	SIB Mortgage Corp	2004	Alt-A	$13
	London Mortgage Co. (U.K.)	2006	Non-confirming	$12
Merrill Lynch	Wilshire Credit Corp	2004	Subprime servicing	$52
	Mortgages plc (U.K.)	2004	Non-confirming	
	20% Min. Interest in OwnIt (shut down Dec 2006)	2005	Subprime	
	Freedom Funding (U.K.)	2006	Non-confirming	
	First Franklin	2006	Subprime	$1,310
Bear Stearns	EMC Mortgage	(Founded in 1990)	Subprime	
	ECC Capital (Subprime Mortgage Orig. Platform)	2006	Subprime	$9
Morgan Stanley	Advantage Home Loans (U.K.)	2005	Non-confirming	
	Saxon Capital	2006	Subprime	$706
	City Mortgage Bank (Russia)	2006	Prime	
Deutsche Bank	Chapel Funding (DB Home Lending)	2006	Subprime	
	MortgageIT	2006	Alt-A	$429
Credit Suisse	SPS Holdings	2005	Subprime servicing	$100
Barclays	HomeEc	2006	Subprime servicing	$469
	EquiFirst	2007	Subprime	$225

(出所)リーマン・ブラザーズの内部資料(2007年3月)より作成

ローンサービスを含む多数の企業を買収した。証券化ビジネスに積極的だったメリルリンチも、多数の企業を買収し、サブプライム問題への懸念が囁かれ始めた２００６年12月にも、ファースト・フランクリンを買収している。

このような買収によって一部の金融機関は、住宅ローンのオリジネーション、証券化、そして投資家への販売など、住宅ローン担保証券に関わるビジネス、すべての過程に参加した。

住宅ローンが、信用力の低いサブプライム層に傾いていった背景には、①内外投資家による高リターン商品への旺盛な投資需要、②ＧＳＥが信用力の高いプライム層を対象にしていたため、民間投資銀行側にとり、ノンプライム層の方が優位性を保てたこと、③投資銀行間での競争激化によりローンの質が落ちていったこと、さらに、④売却を前提とするローン組成（Originate-to-Distribute）が、住宅ローンの半分以上を占めるに至ったことなどが挙げられる。

ローンオリジネーターは、売却を前提としないローン組成（Originate-to-Hold）であれば、住宅ローンの信用リスクを注意深くみざるを得ないが、証券化によりすぐに売却してしまうため、自ら信用リスクを負う必要がなく、貸出時の融資審査が甘くなる環境が醸成されていった。

２００５年から２００６年にかけて、ノンエージェンシーＭＢＳ債の年間発行額は、エージ

図表3-2　サブプライムオリジネーター(2006年)

(10億ドル)

1	New Century Financial	51.6	
2	HSBC	50.8	
3	Countrywide Financial Corp	40.6	
4	Citi Mortgage	38.0	
5	WMC Mortgage(GE)	33.2	
6	Fremont General Corp	32.3	
7	Ameriquest	29.5	Citiが融資
8	Option One	28.8	
9	Wells Fargo	27.9	
10	First Franklin	27.7	メリル買収
11	Washington Mutual	26.6	
12	ResCap(GMAC)	21.2	
13	Aegis Mortgage	17.0	
14	Accredited Home Lenders	15.8	
15	BNC(Lehman Brothers)	13.7	

(出所)リーマン・ブラザーズの内部資料(2007年3月)より作成

※HSBCの数値はInside Mortgage Financeの発表数値と異なる。またCitigroupはCitiMortgageをプライム専門としており、実際は一部プライムも含まれるとみられる。

図表3-3　住宅ローンオリジネーション

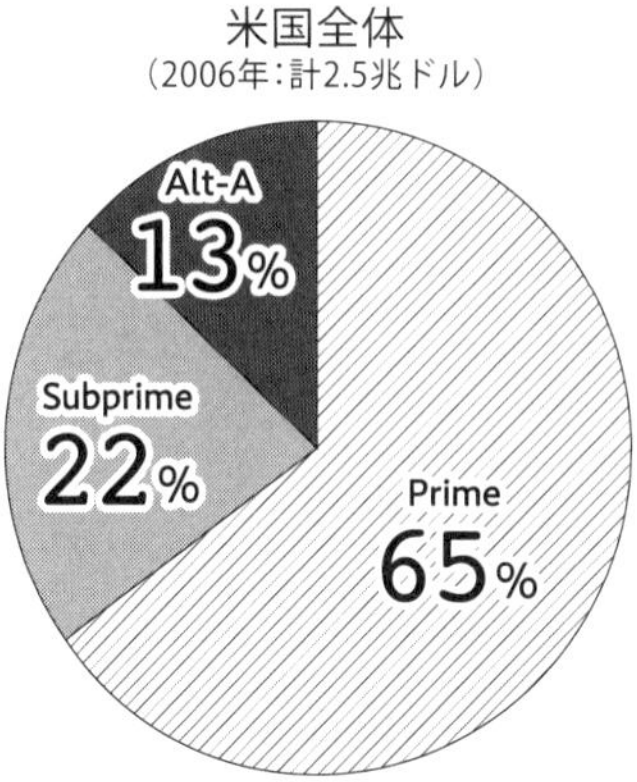

(出所)リーマン・ブラザーズの内部資料(2007年3月)より作成

エンシー債を上回った。2007年までに発行されたノンエージェンシーMBS債（累計額）は、約2・7兆ドルに達し、その約3分の1がオルトA（信用力がプライムとサブプライムの中間）やサブプライムなどのノンプライムであった。

サブプライムローンの大半が、ハイブリッドやオプションARM（Adjustable Rate Mortgages）というローンの金利形態であったことにも問題があった。当時のARMは、最初、金利を低水準に固定するものの、途中で約2〜3倍のプレミアムを上乗せした金利へ変動するものが多かった。また返済方法もI／O（インタレスト・オンリー）という、当初金利のみを支払い、数年後に元本の返済が始まるものが多くあり、最初から金利さえも支払わないネガティブ・アモチゼーション（金利分だけ元本が増えていく）という商品もあった。

住宅ローンを決定する際に、信用リスクを表すFICOスコアが利用される。しかし当時、大手住宅ローンオリジネーターのカントリーワイドは、ローンを増やすため、同スコアの基準を下げて、積極的にARMローンを増やした。カントリーワイドは「売れる限り作り続ける」を経営方針としていた。

ファニーメイとフレディマックは、2001年以降、高格付けのトリプルA債に限定する形で、これら信用力の低いノンプライム（オルトAやサブプライム）MBS債を購入し始めた。米金融危機調査委員会の資料によると、ノンエージェンシー債市場におけるGSE2社の購入シェアは、2001年の約11％から、2004年に約40％へ上昇したと記載されている。

これらの証券は、2007年以降、損失が拡大する。そしてGSE2社は、経営悪化により2008年9月に、公的管理下に置かれることとなる。

財務会計基準書（SFAS）157号の影響

サブプライム危機においては、ちょうど時価会計に関する新しい会計基準の適用時期が重なったことも、危機を増幅させる要因になったと議論された。

サブプライム危機が懸念され始めた2006年9月、米国財務会計基準審議会（FASB）は、SFAS157号「公正価値の測定」を公表した。2007年11月25日以降に開始される事業年度からの開示が義務づけられていたものの、実際には、米国の大手金融機関の多くが2007年第1四半期から同基準の開示を開始した。

SFAS157号は、公正価値をいかに測定し、表示すべきかを規定した会計基準である。最大の特徴は、時価会計の対象になる金融資産を3つのレベルに区分し、それぞれの評価方法を定めたことである。

金融資産は、時価情報の手に入り易さに応じて、レベル1〜3に分類された。レベル1は、流動性が高く、市場で時価が測れる金融資産・負債。レベル2は、類似資産などにより、価値が測れる金融資産・負債。そしてレベル3は、流動性が低く、市場で類似資産などの参照が不可能な金融資産・負債とされた。


2007年より米国の大手金融機関は、レベル1〜3といった、これまで見慣れない項目を使って、保有するトレーディング資産や売却可能資産を分類し、開示した。

しかしさまざまな問題点が指摘された。まず、市場の流動性が刻々と変化するなかで、資産の分類を次々と下げざるを得ない状況となり、投資家の動揺が広がった。そしてこれらの分類が、各社独自の判断で区分されたことから、統一性についても疑問視された。

またレベル3資産については、自社モデルで評価せざるを得ず、甘い資産査定をしているのではとの疑念も生じた。レベル3資産は、通常の市場時価（マークtoマーケット）ではなく、評価モデルによる価格（マークtoモデル）を公正価値として認めている。特に、流動性が著しく低下した市場において、金融資産の公正価値をどのように評価するべきかという難しさに直面した。

図表3-4　財務会計基準書１５７号公正価値ヒエラルキー

	活発な市場により測定できる価格	要件	算定方法
レベル1	◎	流動性が高く時価が測れる資産・負債	時価
レベル2	○	類似資産・相関関係等によって測定できる指標のある資産・負債	時価(類似資産等)
レベル3	×	時価が算出できない資産・負債	自社モデルや外部ベンダー等の情報を参照して測定

(出所)SFAS：Statement of Financial Accounting Standards 等より作成

図表3-5　レベル３資産の内訳(2007年)

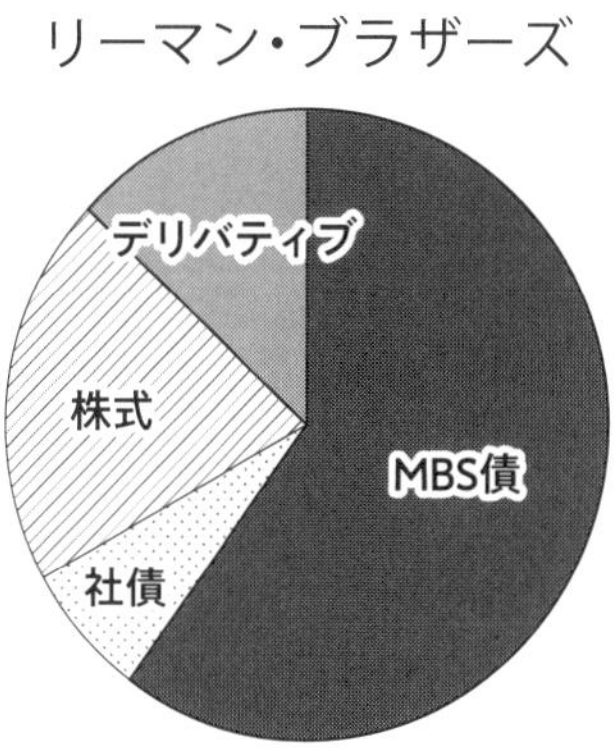

(出所) リーマン・ブラザーズの決算資料より作成

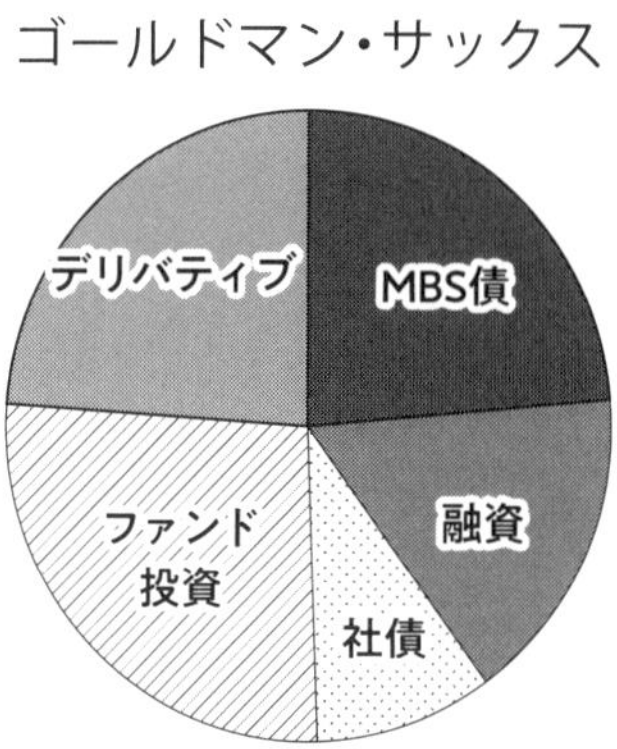

(出所)ゴールドマン・サックスの決算資料より作成

2007年末時点で大手投資銀行が保有するレベル3資産の金額は、株主資本に対して概ね1・5〜2・0倍となっていた。特にリーマン・ブラザーズだけが高かったという兆候はみられない。しかし、たとえばリーマン・ブラザーズとゴールドマン・サックスのレベル3資産を比較すると、リーマン・ブラザーズの方が、MBS債の割合が非常に高かったことがわかる。

このような新会計基準の導入により、金融機関の財務報告がより大きくクローズアップされ、各社が開示したレベル3資産の適正が大きく議論された。

2007年春〜夏：パリバショックと米連邦準備制度理事会（FRB）による対応

2007年8月、パリバショックがマーケットを大きく揺るがした。

米国のサブプライムローンへの不安が高まり、同関連証券の市場での売却が困難となるなか、BNPパリバ傘下のアセット・マネジメント会社は、適正な時価の算出が困難とし、これら証券が組み込まれている3つのABSファンドの募集・解約を一時的に凍結すると発表した。

BNPパリバにとっては、市場価格が算出できない以上、やむを得ない措置であったが、同発表によって、世界のマーケットが一時的に大パニックに陥った。

パリバショックに至る経緯は、次の通りである。

【2006年】米国の住宅価格が下落

2006年、サブプライムを中心に住宅ローンの延滞率が上昇し始めた。背景には、2004年6月以降、FRBが政策金利の誘導目標を引き上げたことなどがある。

金融引き締め局面に入ったことで、住宅価格の上昇が頭打ちとなり、住宅ローンの借り手側の金利負担が上昇して返済に行きづまるケースが相次いだ。これにより金融機関は、サブプライムローンの問題を認識し始め、保有するサブプライム関連資産を減らし始めた。

【2007年4月】大手モーゲージバンクの破綻

大手モーゲージバンクのニューセンチュリーが破綻した。ニューセンチュリーは2006年時点で、サブプライムローンのオリジネーターとしても、証券化においても、上位にあった。サブプライムローン問題が表面化するなか、複数の金融機関から債権の買い戻しを要求され、資金繰りが逼迫した。

【2007年5月】UBS傘下のヘッジファンドが閉鎖

サブプライム関連の損失が急増したことにより、UBS傘下のヘッジファンド、ディロン・リード・キャピタル・マネジメントが突然、閉鎖された。

【2007年6月】ベアー・スターンズ傘下の2つのヘッジファンドの危機が表面化

ベアー・スターンズ傘下にあった左記2つのヘッジファンド（運用資産約200億ドル以上との報道）の危機が表面化し、7月末に連邦破産法適用を申請し、破綻した。

・High Grade Structured Credit Strategies Enhanced Leverage Master Fund, Ltd.
・High Grade Structured Credit Strategies Master Fund, Ltd.

両ヘッジファンドは、少ない出資金を元手に多額の借入を行う、高レバレッジな資産構成により運用を行っていた。そして債務担保証券（CDO）に多額の投資を行っていたことから、資金を調達する際の担保約6割にもCDOが使われていた。このため、市場でCDO価格が暴落するなか、投資家から相次いで追加証拠金を請求され、流動性が逼迫したのである。

両ファンドは、60日間の支払い猶予を求めたものの、却下されてしまう。結局、ベアー・スターンズ側が信用を維持するため、両ファンドに対して約32億ドルの融資枠を設定し、内約16億ドルの融資を実行せざるを得なかった。ファンド側は、投げ売り価格で資産の売却を進めたものの、保有するCDOの流動性低下が著しく、資金が枯渇して破綻に至ったのである。

このとき、格付け機関のムーディーズは、ベアー・スターンズのA1格付けを維持する

と発表（6月）し、スタンダード&プアーズは同社の見通しを安定的からネガティブへと変更したものの、A＋の格付けを維持した（8月）。

【2007年7月】格付け機関による住宅ローン担保証券の大量格下げ

サブプライムローン問題が深刻化するなか、2007年7月、格付け機関のムーディーズとスタンダード&プアーズは、サブプライム関連MBS債の格付けを、一斉に引き下げる（或いは格下げの方向で見直す）と発表した。

ムーディーズは、2006年に組成されたMBS債（第一抵当順位のサブプライム住宅ローン担保証券）の内、399銘柄の格付けを引き下げ、32銘柄を格下げの方向で見直すと発表した（額面価格約52億ドル）。同時に、CDO証券184トランシェ（額面価格約50億ドル）についても、格下げの方向で見直すこととした。スタンダード&プアーズも、612銘柄（額面価格約73・5億ドル）を格下げの方向で見直すと発表した。

これら格下げは、サブプライムローン関連証券全体のまだ僅か数%に過ぎなかった。しかし、大量の銘柄が一斉に格下げされた異例の事態は、投資家の証券化商品に対する不安を増幅させ、市場に大きなインパクトを与えた。

また同月19日の上院議会で、バーナンキ元FRB議長は、サブプライムローン関連による損失額が、約500億ドルから約1000億ドルに達するとの試算を示した。

【2007年8月】パリバショック

8月には、ドイツの中小企業向け金融機関であるIKBドイツ産業銀行の傘下にあった簿外の特別目的会社（SIV）ラインランド・ファンディングが、サブプライム関連投資により多額の損失を計上したと発表した。

8月9日、BNPパリバ傘下のアセット・マネジメント会社、BNPパリバ インベストメント・パートナーズ（当時の運用資産約3500億ユーロとの報道）は、サブプライム関連証券が組み込まれている3つのABSファンド（総額約20億ユーロ）の価格算出が困難になったとして、募集・解約を一時的に凍結すると発表し、世界のマーケットが一時的にパニックに陥った。

同ファンドが凍結されたニュースは、「パリバショック」として市場を駆け巡り、株価が暴落し、金融機関が短期資金を融通するインターバンク市場の流動性危機にまで発展した。同社がグローバルプレーヤーであったことも、影響を大きくした。

欧州中央銀行（ECB）は、連鎖的な金融不安を恐れ、金融市場に約950億ユーロ（9日）、翌日さらに約610億ユーロもの流動性を供給した。またFRBも、約380億ドルの流動性を供給した。FRBは、8月17日にディスカウント・レートを50bp引き下げ

5・75％とし、融資期間をオーバーナイトから30日間へ延長した。9月18日には、フェデラル・ファンド・レート（FFR）の誘導目標を50bp引き下げ4・75％とし、ディスカウント・レートもさらに5・25％へ引き下げた。

パリバショックに至る一連の金融危機の背景には、欧米金融機関の多くが、傘下のヘッジファンドや特別目的会社を活用し、CDOなどの証券化商品に多額の投資をしていたことにあった。これらヘッジファンドや特別目的会社は、小さい資本で高レバレッジをかけ、資産担保コマーシャルペーパー（ABCP：Asset Backed Commercial Paper）やレポ取引など、短期で資金調達することによってコストを下げ、高い運用収益を上げることが狙いであった。

しかし、証券化商品の市場流動性が悪化して適切な価格形成が不可能となるなか、これら投資資産に対する疑心暗鬼によって、ABCPなどに買い手がつかない状態となり、流動性を逼迫させてしまったのである。この問題は、UBS傘下のヘッジファンド、ドイツIKB産業銀行傘下のファンド、ベアー・スターンズ傘下のヘッジファンド、すべてに共通した。

2007年8月末、BNPパリバ傘下のアセット・マネジメント会社は、一時凍結していたABSファンドの償還を、大きな損失もなく再開した。しかしパリバショックは、サブプライムローン問題を大きくクローズアップさせるきっかけになった。

必然だったJPモルガン・チェースによるベアー・スターンズ買収

2008年3月16日、ベアー・スターンズは、JPモルガン・チェースによる救済買収が発表され、創業から約85年の歴史を閉じた。

同社は当時、投資銀行として全米第5位にあった。その総資産額は、投資銀行のトップであるゴールドマン・サックスの約4割以下、第4位のリーマン・ブラザーズの約6割程度であった。同社CEOは、1978年以降アラン・グリーンバーグ氏が務め、1993年以降ジェームズ・ケイン氏に譲りわたしていたものの、最後までグリーンバーグ氏も経営委員会の会長として残っていた。

2006年の決算では、5年連続で最高益を記録していたものの、住宅ローン担保証券ビジネスに深く関わり、収益面で大きく依存していた。

他の投資銀行と同様、同社も財務レバレッジ（総資産額/株主資本）が非常に高く、約33・5倍もあった。これは低めのゴールドマン・サックスをのぞいて、他の投資銀行と同程度に高かった。また、流動性の低いレベル3資産の対株主資本比率において、同社は約2・4倍あり、

図表3-6　ベアー・スターンズ：四半期純利益の推移

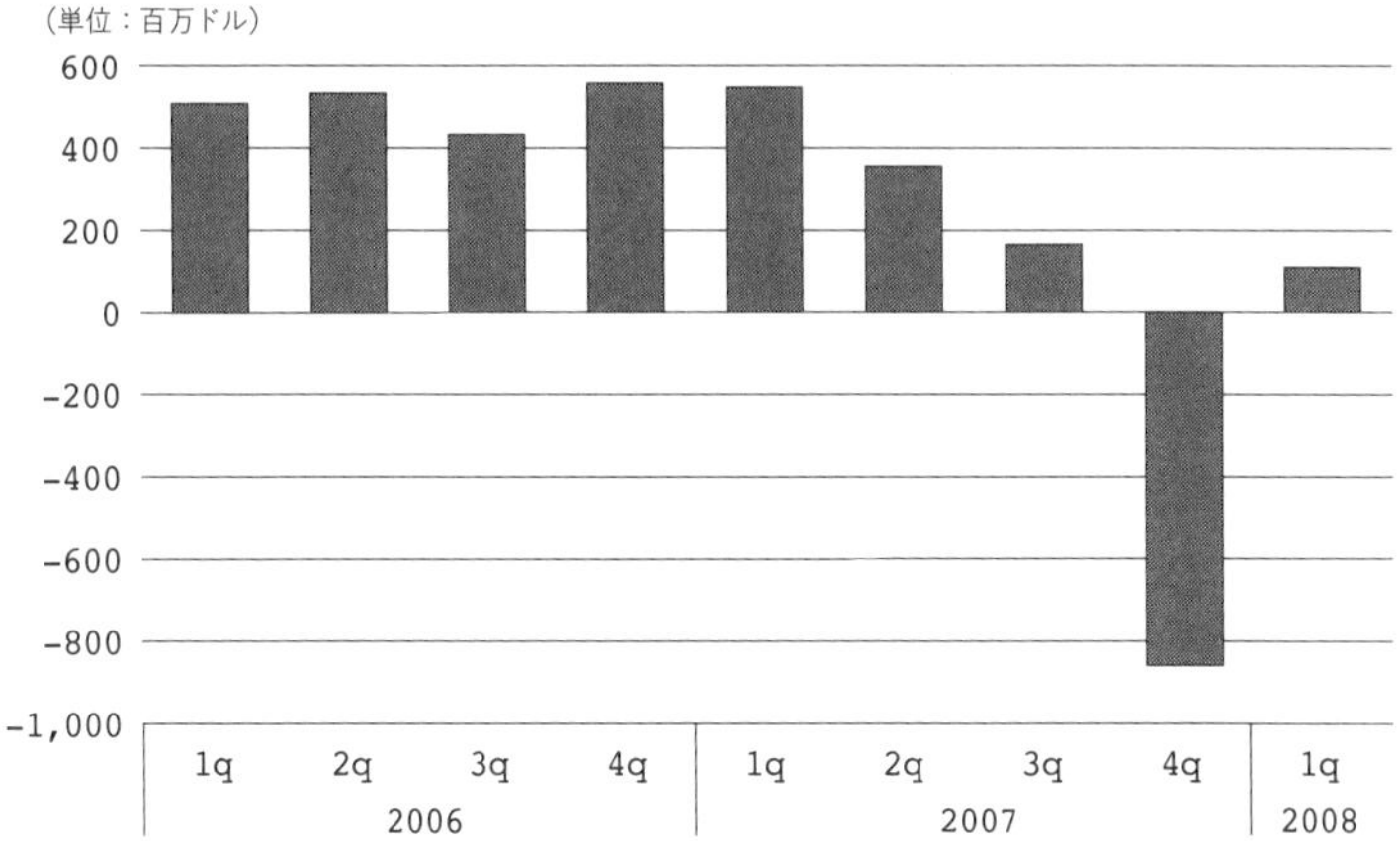

(出所)ベアー・スターンズの決算資料より作成

図表3-7　ベアー・スターンズ：レベル３資産の内訳(2007年)

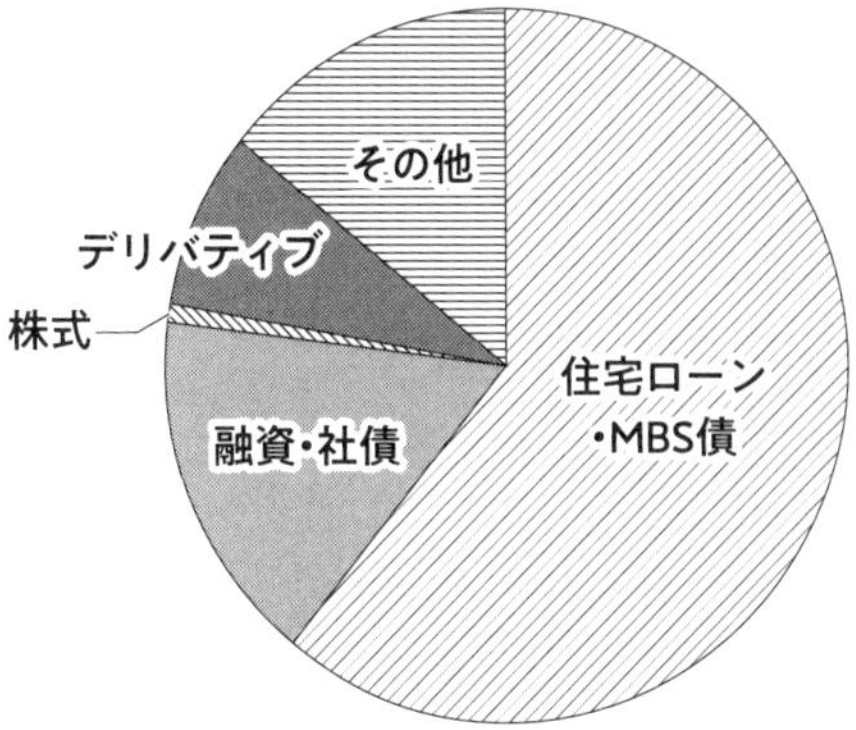

(出所)ベアー・スターンズの決算資料より作成

他社（1・5〜2・0倍）と比較して、相対的に高かった。さらにベアー・スターンズのレベル3資産の内、約6割が住宅ローン・MBS債で、サブプライムローン関連資産を多く保有していた（図表3-7）。

ベアー・スターンズの純利益（当社株主に帰属）は、2007年第2四半期以降、黒字幅が縮小し、第4四半期に傘下のヘッジファンドが破綻した損失を償却（約19億ドル）した影響から、約8・6億ドルの赤字に転じた（図表3-6）。

同社の流動性資産を、完全に枯渇させるまで追い詰めていった経緯は、次の通りである。

【2007年6〜7月】ベアー・スターンズ傘下の2つのヘッジファンドの破綻

これは前述の通りであるが、若干補足する。

ベアー・スターンズは、傘下にあった2つのヘッジファンドの危機が表面化し、7月末に連邦破産法の適用を申請して破綻するに至った（同破綻により、バンク・オブ・アメリカも約40億ドルの損失を被った）。

同破綻は、訴訟に発展した。これらヘッジファンドには、致命的な欠陥があり、リスクが高く転売できない不良資産の受け皿になっていた可能性が指摘されたのである。破綻したこれらヘッジファンドのひとつに出資していた英国のバークレイズ銀行は、2007年12月、同ファンドでそのような証券を保有しない契約になっていたとして、訴訟を起こした。また、ファンドが保有する資産の公正価値評価を、運用を任されていたマネージャー自身が行っており、市場価格から大幅に乖離していた可能性もあった。訴訟は、バークレイズ銀行以外からも起こされていた。

【2007年11～12月】格付け機関による同社格下げ

米系格付け機関は、11～12月、ベアー・スターンズの格付けを相次いで引き下げた（スタンダード＆プアーズ：A＋↓A、ムーディーズ：A1↓A2）。ムーディーズは、同社が関わるヒルトンホテルのレバレッジ・バイアウト・ファンディング（約260億ドル）のリスクが、収益規模と比較して高いことを指摘している。

【2008年2月】中国CITIC証券が相互株式持ち合い契約を解消

2008年2月に中国のCITIC証券（中信证券）は、前年10月に締結されたばかりのベアー・スターンズとの相互株式持ち合い契約（両社約10億ドル出資。中信证券がベアー・スターンズ株式約6％、ベアー・スターンズが中信证券株式約2％取得）について、再交渉を提案した。

【２００８年３月】カーライル・キャピタル・コーポレーションの危機→流動性危機へ

影響が大きかったのは、２００８年３月７日にヘッジファンドのカーライル・キャピタル・コーポレーション（ＣＣＣ）の危機が報道され、13日に破綻したことであった。ベアー・スターンズは、ＣＣＣ（資産総額約２２０億ドル）の株式約15％を保有して取引していたことから、大きな損失を被る可能性が懸念された。

証券取引委員会（ＳＥＣ）の調査によれば、ベアー・スターンズの流動性資産は、２００８年３月10日時点で約１８１億ドルあった。しかし翌11日には約１１５億ドルへ減少し、13日には約20億ドルへと急減した。「24時間で急激に財務状況が悪化した」と言われる所以である。同社の流動性が急減したのは、顧客であるヘッジファンドが資金の引き揚げに走ったためである。

ベアー・スターンズは、グローバル・クライアントサービス部門でプライム・ブローカレッジ業務を提供していたが、業界のリーグテーブルで、モルガン・スタンレーに次ぐ第2位の地位にあり、市場シェアの約21％を占めていた（２００６年末）。

プライム・ブローカレッジ業務とは、ヘッジファンドなどの顧客に対して、貸株取引・取引決済・キャッシュマネジメントなど、トレーディングに関わるさまざまなサービスを提供する業務である。つまりヘッジファンドは、ベアー・スターンズに運用資金を預けており、それが同社の流動性の源泉にもなっていたのである。

また同社は、トライパーティ・レポ取引からの資金調達に大きく依存していたことも、流動性の危機を招く原因になった。

そもそも、預金を預かる商業銀行と違い、非預金取扱機関である米国の投資銀行は、資金調達面において、レポ取引に大きく依存していた。特にトライパーティ・レポ取引は、2002年以降、急速に拡大した。2008年のピーク時、レポ取引の残高総額は、約4・5兆ドルに達し、内約2・8兆ドルをトライパーティ・レポ取引が占めた。

同社は、短期の資金調達を、もともと無担保CPに依存してきたが、傘下のヘッジファンドが破綻したことから、レポ取引による借り入れに依存するようになった。レポ取引は、無担保CPと異なり、担保を提供することで取りつけが起こりにくいと想定されていたのである。

トライパーティ・レポ取引とは、資金の貸し手（MMF・カストディアル銀行など）と借り手（投資銀行）間の翌日物のレポ取引であるが、間に第三者（クリアリングバンク）が入り、受渡処理や担保管理などのサービスを提供するシステムである。

同取引が急拡大した背景には、借入に対して担保が十分提供されること、超短期の取引であることからリスクが低いと考えられていたためである。担保には、財務省証券に加えて、エージェンシーMBS債が多く占めていた。取引参加者は、一部の大手金融機関やファンドに限られ、借り手のトップ10が約85％を、貸し手のトップ10が約65％を占めていた。ピーク時には、ひとつの投資銀行が約４０００億ドルもの資金を調達していたこともあった。

しかし、このようなトライパーティ・レポ取引の急拡大は、投資銀行が超短期の資金調達に依存する体質を生んだ。そしてその依存度の高さから、一旦、借り手や担保に対する信用不安が生じた場合、借り手側の流動性危機を引き起こす懸念があった。

また同取引は、日中、クリアリングバンクが、借り手に対して多額の与信を行っていた点も問題視された。トライパーティ・レポ取引は、夕方に取引がスタートし（投資銀行に資金を貸す）、翌朝に取引が終了（投資銀行が資金を返済）する。つまり日中、借り手側の資金不足を、クリアリングバンクが多額の与信で補っていたのである。

クリアリングバンクは、２つの民間金融機関、ＪＰモルガン・チェースとバンク・オブ・ニューヨーク・メロンが行っていた。そしてベアー・スターンズは、ＪＰモルガン・チェースを通じて取引を行っていたのである。このため米連邦準備制度理事会（ＦＲＢ）は、ベアー・スターンズの資金繰り悪化が、クリアリングバンクであるＪＰモルガン・チェースに波及するリスクを懸念していた。当時ベアー・スターンズは、トライパーティ・レポ市場で約８００億ドルもの資金を借り入れていたとされる。

投資銀行の監督権限は本来、ＳＥＣにあった。しかしＳＥＣは、証券市場全般を監督していたものの、個々の投資銀行の経営まで細かく監督する機能に乏しかった。ＦＲＢは、投資銀行に対する監督権限を有していなかったものの、自らが監督する商業銀行にまで影響が及ぶことを懸念していた。またバーナンキ元ＦＲＢ議長は、レポ市場の崩壊により、破壊的な影響が金融市場のみならず経済全体に及ぶことを、最も恐れていたと述べている。

そしてＦＲＢは、連邦準備法第13条３項「経済危機下における例外的非常時対策（異常かつ切迫した状況の場合、非預金取扱機関でなくても信用供与を認める）」を引き合いに出し、支援の実行を決めた。

ＦＲＢは３月11日、トライパーティ・レポ取引の代替として投資銀行への流動性供給を図るべく、ターム物証券貸出ファシリティ（ＴＳＬＦ）を、同月27日から導入すると発表した。これは、プライマリー・ディーラーを対象に、エージェンシーＭＢＳ債などを担保に、財務省証券を28日間借りられるようにする内容であった。

後に担保は、高格付けのノンエージェンシーＭＢＳ債にも拡大された。

しかし27日のＴＳＬＦ導入では、間に合わなかった。

すでにベアー・スターンズの流動性は、3月13日に枯渇していた。当初、同社はJPモルガン・チェースに対し、約300億ドルの信用供与を求めた。しかし、断られてしまったため、SECに対し、翌日の営業が不可能で、破産を申請すると伝えた。

ニューヨーク連銀は翌14日、JPモルガン・チェースを通じて同社に約129億ドルの貸出を実行し、同社が少なくとも週末まで生き延びられる方法を探った。しかし、信用回復に至らず、株価は暴落し、格付け機関は同社の格付けを引き下げた（ムーディーズがBaa1へ、スタンダード&プアーズがBBBへ）。

ベアー・スターンズは、翌週のアジア市場が開く前に、自社の買い手を探さなければならなかった。そして3月16日、クリアリングバンクとして同社の資産内容を最も熟知していたJPモルガン・チェースが、政府支援を得られることを条件に、同社買収を決定し、発表された。

このときの政府支援策は、「メイデンレーンLLC」と名づけられた。メイデンレーンは、ニューヨーク連銀の建物があるニューヨークの通りの名前である。メイデンレーンLLC設立（ニューヨーク連銀が約290億ドル、JPモルガン・チェースが約10億ドル出資）により、ベアー・スターンズの不良資産を、最大約300億ドル引き取る内容になった。最初に発生した損失分は、JPモルガン・チェース出資分が充当され、最終的に利益が出た場合は、ニューヨーク連銀に返済される。

図表3-8 サブプライム危機下における FRBによる流動性ファシリティ

支援策		発表時期	実施時期	内容
ターム物オークションファシリティ	Term Auction Facility (TAF)	2007年12月	2007年12月〜2010年3月	預金金融機関を対象に入札形式で流動性を供給する貸出制度。担保必要。28日間、2008年８月より経営状態の良い金融機関に対し84日間の融資が可能に。
スワップ協定	Central Bank Liquidity Swap Lines	2007年12月	2007年12月〜2010年2月	海外14の中央銀行とドル流動性スワップ協定を締結
プライマリー・ディーラー信用ファシリティ	Primary Dealer Credit Facility (PDCF)	2008年3月	2008年3月〜2010年2月	プライマリー・ディーラーの資金供給。オーバーナイト。2008年９月21日よりゴールドマン・サックス、モルガン・スタンレー、メリルリンチの子会社、2008年11月23日よりシティグループのロンドン子会社にも許可
ターム物証券貸出ファシリティ	Term Securities Lending Facility (TSLF) and TSLF Options Program (TOP)	2008年3月	2008年3月〜2010年3月	プライマリー・ディーラーに対してFRBが保有する財務省証券を貸出。要担保（スケジュール１:国債、GSE債、エージェンシーMBS債。スケジュール２:トリプルA格の民間RMBS、CMBS、ABS）。融資上限2000億ドル
ABCP・MMF流動性ファシリティ	Asset-Backed Commercial Paper Money Market Mutual Fund Liquidity Facility (AMLF)	2008年9月	2008年9月〜2010年2月	米国預金取扱金融機関、米国金融持株会社、米国証券会社子会社等に対し、ABCP買取資金に係るノンリコースローンを提供
CPファンディングファシリティ	Commercial Paper Funding Facility (CPFF)	2008年10月	2008年10月〜2010年2月	プライマリー・ディーラーからドル建て、高格付け、無担保ABCP（３か月物）の買い取り
エージェンシーMBS購入プログラム	Agency Mortgage-Backed Securities (MBS) Purchase Program	2008年11月	2009年1月〜2010年3月	プライマリー・ディーラーよりエージェンシーMBS債を買い取り（計1.25兆ドル）
ターム物ABSローンファシリティ	Term Asset-Backed Securities Loan Facility (TALF)	2008年11月	2009年3月〜2010年6月	対象となるABSやCMBS保有の米国企業対象。ABS（オートローン、クレジットローン、学生ローン等）やCMBSを担保に最長５年のノンリコースローンを提供

（出所）FRBの資料より作成

さらにＦＲＢは、投資銀行に対する流動性支援を強化するため、3月17日よりプライマリー・ディーラー・信用ファシリティ（ＰＤＣＦ）も導入した。これにより、預金取扱機関だけに限定されているディスカウント・ウィンドウに加えて、プライマリー・ディーラーに対しても、ＰＤＣＦを通じて、財務省証券・エージェンシーＭＢＳ債などを担保に、オーバーナイト資金を供給できる体制になった。

当初発表されたベアー・スターンズの買収価格は、1株2ドルであった。ＪＰモルガン・チェース側は、より高い価格を考えていたものの、政府側がモラルハザードを考えて、支援色を払拭したかったことが背景にある。しかし3月24日に決定された最終的な買収価格は、ベアー・スターンズの株主から同意を得やすくするため、1株10ドルへと引き上げられた。

なお、ニューヨーク連銀によれば、「メイデンレーンＬＬＣ」に買い取られた資産は、半分以上がエージェンシーＭＢＳ債で、最終的に約25億ドルの利益を出してすべて売却されたと公表されている（2018年9月）。

メリルリンチの「ヴォルデモート・ブック」約306億ドルもの債務担保証券（CDO）

AIGや、政府支援機関（GSE）2社を除けば、サブプライム危機で最も損失額が大きかったのは、シティグループとメリルリンチ（バンク・オブ・アメリカ）である。そして大手投資銀行のなかで、2007年最初に赤字を計上したのは、メリルリンチであった。

ハリー・ポッターの小説に、「名前を呼んではいけないあの人」として、ヴォルデモート卿という悪者が登場する。ヴォルデモート卿の名前を口にしただけで、保護魔法が喪失して居場所を知られ、即座に死食い人たちの襲撃を受けるという理由らしい。

フィナンシャル・タイムズ社の記者が書いた『クラッシュ・オブ・ザ・タイタンズ（Crash of the Titans）』（Greg Farrell, Crown Business, 2010）という本のなかで、メリルリンチが保有していた約306億ドルのCDOについて、メリルリンチの一部トレーダーたちが、社内で「ヴォルデモート・ブック（存在を話したらいけない帳簿）」と呼んでいたことが書かれている。

メリルリンチは、破綻したリーマン・ブラザーズと同様、証券化業務に積極的で、住宅ローンのオリジネーション・証券化・売却すべてを手掛けていた。そして大量のCDO発行に関わっていた。

CDOは、日本語で「債務担保証券」と呼ばれ、複数の貸付債権（ローン債権）を裏づけとし、組成された証券化商品の総称である。

具体的な裏づけ資産には、クレジットカード債権のような小口債権・住宅ローン・社債・クレジットデリバティブなどがある。貸付債権を保有するオリジネーターが、債権を特定目的会社（SPV）などに譲渡し、これら資産を裏づけとした証券を投資家に売却する。

特に2003年頃から、サブプライムローンやオルトAローンを組み込んだCDOが大量に発行され、その重畳的な構造に加えて、資産プールのなかでも弁済順位の劣後する部分が多く組み込まれたことから、サブプライム危機において、最も損失・棄損の大きい商品になった。

メリルリンチは、2002年からスタンレー・オニール新CEO体制になり、収益を上げることを最優先に、積極的に証券化ビジネスを行っていた。

当初、同社はカントリーワイドなどからサブプライムローン債権を購入し、CDOに証券化して投資家に売却していた。しかし、証券化に必要な住宅ローン債権の調達を容易にするため、次々とモーゲージバンクを買収し、2006年にもサブプライムローン貸出専業会社のファースト・フランクリンなど数社を買収し、積極的にCDOを作り続けた。

しかし、AIGは2006年春頃から、最も信用力の高いスーパーシニアですら不安があるとして、メリルリンチが発行するCDOの保証をやめている。

2007年に入り、サブプライムローンの延滞率上昇が顕著になる。マーケット環境が一層悪化するなか、メリルリンチは、多額の減損を強いられた。同社の純利益（当社株主に帰属）は、2007年第3四半期以降、赤字に転じた。赤字幅は、第3四半期の約23億ドルから、第4四半期約99億ドルへと拡大した。そして2007年通年で約80億ドルの赤字を計上した。

これにより2007年10月、オニールCEOは責任を問われ、当時の債券トレーディング業務トップと共に更迭された。

オニール氏の後任には、ゴールドマン・サックス出身のジョン・セイン氏が就任し、メリルリンチ最後のCEOとなった。同氏は、ゴールドマン・サックスでCOO（1999〜2004年）を、ニューヨーク証券取引所でCEO（2004〜2007年）を務めた人物である。同氏が後任に選ばれた背景には、メリルリンチ側の経営陣によるゴールドマン・サックスへの強い憧れがあったという。セイン氏は、MITを卒業後、ハーバード大学ビジネススクールにてMB

Aを取得し、ゴールドマン・サックスへ入社した。

就任直後からセイン氏は、積極的な増資と資産売却によって、バランスシートの立て直しを試みた。２００７年12月、メリルリンチの要請に応じて、シンガポールの国営投資会社テマセク・ホールディングスが約44億ドル、米国の資産運用会社デービス・セレクテッド・アドバイザーズが約12億ドル出資した。テマセクは、追加で約６億ドル分の普通株式を購入する権利も取得し、また購入から１年間は売却しないという条項が盛り込まれた（テマセクは２００９年第１四半期に約30億ドルの損失で売却したと報道されている）。


しかし、２００８年に入ってからも、メリルリンチの赤字決算は止まらなかった。

同社の赤字額は、第１四半期約21億ドル、第２四半期約49億ドルとなった。セインCEOは、資産売却を進めた。同年７月には、同社が保有していた米大手金融端末会社ブルームバーグの株式約20％を売却した（約45億ドル）。また同月、前述の通称ヴォルデモート・ブックと呼ばれていた約３０６億ドルものCDOを、米ヘッジファンドのローンスター・ファンズに対し、ディスカウント価格の約67億ドルで売却することに合意した（売却９月）。このとき、ローンスターに対して、購入資金の約75％をメリルリンチが融資するという苦肉の策を取った。このように２００８年を通じて、積極的な資産の売却や償却により、証券化商品へのエクスポージャーを減らしていった。

図表3-9 ABS-CDO発行マーケットシェア（2006年～2007年10月）

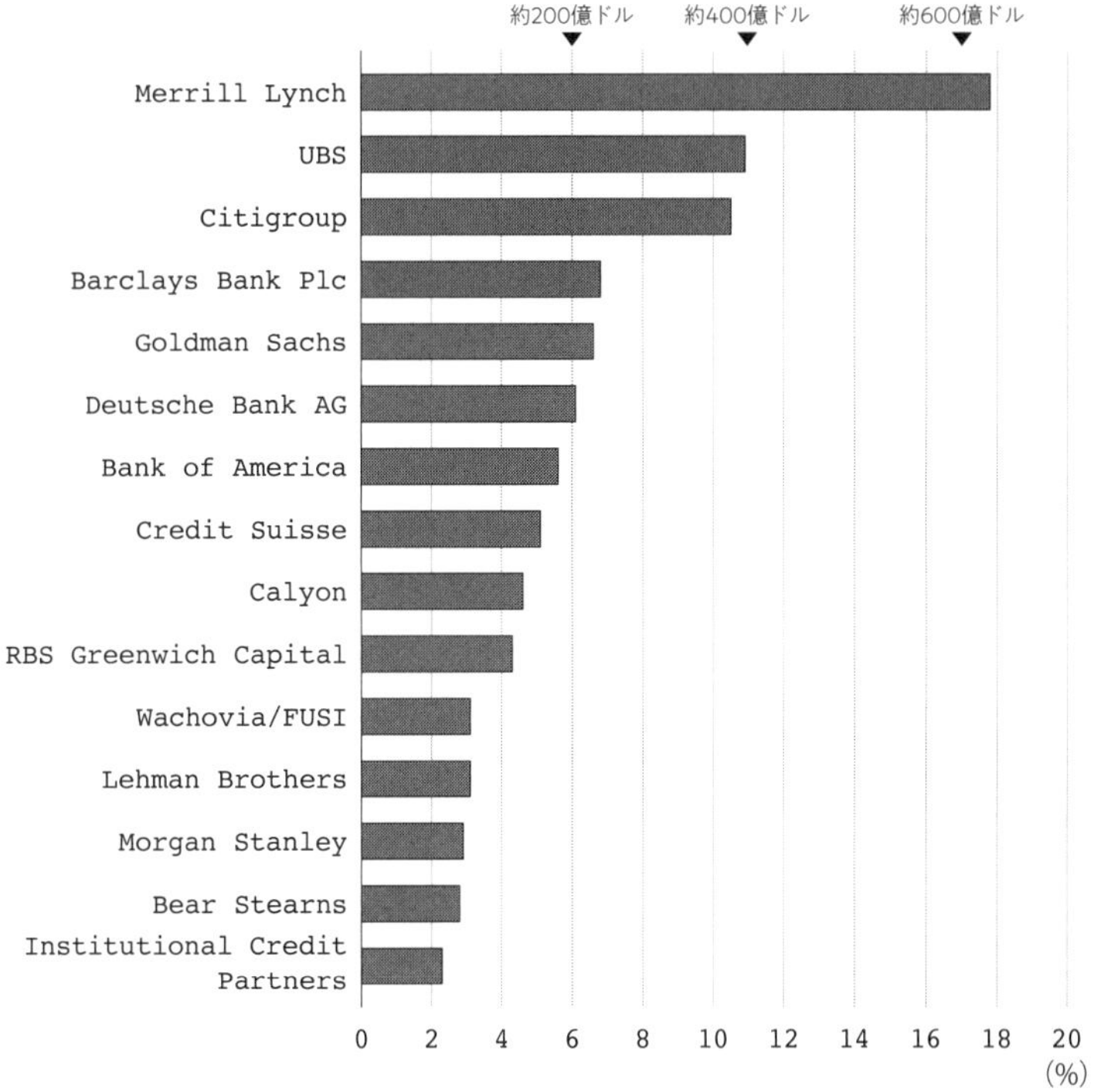

（出所）リーマン・ブラザーズの内部資料（2007年11月）より作成

２００８年9月15日、バンク・オブ・アメリカのルイスＣＥＯは、資産規模第３位の投資銀行メリルリンチを、総額約５００億ドルで救済買収すると発表した。リーマン・ブラザーズが連邦破産法第11章（民事再生法）の適用を連邦裁判所に申請し、破綻したのと同じ日であった。

しかし、２００８年11月以降に発表されたメリルリンチの損失額は、バンク・オブ・アメリカの予想をはるかに上回った。損失額は、第３四半期約75億ドルに達していたが、第４四半期には当初予想されていた約90億ドルから、数日後に約１２０億ドルへ、そして最終的に約１６０億ドル近くに膨れ上がることが判明した。２００８年通年の最終赤字額は、約３０５億ドルにも達したのである（その後の経緯は、第４章のバンク・オブ・アメリカの項へ）。

リーマン・ブラザーズの破綻（１）
大量のサブプライム資産

投資銀行として資産規模第４位にあったリーマン・ブラザーズも、証券化ビジネスを積極的に行っていた。

同社は、１９９８年以降、オーロラ・ローンサービスやＢＮＣモーゲージなど、オルトＡやサブプライム専門のモーゲージバンクを買収し、住宅ローンのオリジネーション・証券化・売却など、すべての工程に深く関わった。リーマン・ブラザーズの内部資料によると、住宅ロー

図表3-10　投資銀行：四半期純利益*の推移(2006年~2008年)

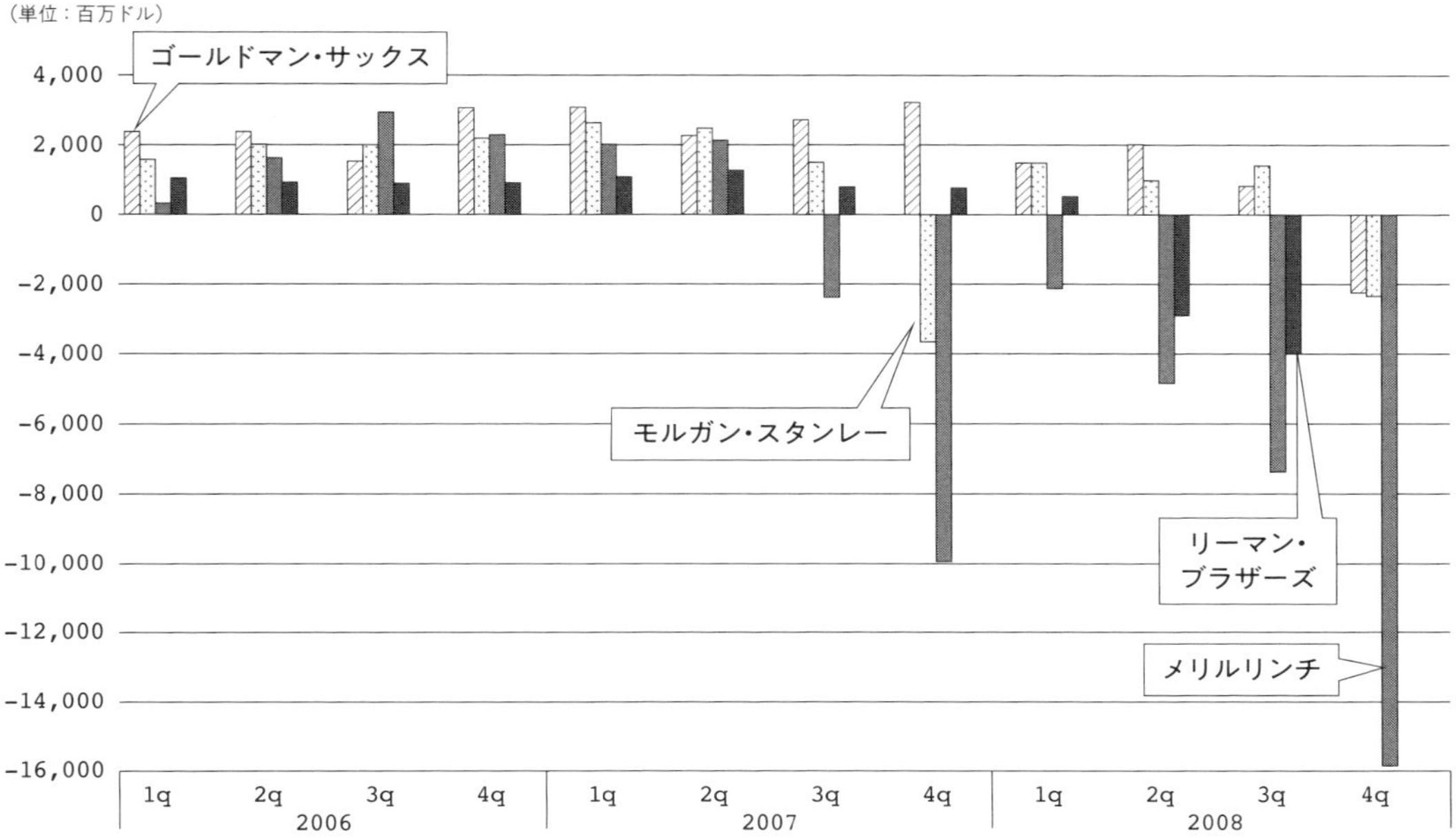

棒グラフは、左からゴールドマン・サックス、モルガン・スタンレー、メリルリンチ、リーマン・ブラザーズの順

(出所)各社の決算資料より作成　2009年にゴールドマン・サックスとモルガン・スタンレーは、会計期間が変更となり、一部数値も改訂　＊当社株主に帰属

ンのオリジネーション事業において、子会社のオーローラ・ローンサービスがオルトAを、BNCモーゲージがサブプライムを担当していた。

証券化ビジネスは、同社に高収益をもたらした。リーマン・ブラザーズの純利益（当社株主に帰属）は、2002年の約9億ドルから、2006年約39億ドル、2007年約41億ドルへ急拡大した。積極的な証券化ビジネスにより、キャピタル・マーケッツ部門の収益は、2006年全体の約7割近くを稼ぎ出すに至った。同社は、住宅ローンオリジネーションが2005年（ピーク時）約850億ドルに達し、証券化は2006年（ピーク時）約1460億ドルに達した。

2007年、リーマン・ブラザーズの純利益（当社株主に帰属）は、四半期ベースで、第1四半期約11億ドル、第2四半期約12・6億ドルと好調に推移した。

同年2月には、株価も86・18ドルの最高値を更新している。

しかし、2007年3月、大手モーゲージバンクの破綻が相次ぎ、リーマン・ブラザーズの収益性を懸念した投資家たちが同社の株式を手放したことから、株価が暴落する。

6月から8月にかけても、同社の株価は、ベアー・スターンズ傘下のヘッジファンド破綻、格付け機関によるサブプライム証券の一斉格下げ、パリバショックも加わり、60ドル近くにま

図表3-11　リーマン・ブラザーズ：子会社によるオルトA・サブプライムローンオリジネーションの推移

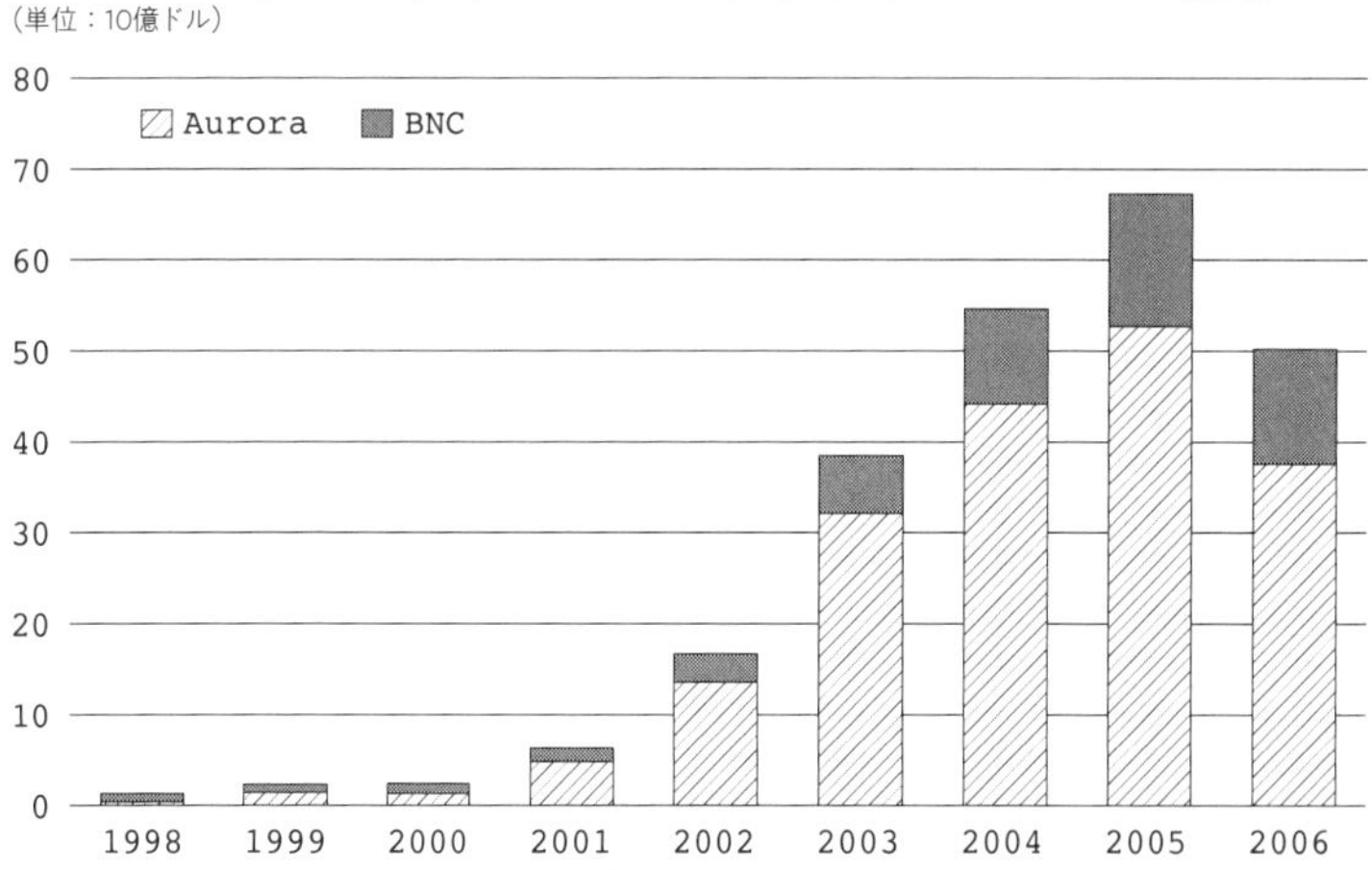

（出所）リーマン・ブラザーズの内部資料（2007年8月）より作成

図表3-12　住宅ローンオリジネーション

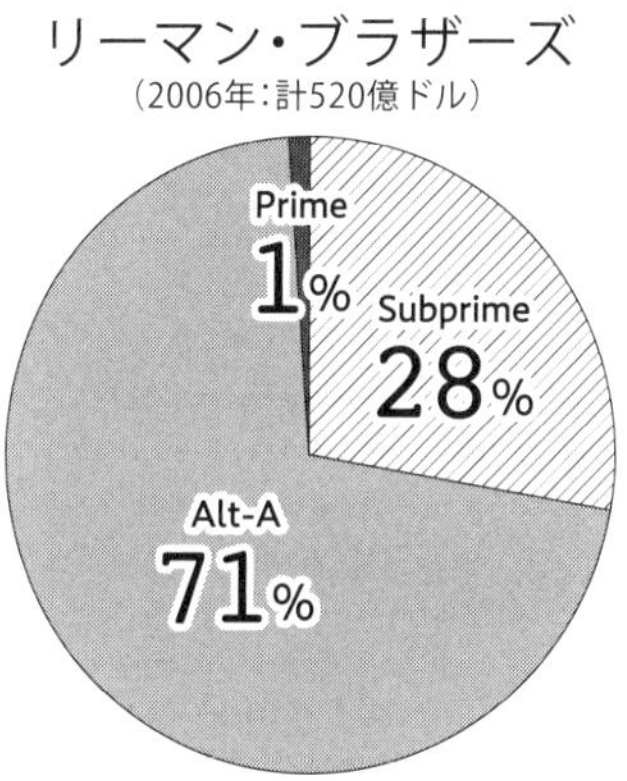

（出所）リーマン・ブラザーズの内部資料（2007年3月）より作成

で値を下げた。リーマン・ブラザーズは、2007年8月、サブプライムローンのオリジネーション事業を行ってきた子会社BNCモーゲージを閉鎖し、人員を削減した。

そして2008年3月、ベアー・スターンズが事実上破綻すると、リーマン・ブラザーズの株価がさらに暴落し、ヘッジファンドやデリバティブのカウンター・パーティが、一斉に資金を引き揚げ始めた。

リーマン・ブラザーズは、不良資産の削減や、資金調達に奔走した。同年4月には約40億ドルの優先株を、6月にも約40億ドルの普通株と約20億ドルの優先株を発行し、資金を調達した。

このような流動性の確保に加えて、住宅ローン及び商業用不動産に関連する資産を大幅に削減することにより、財務レバレッジを縮小させた。図表3-13は、リーマン・ブラザーズが破綻する直前の2008年9月に発表された保有不動産担保証券の内訳と推移であるが、2007年11月時点の計約772億ドルから、2008年8月末時点の計約458億ドルへ、約6割の水準まで減少させている。

このような不良資産償却による影響から、リーマン・ブラザーズは、2008年第2四半期約29億ドルの赤字に転じた。

図表3-13　リーマン・ブラザーズ：保有不動産担保証券の推移

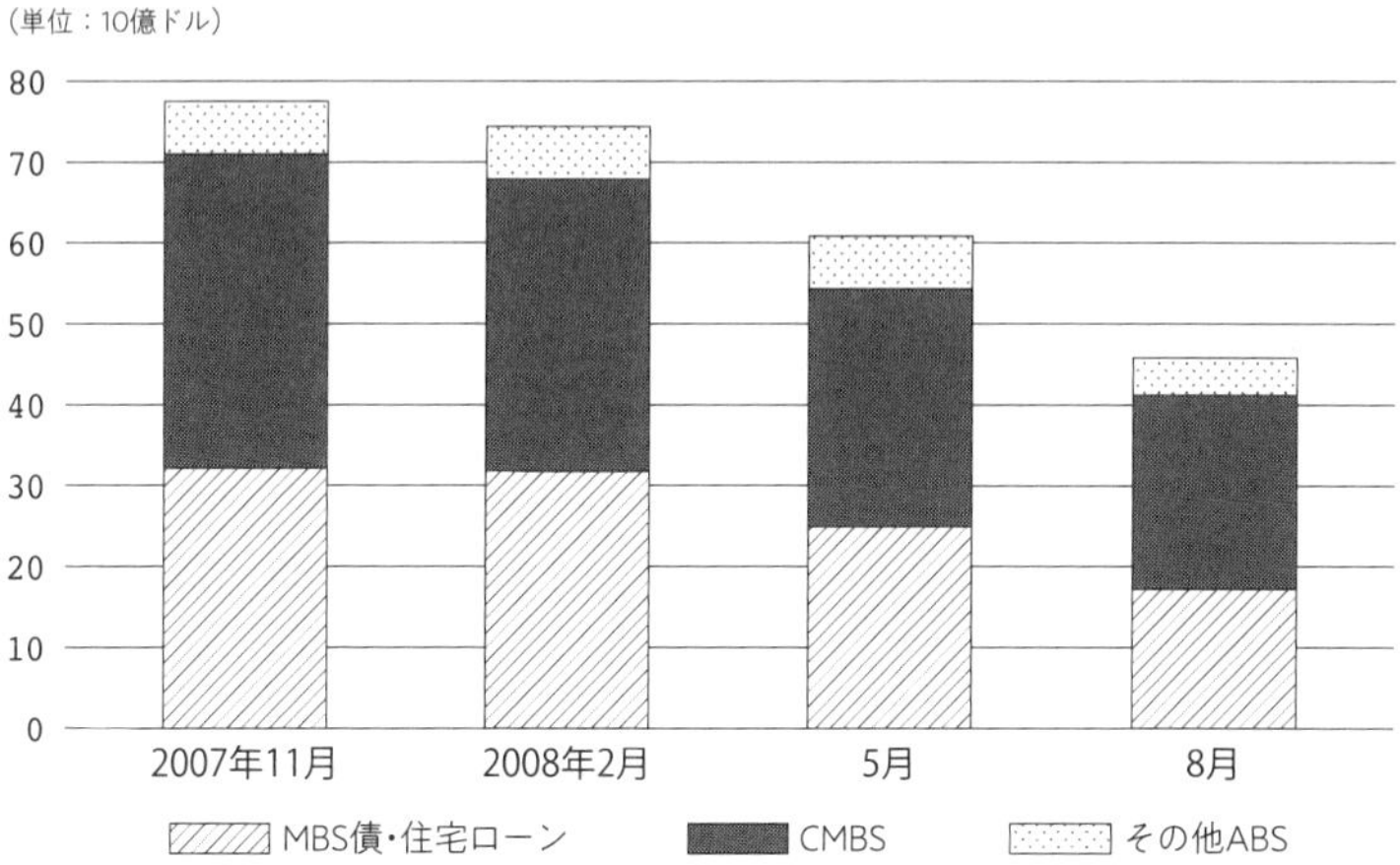

（出所）リーマン・ブラザーズの決算資料より作成

そして、第3四半期（6〜8月）の決算発表は、9月18日に予定されていた。しかし、株価急落で経営不安が高まっていたことから、9月10日に同期の最終赤字額が約39億ドルに上るとの見通しを発表し、同時に経営再建計画が発表された。

その計画は、不良資産を切りはなす「バッドバンク構想」であった。具体的には、売却が困難な不動産担保証券（約316億ドル）を、独立した新会社へ切りはなし、財務レバレッジを改善させる計画であった。

これは2008年3月頃から、起死回生を図るため、リーマン・ブラザーズの経営陣のあいだで議論されてきたもので、スピンコ計画（SpinCo、コードネーム：プロジェクト・グリーン）と呼ばれていた。同年7月にファルドCEOは、「われわれの成功の鍵は、スピンコ計画の実現にある」とメールにも書いており、同社が生き残りを模索するなかで、スピンコ計画が重要視されていった。しかし実現には、新会社設立のための資本金（約80億ドル）が必要であったものの、資金が足りなかった。

同年夏には、米投資会社バークシャー・ハサウェイのバフェット会長に助けを求めた。しかし、バフェット氏は、同計画でリーマン・ブラザーズを救えないと考え、申し出を断った。ポールソン元財務長官は、同案に懐疑的で、ファルドCEOに計画を止めるよう進言していたという。結局、スピンコ計画は、公表されたものの実現されることはなかった。

第3四半期の決算見通しを発表した前日の9月9日、リーマン・ブラザーズへの出資を検討していた韓国の政府系金融機関KDB（韓国産業銀行）との交渉が、不調に終わっていた。また当初、買収候補と噂されていたバンク・オブ・アメリカは、買収先をメリルリンチに変えてしまった。

そして、最後まで買収交渉を続けたのは、英バークレイズ銀行である。

しかし、英国政府は、英バークレイズ銀行側の株主の承諾なくして、同社がリーマン・ブラザーズの買収を保証することはできないとした。これらの承諾を得るには時間が掛かるため、米国側が適用緩和を求めたものの、受け入れられなかった。ガイトナー元財務長官は、自身の回顧録のなかで「意欲的な買い手がいないときに、(政府が)合法的に救済することはできない。(中略)私たちが融資する相手は、堅実な担保が出せる、返済能力のある金融機関でなければならない」(『ガイトナー回顧録』ティモシー・F・ガイトナー著、日本経済新聞出版社、2015年)と書いている。

大きな疑問は、ベアー・スターンズのときと異なり、米連邦準備制度理事会(FRB)の流動性ファシリティPDCFがあったにもかかわらず、それをリーマン・ブラザーズがほとんど利用しなかった点である。この点についてバーナンキ元FRB議長は、PDCFからの借入が汚点とされてしまう背景を、著書(『危機と決断』角川書店、2015年)で指摘している。

また別の見方として、リーマン・ブラザーズは、PDCFで当初受け入れ可能だった担保(投資適格債券など)を、十分保有していなかった可能性も考えられる。というのもFRBが、時限措置として、PDCFでの受け入れ可能担保を、より低い格付けの非投資適格債券や株式まで拡大したのは、9月14日以降であったからである。

リーマン・ブラザーズの流動性資産は、9月9日から12日にかけて、約410億ドルから約250億ドルへ減少した。同社の株価は、2007年後半の60ドル台から、2008年5月40

ドル台へ、そして9月に4ドル台まで暴落した。

リーマン・ブラザーズは、9月15日、連邦破産法第11章の適用を申請し、約160年もの長い歴史を終えた。米国史上、最大規模の破綻となった。

リーマン・ブラザーズの破綻(2)
資産約504億ドルをオフバランス化した「レポ105取引」

スピンコ計画は実現されなかったものの、バルカス氏の調査報告書(2010年3月公表)によって、リーマン・ブラザーズは、決算時にバランスシート調整を行っていたことが明らかになった。

同調査報告書によると、リーマン・ブラザーズは、四半期決算直前に、レバレッジを低く抑えるため、「レポ105(レポ108)」という取引を使って、一部資産を簿外に移していた。これは主に、財務レバレッジを重視する格付け機関対策のためのバランスシート調整であった。格付けの低下は、カウンター・パーティリスクを上昇させ、追加担保の要求に繋がるからである。

同社は、保有する不動産担保証券の売却が困難になるなか、大幅なディスカウントにより売却せずとも、財務レバレッジを引き下げてくれる同取引を活用した。社内では、麻薬、合法的な粉飾として知られ、取引量が増えていったものの、誰も正当な取引理由を説明できなかったという。

リーマン・ブラザーズが最初に、「レポ105取引」を設定したのは、2001年である。背景には、2000年9月に米国財務会計基準審議会（FASB）が公表したSFAS第140号「金融資産の移転及びサービス業務並びに金融負債の消滅に関する会計処理」が、幅広く解釈されたためであった。同会計基準は、企業が金融資産をSPEなどに移転した場合、金融資産を売却したとみなす会計処理を、原則認めた。

リーマン・ブラザーズは、「レポ105取引」を、同基準で真正売買と証明してくれる法律事務所をさがし、国内で見つからなかったことから、英国ロンドンの法律事務所に頼んだ。このため同取引は、同社英国の子会社リーマン・ブラザーズ・インターナショナル・ヨーロッパを通じて行われていた。

通常のレポ取引であれば、差し出された担保も、借入による負債もバランスシート上に残る。しかし、リーマン・ブラザーズは、SFAS第140号の条件を満たすことで、これら資産・負債をオフバランス化し、調達した借入を返済に充当して、債務を減らしていた。

差し出された資産は、流動性の高い適格担保要件を満たしたものが主であったものの、流動性の低い債務担保証券（CDO）や住宅ローン担保証券も多く含まれていた。レポ105と108は、ヘアカット率を表しており、105は5％、108は8％を示す。これは、リーマン・ブラザーズの通常のレポ取引におけるヘアカット率2％より高かったものの、会計基準上、売買取引と認められるために必要であったと報告されている。

これら取引は、四半期決算発表の4～5日前に売却され、決算発表の4～5日後に買い戻された。取引上限を定めていたものの、その上限は、220億ドル（2006年7月）から250億ドル（2007年2月）へと引き上げられた。2007年夏以降、市場において、投資銀行の財務レバレッジに対する厳しい見方が強まり、さらにベアー・スターンズ破綻後は、何がなんでも財務レバレッジを引き下げる必要に迫られたという。このような強いプレッシャーのなか、上限は無視され、2008年に入ると、毎期400～500億ドルもの取引量に達していた。2008年第2四半期末には、約504億ドルと、純資産比で約1・9倍相当に達している。これら取引は、外部に一切公表されることもなく、決算報告が歪められる結果になった。

リーマン・ブラザーズの財務レバレッジ（2007年末）は、決算報告書ベースで約30・7倍、両レポ取引を加えたベースで約32・4倍に達した。

図表3-14　リーマン・ブラザーズ：レポ105・108取引

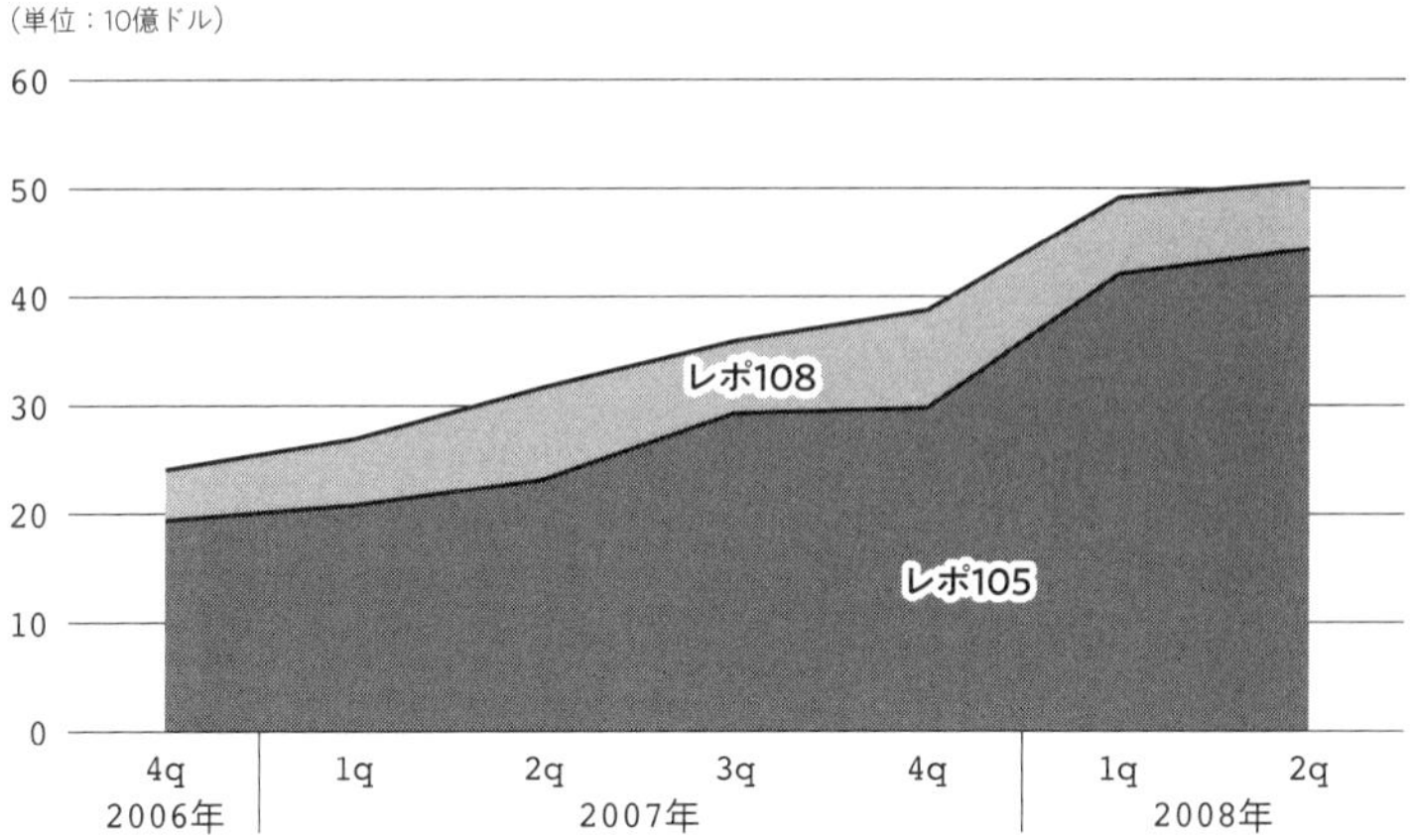

（出所）バルカス調査報告書より作成

図表3-15　財務レバレッジ（2007年末）

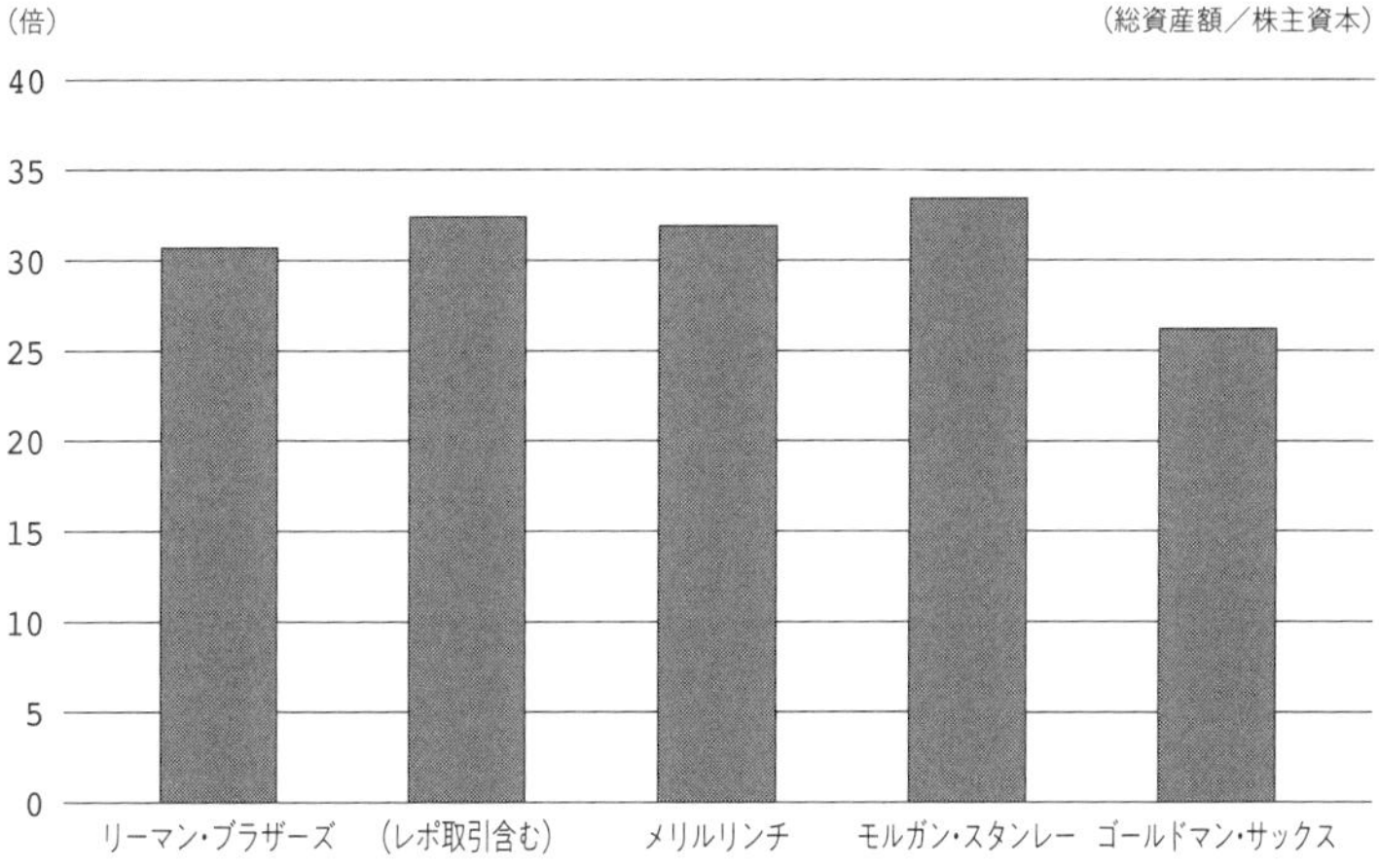

（出所）各社決算資料より作成

リーマン・ブラザーズの破綻（3）

債務超過であったのかについての議論

リーマン・ブラザーズが流動性危機に陥っていたのは確かである。しかし同社が、破綻当時どれくらいの不良資産を抱えていたのか、果たして債務超過にあったのかという議論については、全体像を示す情報が提供されておらず、意見が分かれる結果になっている。

2010年の公聴会の席において、リーマン・ブラザーズのファルドCEOは、リーマン・ブラザーズが債務超過になかったと主張している。また、公表されている最後の財務諸表からざっくり試算した上で、同様に推定する学者もいる。つまり、十分な流動性さえ供給されていれば、破綻を避けられた可能性が高いとする説である。

結論から言えば、「債務を期日までに支払えなかった時点で破産に該当する」というニューヨーク連銀の法務顧問トーマス・バクスター氏の言葉通りで、異論の余地はないだろう。

参考までに、公表された最後の財務諸表（2008年第2四半期末）によれば、同社の総資産額は約6390億ドル、負債総額約6130億ドル、純資産額約260億ドルであった。

それに対し、リーマン・ブラザーズの買収を真剣に検討し、数日間で簡易的なデューデリジエンスを行った銀行による証言は、次の通りである。英バークレイズ銀行は、同社が直ちに約230億〜270億ドルの損失を償却しなければならず、約520億ドルの不良資産を引き取れないと指摘した。またバンク・オブ・アメリカは、約650億〜670億ドルの資産を引き取れないと申し出た。バルカス氏の調査報告書では、バリュエーションに約800頁以上を割いているものの、全体像を明らかにできていない。

もうひとつの情報としては、同社の清算手続きがある。

しかし、清算過程においては、多くの問題が生じたことから、全体像がみえにくくなったと指摘されている。まず、無計画な破産申請により、清算手続きが開始される前の時点で多額の資産が失われたと推計されている。また、世界各国に多くの子会社が散らばり、相互関係が非常に複雑であったことが、清算手続きを長期化・複雑化させた。ほかにも、破産により中止になったプロジェクトからの訴訟費用も生じた。さらに、破綻直後の混乱のさなか、英バークレイズ銀行が、リーマン・ブラザーズの一部北米業務を買収したことにより、買収された子会社のデリバティブ決済などが優先的に継続され、マーケットの安定に繋がったものの、買収価格の適正性が問題視されたほか、破綻時における資産の全体像をみえにくくした。

英バークレイズ銀行は、2008年9月22日、リーマン・ブラザーズの北米業務の一部（投資銀行業務・資本市場業務)、ニューヨーク本社ビル、ニュージャージー州にあるデータセンター2か所を、約18・5億ドルで買収したと報道されている(ロイター)。買収された資産には、トレーディング資産(約474億ドル)とトレーディング負債(約455億ドル)も含まれる。また従業員約1万人と、3か月以内に解雇した場合の退職金の負債も引き継いだと報道されている。しかし、同買収において、英バークレイズ銀行は、不当に多額の利益を得たと批判され、破綻したリーマン・ブラザーズから訴訟を起こされるなど、裁判に発展した。

ニューヨーク連銀の調査報告書(2014年、2019年)によれば、リーマン・ブラザーズの清算手続きは、通常の清算期間(約14か月)に対して、約9年もの長い年月を要した。2011年6月に司法当局に提出された資料によれば、約3615億ドルの訴訟請求に対して、約8400億ドルの資産を回復でき、弁護士費用などを引いた約750億ドルを返済可能とした。これは、訴訟請求費用に対して、僅か約21%である。

そして実際には、2012年4月以降16回に分けて、総額の約31%相当が返済されたと推定している。ニューヨーク連銀は、市況環境の改善により、当初見込みから返済額が増えたものの、利子率を勘案すればより低い回収率となるほか、90年代前後の平均回収率(56〜59%)と比較して、極めて低水準にあると指摘している。なお、リーマン・ブラザーズのケースにおいては、回収率が子会社毎で大きく異なっている。

リーマン・ブラザーズの清算手続きには、多くの問題があり、破綻・清算の過程で多額の資金が失われたとされている。しかし、清算手続きにおける低い回収率を考えれば、債務超過にあったとみるのが自然ではないだろうか。

シティグループ「音楽が鳴り止まない限りダンスは止められない」

2007年7月、フィナンシャル・タイムズ紙とのインタビューの際に、シティグループのチャールズ・プリンスCEO（当時）が語った「音楽が鳴り止まない限りダンスは止められない（"As long as the music is playing, you've got to get up and dance"）」という言葉は、金融機関のサブプライム狂騒を表す言葉として、さまざまなところで引用され、広く知られている。

しかし、後にプリンス氏は、サブプライムローン関連のモーゲージ・ビジネスや、シティグループが当時積極的に行っていた債務担保証券（CDO）業務について語ったものではなく、あくまで金融機関のレバレッジド・ローンに対する過熱ぶりについて、金融監督当局に対し、警鐘を鳴らす狙いであったと弁明している。

サブプライム危機では、破綻したリーマン・ブラザーズにスポットが当てられがちである。しかし、AIGや政府支援機関（GSE）を除けば、政府が巨額の救済策を実行したのは、シティグループ、そしてメリルリンチとカントリーワイドを買収したバンク・オブ・アメリカであった。とくにシティグループは、金融危機時の損失額が最も大きかった。シティグループは、政府による約3060億ドルもの巨額な資産保証スキームによる支援を受けたほか、2009年に、政府が同社の株式約34％を握るに至っている。

最初に民間のMBS債を作り、メリルリンチと共に住宅ローン担保証券市場を作ったのは、ソロモン・ブラザーズである。そしてそのソロモン・ブラザーズは、トラベラーズ・グループに買収された後、シティグループの一員になった。

つまり、シティグループの中に、最初の民間MBS債を作り上げたソロモン・ブラザーズのDNAが受け継がれていたとも言える。そしてシティグループは、住宅ローンのオリジネーションから、証券化、投資家への売却、すべての過程に積極的に参加した金融機関のひとつであった。

シティグループの住宅ローンオリジネーション事業は、主に3つの子会社、シティモーゲージ（CMI、プライム専門）、シティホームエクイティ（CHE、オルトA専門）、シティフィナンシャルモーゲージ（CFMC、サブプライム専門）が行っていた。

同社の2007年の財務報告書によると、プライム専門のCMIはオリジネーターとして業界第4位にあり、サブプライム専門のCFMCは、この年だけで新たに110店舗を開き、全米で計2499店舗へ拡大したと記載されている。業務としては、①顧客に住宅ローンを直接貸し出す以外にも、②ほかのブローカーを介した住宅ローンの貸し出し、③他社から住宅ローンを購入、また④他社から購入した住宅ローンをバルクにし、シティグループに売却するなどを行っていた。
③については、モーゲージ専門の約1600社から、年間約500億ドルを購入していた。そしてその約8割は、GSEなどの投資家に売却された。シティグループは、他社より厳格な基準を設けていたと弁明しているものの、実際には、貸し出しの書類に不備のあるローンが多数を占めていたと報告されている。
シティグループの問題で最大の焦点になったのは、スーパーシニア債（高格付け債）として保有していた大量のCDOで、多額の損失を計上したことにあった。シティグループは、これらCDOを、自社のバランスシート上に保有していたほか、非連結対象の特別目的会社にも保有させていた。

自社のバランスシート上に保有していたサブプライム関連エクスポージャーは、2007年第3四半期末時点で、計約546億ドルあった（内訳：CDO約429億ドル、サブプライムローン債権約117億ドル）。これらCDOは、スーパーシニア債（高格付け債）であったものの、裏づけ資産としてサブプライムローンが多く含まれていた。

さらに、非連結対象の特別目的会社（SPE）を通じて、多額のCDOを保有していた。これらSPEは、金融資産の証券化など特定の目的のために設立され、シティグループが主たる受益者でなかったため、連結対象外になっていた。しかし実際には、シティグループの信頼を維持する上で、一定の保証を提供せざるを得ない状況にあった。

シティグループは、2007年第3四半期決算で、傘下のSPEが保有する資産の流動性補完や担保資産の買い取りなどを行うことによって、大きな損失が出る可能性を示した。シティグループの総資産額約2兆ドルに対して、傘下のSPEの資産額は約1・3兆ドルに達し、内CDOは約741億ドルあった（2007年末）。

同社は、2007年第4四半期、損失約181億ドルを償却し、約98億ドルの赤字に転じた（2007年通年では約36億ドルの黒字）。業績悪化を受けて同年11月、2003年以降トップを務めていたプリンスCEOは、引責辞任した。

2007年12月、後任の新CEOにヴィクラム・パンディット氏が就任した。

業績が悪化するなかでシティグループは、２００７年末から２００８年春にかけてアブダビ投資庁、シンガポール政府投資公社などから、計３６４億ドルもの資金調達を行った。また、２００７年、２００８年を通じて、大量の従業員を解雇したと報道されている。

リーマン・ブラザーズ破綻直後の２００８年9月29日、苦境にあるにもかかわらずシティグループは、連邦預金保険公社（ＦＤＩＣ）による支援を得て、破綻の危機にあったワコビアの銀行事業を、株式交換により約22億ドルで買収すると発表した。

巨額の損失を抱え、深刻な状況にあった同社が、ワコビア買収を提案した背景についてバーナンキ元ＦＲＢ議長は、シティグループが保有する多額の外国預金が預金保険の対象となっていないのに対し、ワコビアを買収することによって米国の預金保険制度で守られている預金（約４２００億ドル）を増やすことが可能となり、取り付けの危機を回避する狙いがあったと書いている。

さらに、ＪＰモルガン・チェースやバンク・オブ・アメリカが、次々に破綻した金融機関を買収するなかで、これまで総資産額でトップにあった同社の焦りもあったのかもしれない。

いずれにせよ、この買収提案は、失敗に終わった。当時、ワコビアより総資産額が小さかったウェルズ・ファーゴが、公的支援なしで同銀行業務を買収すると発表したのである。ウェルズ・ファーゴのワコビア買収によって、シティグループは、財務基盤の脆弱化が浮き彫りとなり、総資産額もトップから第４位に転落した。

米国政府は、2008年10月3日に「緊急経済安定化法」を成立させ、約7000億ドルの不良資産救済プログラム（TARP）を創設した。しかし当初、不良資産の評価が困難であったことから、大手金融機関への資本注入が先行して実施された。10月28日、TARPの枠組み内の支援策である資本注入プログラム（CPP）により、大手金融機関に対して計約1150億ドルの資本が注入された。そしてシティグループは、最も多い250億ドルの公的資金を得た。

しかし、シティグループが重大な危機に直面するのは、それからだった。

同社は、11月19日、残っていた最後のSPEを解体し、評価額約174億ドルの資産（2007年7月末時点の評価額約870億ドル相当）を、すべて本体に吸収すると発表した。同社への借入と相殺することから、ほぼ資金移動が伴わない形で行われ、シティグループの資産約60億ドルが減少し、リスク資産が約20億ドル増加する内容であった。

同発表直後に市場は、シティグループの経営体力がいよいよ危ういと判断し、大きく反応した。空売り攻勢により同社の株価が大暴落し、預金残高が一日で約6億ドルも減少、シティグループを対象とするCDSスプレッドが急騰した。UBSは、シティグループとの取引を約18億ドル減少させせた。

11月21日、シティグループは、手元の流動性資金が枯渇する危機に直面し、金融監督当局に対して、バランスシート上に抱えていた商業用不動産担保証券（CMBS）を含むMBS債、法人向け不良債権など計約3000億ドル以上について、保証を求めた。

しかし、金融監督当局は、もし一層の預金引き出し圧力がかかれば、シティグループが耐えられないと判断した。このため政府は、11月23日、シティグループの破綻を阻止するため、優先株を受け入れる形で約200億ドルの追加支援を行うことに加えて、約3060億ドルもの巨額な救済パッケージを実行すると発表した。

同救済パッケージは、ロス・シェア・アグリーメントであり、政府が認めたMBS債について今後10年間、その他資産について今後5年間、損失が発生した場合、約3060億ドルを上限に、政府とFDICが損失を分け合う内容となった。最初の約290億ドルの損失をシティグループが負担し、以降発生する損失は9割を政府とFDICが負担する。これらの手数料として政府は、シティグループから約70億ドルの優先株、約27億ドルのワラントを取得し、役員報酬への承認も義務づけた。

政府が約3060億ドルものパッケージを組んだ背景には、数日前に金融監督当局に提出されていた報告書（図表3-16）の存在があり、シティグループの推定損失額が計算されていた。

図表3-16　シティグループ：2008年11月時点の損失推定額

単位:10億ドル	簿価	時価	引当金	評価損	評価率
住宅ローン	**153.0**	**153.0**	**6.3**		
ホームエクイティローン	85.0	85.0	3.1		
オルトA	24.0	24.0	0.6		
サブプライム	33.0	33.0	2.5		
プライムファースト	11.0	11.0	0.2		
オートローン	**19.7**	**19.7**	**0.9**		
商業不動産ポートフォリオ	**39.6**	**37.0**	**0.9**	**-2.7**	
レバレッジドローン	**22.1**	**16.3**		**-5.8**	
時価評価の必要な資産	**117.2**	**81.4**		**-35.8**	69%
CDO(ABCPのみ)	23.4	12.2		-11.2	52%
三大自動車会社への貸出	30.3	29.1		-1.2	96%
オークションレート証券	12.0	9.5		-2.5	79%
オルトA証券化	22.9	14.4		-8.5	63%
サブプライム証券化	6.3	2.7		-3.6	43%
モノライン	9.4	4.5		-4.9	48%
ICB Strategic PE	0.7	0.5		-0.2	71%
米国ＳＩＶ	12.4	8.6		-3.8	69%
計	**352.0**	**307.0**	**8.1**	**-44.6**	

(出所)政府の金融危機ドキュメントファイル　2008年11月23日

同社は2008年、約277億ドルの大幅な赤字を計上した。

そして2009年1月、同社は、組織を「存続する事業」と「売却する事業」2つに分割して、リストラクチャリングする大規模な事業再編計画を発表した。

シティコープ（総資産額約1・1兆ドル）には、リテール業務や投資銀行業務を含む中核事業が置かれた。

シティ・ホールディングス（同約8000億ドル）は、不採算及びノンコア事業の売却管理会社として、消費者金融などの問題を抱えた事業や、売却対象となった事業が置かれた。売却対象には、スミス・バーニー（モルガン・スタンレーへ売却）、日興アセットマネジメント（三井住友信託へ売却）、日興コーディアル証券（三井住友銀行へ売却）などが含まれた。

モルガン・スタンレーへのスミス・バーニー売却は、段階的に実施された。まず、モルガン・スタンレーより約27億ドルを得て、2009年6月に合弁会社を設立した。その後、シティグループの持分を、モルガン・スタンレーへ売却していく契約になっていたものの、なかなか売却価格で折り合いがつかず、ようやく2012年9月に価格（約135億ドル）が決まり、2015年までにすべてが売却されることで合意された。

２００９年2月27日、政府はシティグループに投入した優先株計４５０億ドルの内、２５０億ドルを上限に、普通株へ転換（普通株式保有比率約36％相当）すると発表した。そして同年7月までに、約34％の普通株式を保有する大株主となった。残りの優先株２００億ドルについては、そのまま保有され、年間約８％の配当が支払われた。

このようにシティグループは、巨額の公的支援を受けた。

他方で、政府による経営介入を終わらせるため、早期に政府支援から脱却したのも事実である。

２００９年、シティグループの純利益（当社株主に帰属）は、通年で約16億ドルの赤字になった。しかし同社は、政府が保有していた優先株約２００億ドル分を買い取り、前年11月に締結された巨額のロス・シェア・アグリーメントも終了させたのである。その原資として同社は、２００９年12月、新株発行などによって約２０５億ドルもの資金調達を行った（内普通株式約１７０億ドル）。これは直前に、バンク・オブ・アメリカが調達した約１９０億ドルを上回る規模であった。

そして政府も、翌２０１０年12月に取得したシティグループの株式すべてを売却し、同社に

図表3-17　サブプライム危機下における個別行への救済策

	ベアー・スターンズ JPモルガン・チェース	シティグループ	バンク・オブ・アメリカ
	メイデンレーンLLC		
発表時期	2008年3月	2008年11月	2009年1月
	JPモルガン・チェースによるベアー・スターンズ買収負担の軽減措置	シティグループ救済策	バンク・オブ・アメリカによるカントリーワイド、メリルリンチ買収負担の軽減措置
	ベアー・スターンズの不良資産を最大300億ドル引き取るため、メイデンレーンLLC(NY連銀290億ドル、JPモルガン10億ドル融資)を設立。尚、2008年３月14日:ベアー・スターンズの資産を担保にJPモルガンを通じて129億ドルのブリッジローンを提供(３月17日完済)	2008年12月:住宅ローン担保証券(RMBS)・商業不動産担保証券(CMBS)等の不動産担保証券、政府が認めた資産において損失が発生した場合、3060億ドルを上限として政府と連邦預金保険公社(FDIC)が損失を分け合う(モーゲージ関連資産:10年間、その他資産:5年間)。尚、最初の290億ドルの損失はシティグループが負担し、以降の損失に対しては政府と連邦預金保険公社が９割を負担	2009年1月:メリルリンチから引き継いだ資産から損失が発生した場合、1180億ドルを上限として政府と連邦預金保険公社(FDIC)が損失を分け合う(モーゲージ関連資産:10年間、その他資産:５年間)。尚、最初の100億ドルの損失はバンク・オブ・アメリカが負担し、以降の損失に対しては政府と連邦預金保険公社が９割を負担
		TARP	
2008年10月	250億ドル(優先株)	250億ドル(優先株)	250億ドル(優先株)
追加支援策(2008年12月～2009年1月)		200億ドル(優先株、８％配当)	200億ドル(優先株、８％配当)
2009年	TARPローン返済	TARPローン半分返済。残り半分は普通株へ転換後に政府が売却済。契約終了	TARPローン返済。契約終了

(出所)FRBの資料より作成

課していた役員報酬制限なども解除したのである。

シティグループは、売却資産管理会社シティ・ホールディングス傘下にあった約８０００億ドルの資産を、２０１６年までにほぼすべて売却した。

シティグループの総資産額は、２００７年末の約２・２兆ドルから、２０１５年約１・７兆ドルへ減少した。しかし、早期に政府支援から脱却することを決断し、自らの資産を売却することによって、不良資産を償却していったのである。

流動性危機に陥ったモルガン・スタンレーを救った三菱ＵＦＪフィナンシャル・グループ

投資銀行として資産規模第2位にあったのモルガン・スタンレーが、創業以来初となる四半期の赤字に転じたのは、２００７年第４四半期のことで、約36億ドルの赤字を計上した。

このとき、モルガン・スタンレーは、約94億ドルの不良資産を償却することを余儀なくされた。内訳は、自己勘定取引を通じて取得したサブプライム関連証券が約78億ドル、商業用不動産ローン担保証券（ＣＭＢＳ）やオルトＡなどの証券が約16億ドルであった。またこの12月、資本を充実させるため、中国の政府系ファンド中国投資有限責任公司（ＣＩＣ）から、約55億ドルの出資を受け入れている（CICは2010年時点で同社株約9・9%を取得）。

2008年第1〜3四半期を通じ、モルガン・スタンレーは、黒字を維持した。そして再び赤字に転じたのは、第4四半期になってからである。同社が、サブプライムローンのオリジネーションを行っていたサクソン・キャピタルを買収したのは、終盤に近い2006年12月であり、シティグループやメリルリンチなどと比較して、損失額が少なかった。

2008年9月、モルガン・スタンレーもまた、深刻な流動性危機に見舞われた。リーマン・ブラザーズが破綻した9月15日の翌日、同社は、予定より早く第3四半期の業績を発表した。好調な業績を発表することで、危機を食い止める狙いであった。

しかし、皮肉にもかえってヘッジファンドの不安をつのらせた。同社に預けてあるヘッジファンドの資金が1週目に約848億ドル、次の週に約433億ドル流出した。投資家が連鎖的な投げ売りを行い、株価も大暴落した。

モルガン・スタンレーは、プライム・ブローカレッジ業務において業界トップにあり、同社の重要な収益源のひとつである。

プライム・ブローカーは、ヘッジファンドの総括的サービス（資金調達・貸株業務・取引決済・

有価証券の管理・リスク管理など）を提供している。たとえばヘッジファンドは、空売りの際に株を借りる必要があるが、プライム・ブローカーは、その株を、長期保有の投資家や貸株会社などから借りてきて、ヘッジファンドに貸しつける。

通常業務においては、モルガン・スタンレー側が、ヘッジファンドの信用リスクを心配する。しかし、同危機においては、顧客であるヘッジファンドの資金が大量に流出し、立場が逆転してしまった。ヘッジファンド側は、万が一にでもモルガン・スタンレーが破綻した場合、自分たちの資金が凍結されてしまうことを恐れたのである。そしてヘッジファンド側も、顧客である投資家から大量の資金引き揚げ圧力に見舞われていた。２００８年第４四半期、生き残ったヘッジファンドだけでも、顧客預かり資産の約５分の１が引き揚げリスクにあったとされる。

同社の流動性資産は、８月末時点で約１７９０億ドルあったものの、９月のリーマン・ブラザーズ破綻後の１週間で、約１３００億ドルから約５５０億ドルへと急減した（ゴールドマン・サックスも同約１２００億ドルから約５７０億ドルへ減少。金融危機調査委員会発表）

このため９月だけでモルガン・スタンレーは、米連邦準備制度理事会（ＦＲＢ）のプライマリー・ディーラー・信用ファシリティ（ＰＤＣＦ）を通じて計12回（ピーク時約６００億ドル）、タームム物証券貸出ファシリティ（ＴＳＬＦ）を通じて計７回（ピーク時約１１０億ドル）、資金を借り入れた。モルガン・スタンレーは、メリルリンチやシティグループと共に、ＦＲＢの流動性フアシリティを最も活用した金融機関のひとつで、9月単月でみると他を大きく上回った。

ようやく資金の流出が止まり始めたのは、FRBが同社の金融持株会社への移行を承認し（9月21日）、三菱UFJフィナンシャル・グループが約90億ドル出資して同社と資本提携すると発表（9月22日）した後である。

金融持株会社への移行によって、通常の連銀貸出（ディスカウント・ウィンドウ）を利用できる体制となり、市場に対して「潰れない」という大きなメッセージを与えた。そして10月には、不良資産救済プログラム（TARP）の資本注入プログラム（CPP）によって、大手金融機関に計約1150億ドルの資本が注入され、同社も100億ドルの支援を受け入れた。

モルガン・スタンレーの総資産額は、2007年末から2008年末の1年間で、約1兆ドルから約6600億ドルへと急減した。損失の償却やヘッジファンドなどによる資金引き揚げの影響も大きかったものの、同社は、上昇した自社の信用リスクを活用し、負債の買入消却を積極的に行ったのである。また三菱UFJの増資も加わり、同社の財務レバレッジは、2007年末の約33・4倍から2008年末約13・7倍へと大きく改善した。

図表3-18　PDCFの利用(９月以降)

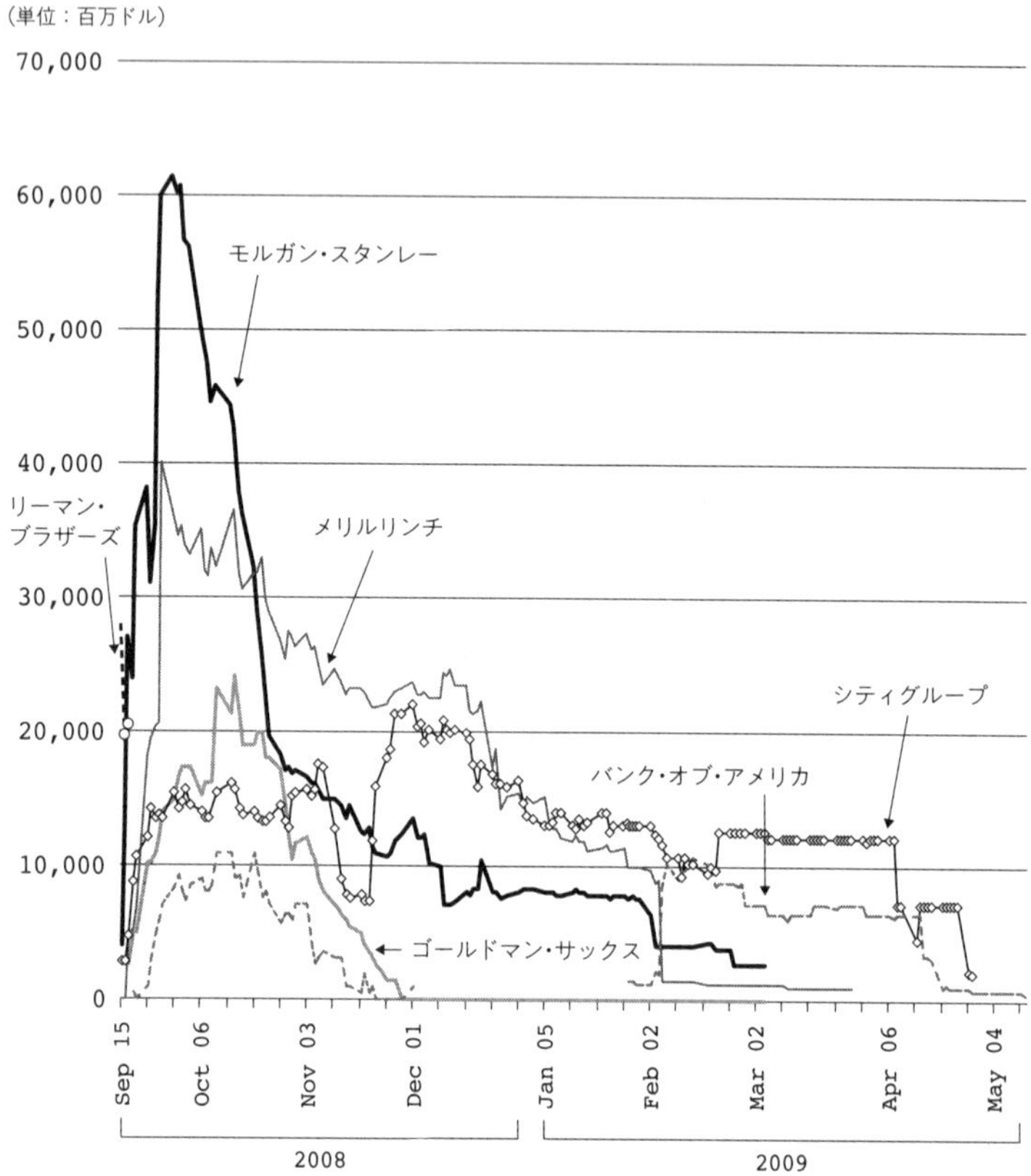

(出所)FRBの資料より作成

ＡＩＧの危機（１）

巨額のＣＤＳプロテクション

サブプライム危機のもうひとつの主役はＡＩＧである。同危機の際、ＡＩＧが行っていた２つの取引が大きくクローズアップされた。

ひとつ目は、ＡＩＧ傘下のＡＩＧＦＰ（AIG Financial Products）が行っていたＣＤＳ取引である。ＡＩＧＦＰは、１９９８年に、最初のＣＤＳをＪＰモルガンと共に発行した。

ＣＤＳとは、債権を移転することなく、対象企業の信用リスクのみ、移転させる契約である。対象企業の債務不履行リスクを回避したい投資家（ヘッジ目的）はもちろんのこと、その企業と関係がなくても債務不履行によって利益を上げたい投資家（投機やトレーディング目的）、つまり債権を保有していなくても、ＣＤＳを契約することができる。

投資家は、対象元本のプロテクションに対して、プロテクションの売手に、定期的に手数料を支払う。他方、プロテクションの売手は、支払い不履行や信用リスクの顕在化を示す一定の事由（クレジットイベント）が生じた場合、予め合意していた保証（想定価値と等価の債券の額面購入や価値下落分の支払いなど）を行わなければならない。そしてＣＤＳの付随契約として担保契約

（CSA）を結ぶことが一般的であり、プロテクションの売手は、参照債権の時価を定期的に算出し、価格下落に応じて新たな証拠金を積まなければならないことになっている。

CDS市場は、もともと銀行が保有する信用リスクを移転することにより、引当金を軽減する目的から形成された。しかし2000年代を通じて、証券化商品を参照するCDS、そしてCDSを裏づけとするシンセティックCDO（合成債務担保証券）などが生まれたことから、2007年末時点で約62兆ドルの市場へと急速に拡大した。

AIGFPは、保険業務の延長線上から、CDS取引においてプロテクションの売手側となり、大量にマルチセクターCDOの保証を行っていた。

マルチセクターCDOは、サブプライムローンを原資としたRMBSを含む、さまざまな証券化商品から組成されていた。米議会に提出された資料によるとAIGFPは、2008年9月末時点で約720億ドルのマルチセクターCDOを保証し、内約550億ドルが米国のサブプライム関連であったと示されている。そしてそのほとんどが、2004年から2005年の間に契約されたものだった。AIGFPは、2005年以降、新たなサブプライム関連のCDO保証をやめていたのである。しかし、CDOの市場価値が下落するなか、既存の契約だけで、AIGFPに対する追加担保要求や現金返済要求が、雪だるま式に増加していった（2008

年9月末時点約315億ドル)。

もうひとつ問題になった取引は、AIGグループが、関係会社のAIGセキュリティーズ・レンディングを通じ、行っていた証券貸出業務である。この会社は、長期保有する債券を投資銀行などに貸し出し、投資銀行などから貸出料を受け取ると同時に、担保として証拠金を預かっていた。問題は、これら証券の貸出期間が1日~6か月の短期であったにもかかわらず、運用収益を高めるため、その証拠金を使って長期の債券、特に問題のあったRMBSに積極的に再投資していたことにある。再投資額は、2007年末時点で約760億ドル、内約6割がRMBSであった。その損失額は、2008年8月時点で約160億ドルに達した。そして短期契約であったことから、ロールオーバーも困難になっていた。

2008年5月にAIGは、約200億ドルもの増資を行った。しかし、大量に証券化商品のリスクを負い、保証に対する追加担保を要求され、資金不足が深刻化していった。

さらに、格付け機関による格下げリスクは、危機を緊迫化させた。もし格下げが実行されれば、取引相手から追加担保を求められる契約になっていたのである。1ノッチの格下げによって、約150億~180億ドルもの追加担保を請求されることが見込まれた。これら追加担保が請求された場合、15日以内に支払わなければならない。ゴールドマン・サックスは、

２００８年８月18日に発表したレポートのなかで、「ＡＩＧにおいて、格付け機関（による格下げアクション）が極めて危険な立場にある」と警鐘を鳴らしている。

２００８年９月12日（金曜日）、ＡＩＧは、ＣＰの発行残高約１５０億ドルの内、償還を迎えた約25億ドル分の借り換えができなかった。そして翌週以降にも約32億ドルの償還が予定されていた。

同社の株価は暴落し、ＣＤＳは１４００ｂｐに達していた。そして15日のリーマン・ブラザーズ破綻の日、格付け機関ムーディーズとスタンダード&プアーズは、相次いでＡＩＧの格下げを行い（ムーディーズ：Ａa３→Ａ２、スタンダード&プアーズ：ＡＡマイナス→Ａマイナス）、さらに追加格下げの可能性にも言及した。このときＡＩＧは、約４００～７５０億ドルの資金調達を模索しており、資金調達なくして17日の倒産を免れない状況にあった。

ＡＩＧの危機（２）

救済で最も恩恵を受けたのはゴールドマン・サックス？

ＡＩＧは、社債なども含めれば計約４０００億ドル以上ものＣＤＳプロテクションを提供していたため、もし救済しなければ、世界経済に深刻な影響が出ることが懸念された。

政府は、まず融資を実行した。

２００8年9月16日、政府はニューヨーク連銀を通じて、ＡＩＧの資産を担保に、2年間を期限とする最大約８５０億ドルの融資を提供した。同時に政府は、普通株へ転換可能な優先株約79・9％相当を取得し、政府管理下での経営再建が行われることになった。しかし、膨大な追加担保を請求されたことなどにより、すぐに融資枠の7割以上を使い果たしてしまった。

このため政府は、10月8日、最大約３７８億ドルの追加貸出枠を発表する。またＡＩＧの関係会社は、ＣＰ買入プログラム（ＣＰＦＦ）を通じて、資金調達を行った。


しかし、これだけで対応しきれず、大規模な救済スキームが必要となった。

政府は、同年11月10日、ＡＩＧが抱えるＣＤＳ及び証券貸出プログラムの不良資産を、市場価格で買い取る2つの金融受け皿会社を作った。ひとつは、「メイデンレーンⅡ（証券貸出業務救済）」で、もうひとつが「メイデンレーンⅢ（ＣＤＳ契約の救済）」と名づけられた。同時に政府は、ＡＩＧに対する融資の金利を引き下げ、不良資産救済プログラム（ＴＡＲＰ）を通じて、ＡＩＧが新規に発行した約４００億ドルの優先株を購入した。

メイデンレーンⅢは、２００8年11月末に開始された。ニューヨーク連銀が約２４３億ドル、ＡＩＧが約50億ドル拠出した。同社のＣＤＳ契約（マルチセクターＣＤＯ）を、市場価格で買い取り、資産売却で得た資金と金利分をニューヨーク連銀が、一部をＡＩＧが受け取る仕組みになった。そしてメイデンレーンⅡは、同年12月に開始された。ニューヨーク連銀が約１９５億ドル、ＡＩＧが約10億ドル拠出し、証券貸出業務に関連するＲＭＢＳ（サブプライムやオルトA）を市場価格で買い取った。売却によって得た資金は、金利と共にニューヨーク連銀が受け取る仕組みになった。

ＡＩＧの純利益（当社株主に帰属）は、２００８年第４四半期約６１７億ドルの赤字となり、通年で約９９３億ドルの赤字を計上した。

さらに２００９年3月には、新たな資本増強策と、ＡＩＧの資産を売却して政府借入の一部を返済する案が発表され、２０１０年10月末までに実行された。

その過程でＡＩＧは、傘下のアメリカン・ライフ・インシュアランス・カンパニー（ＡＬＩＣＯ）及びアメリカン・インターナショナル・アシュアランス（ＡＩＡ）の優先証券を、特定目的事業体に拠出し、ニューヨーク連銀の借入金最大約２６０億ドルを削減した。またＡＩＧが、国内に有する生命保険事業の資産、最大約85億ドル相当を提供し、ニューヨーク連銀の借入金を削減した。ＡＬＩＣＯは２０１０年3月にメットライフに売却され、ＡＩＡは２０１０年10月に香港市場で上場した。

図表3-19　メイデンレーン買取資産の内訳

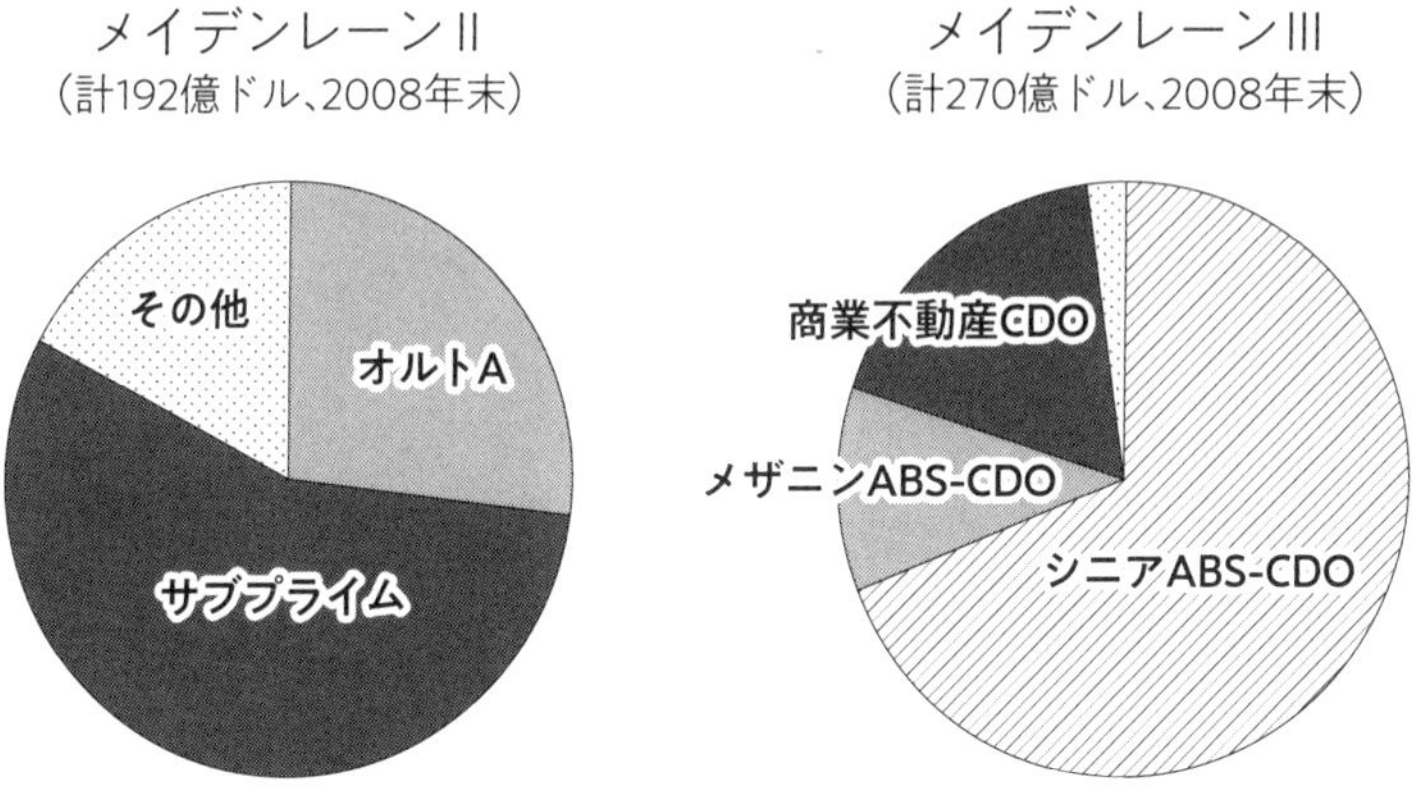

(出所)N.Y.Fedの資料より作成

2008年末時点での資産買入額は、メイデンレーンIIが約192億ドル、メイデンレーンIIIが約270億ドルとなり、図表3-19の通りである。段階的に買入・売却が行われており、総額ではない。AIGに対する最終的な支援総額は、計約1820億ドルと報道されている。

メイデンレーンIIは、すべての保有証券を、2012年2月までに売却した。ニューヨーク連銀が拠出した全額と、利益約28億ドル分が還元された。

メイデンレーンIIIについても、2012年中に、拠出した全額がニューヨーク連銀に返還され（6月）、利益約66億ドル分も還元された（8月）。

政府は、２０１１年１月時点で、ＡＩＧの株式を約92％も保有していた。しかし、段階的に売却し、２０１２年12月に残りすべての保有株式を売却すると発表した。

ＡＩＧの公的管理は、４年余りに及んだ。そして２つのメイデンレーンについても、２０１４年11月、正式に閉鎖された。

ＡＩＧの救済を通じて、カウンター・パーティに支払われた金額は、図表３-20の通りである。ＡＩＧの救済については、米国内で、一部の金融機関への救済措置として使われたのではないかという批判が強かった。批判に晒されるなか、ＡＩＧは、２００９年３月、情報を公開した。そしてＡＩＧに加えて、米不良債権救済プログラム特別監査官室、そして米金融危機調査委員会も、同様のデータを公表している。

図表３-20は、証券貸出業務に関連する支払い約４３７億ドル（メイデンレーンⅡ含む）、ＣＤＳ業務に関連する支払い計約６２１億ドルを、メイデンレーンⅢ（約２７１億ドル）とそれ以外（２００８年11月までの拠出分約３５０億ドル）に分け、そのまま足し上げて棒グラフにしたものである。米不良債権救済プログラム特別監査官室の資料では、足し上げられているものの、米金融危機調査委員会の資料においてはＣＤＳ業務分に重複がある可能性を指摘しており、分けて表示され、留意が必要である。ここでは、ＡＩＧの財務諸表、公聴会やさまざまな報告書における政府高官や金融機関トップの発言と照らし合わせ、足し上げて問題ないと判断した。

図表3-20 AIGカウンターパーティへの支払い

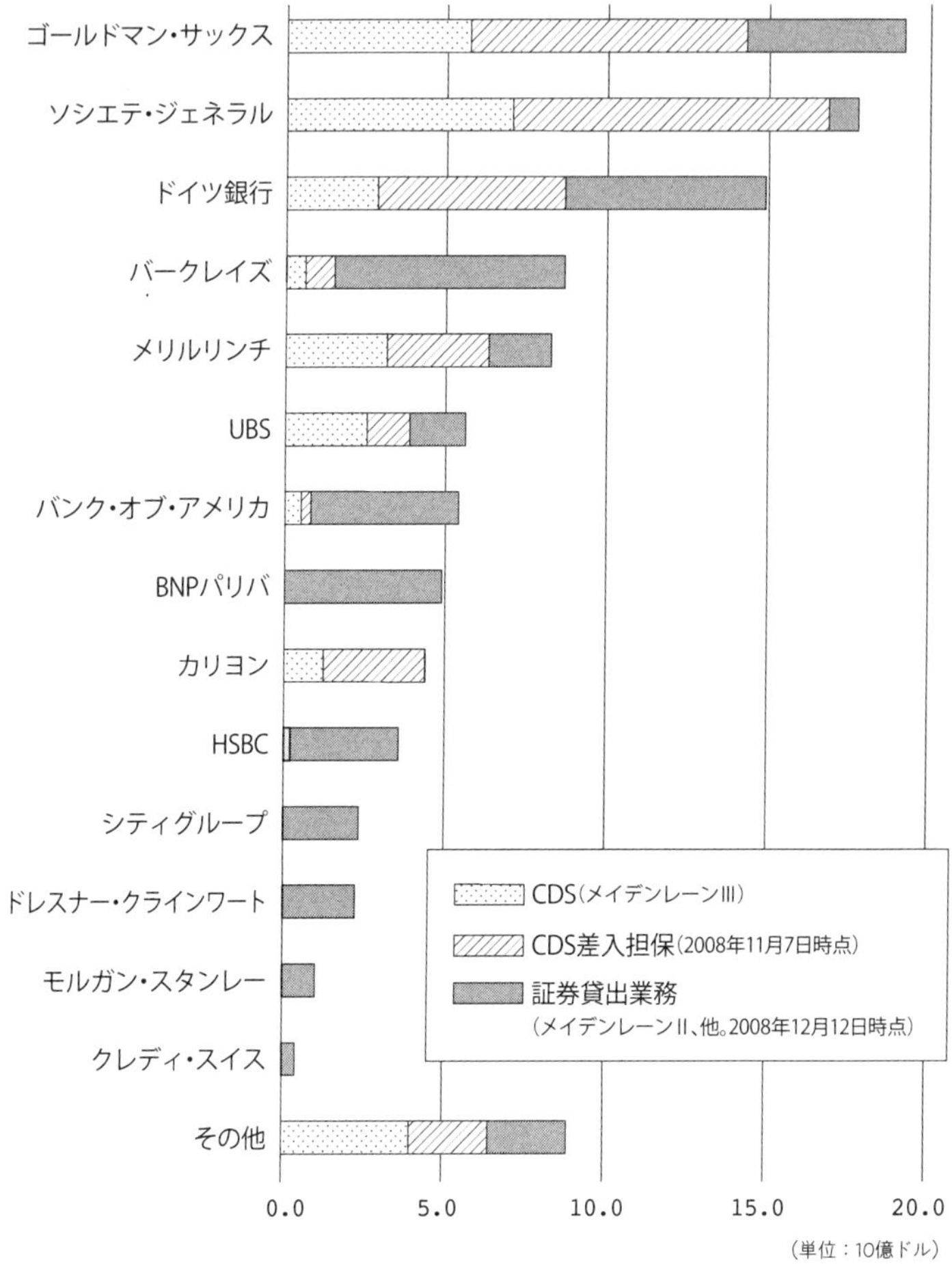

(出所)米金融危機調査委員会、米不良債権救済プログラム特別監査官室の資料より作成

米金融危機調査委員会が重複の可能性を指摘する背景には、早期に行われたCDS業務への補填が、メイデンレーンの政策実行前に行われたため、正確に把握できていないという理由からである。これらは、最初の政府融資（約850億ドル）から支払われた可能性が高いものの、政府が直接管理していなかった。なお、これ以外にも政府は、AIGFPに対して約25億ドルを支払っている。

当時、ゴールドマン・サックスは、AIGの最大のカウンター・パーティだったため、同社への間接的な救済であったのではないかと批判された。

しかし、ガイトナー元財務長官の回顧録によれば、危機後の調査において、ゴールドマン・サックスがAIGから買ったプロテクションの額と、それを他社へ売った額とが一致しており、支援がなくても、ゴールドマン・サックスは大きな損失を被ることはなかったと記述している。

金融機関による損失償却額と米連邦準備制度理事会（FRB）による大規模な資産買い取り

最終的にサブプライム危機における損失額は、いくらであったのだろうか。

2010年4月に発表されたIMFのグローバル・フィナンシャル・スタビリティレポートでは、世界の金融機関の損失償却額（2007～2010年）を、約2・3兆ドルと推定した。その内、米国の金融機関が約0・9兆ドルと最大である。図表3-21は、同数字をグラフ化したものであるが、各項目にローン及び証券化の両方が含まれる。

IMFが発表する推定損失償却額は、2009年4月の約4兆ドル超、同年10月の約2・8兆ドルから、徐々に低下した。つまり、当初の推定値を大きく下回ったということである。これは、米政府が政府支援機関（GSE）などによるエージェンシーMBS債を引き取って、不良資産として償却せずに済んだことも理由のひとつかもしれない。

FRBは2008年11月、金融危機で住宅ローン担保証券市場が機能不全に陥ったのを受け、GSE（ファニーメイ、フレディマック）の負債に加えて、これらGSEが発行する住宅ローン担保証券（エージェンシーMBS債）を買い入れると発表した。

GSEの負債受入れ額は約1750億ドルで、エージェンシーMBS債の買入枠は、当初発表された約6000億ドルから、2009年3月約1・25兆ドルへと引き上げられた。

同発表により、2008年末から2010年6月にかけて実行されたのが、通称、量的緩和1（QE1：Quantitative Easing 1）である。

そしてFRBは、２０１２年9月から２０１４年10月末にかけて行った通称、量的緩和3（QE3）においても、エージェンシーMBS債を約８２３０億ドル買い入れている。これら量的緩和の正式名称は、「大規模な資産買入（LSAP：Large-Scale Asset Purchases）」である。

図表3‐22は、当該勘定SOMA（System Open Market Account）で保有する米国財務省証券やエージェンシーMBS債の内訳を示している。

SOMA勘定にあるエージェンシーMBS債は、２０１７年のピーク時約１・８兆ドル近くに達した。これら資産は、満期到来分を再投資することなく、満期落ちによって、徐々に縮小させる方針である。しかし、２０１９年4月末時点においても約１・６兆ドルあり（米国財務省証券も含め計約3・9兆ドル）、減っているものの時間を要している。

これら政策は、間接的に、金融機関に対して大きな救済措置となった。しかしこのようなバランスシート拡大による緩和措置は、金融政策のあり方を大きく変えてしまった。

肥大化したFRBのバランスシートから、エージェンシーMBS債がなくなるまでは、本当の意味でのサブプライム危機が、終わったと言えないように思える。

図表3-21　金融機関の推定損失償却額(2007年～2010年)

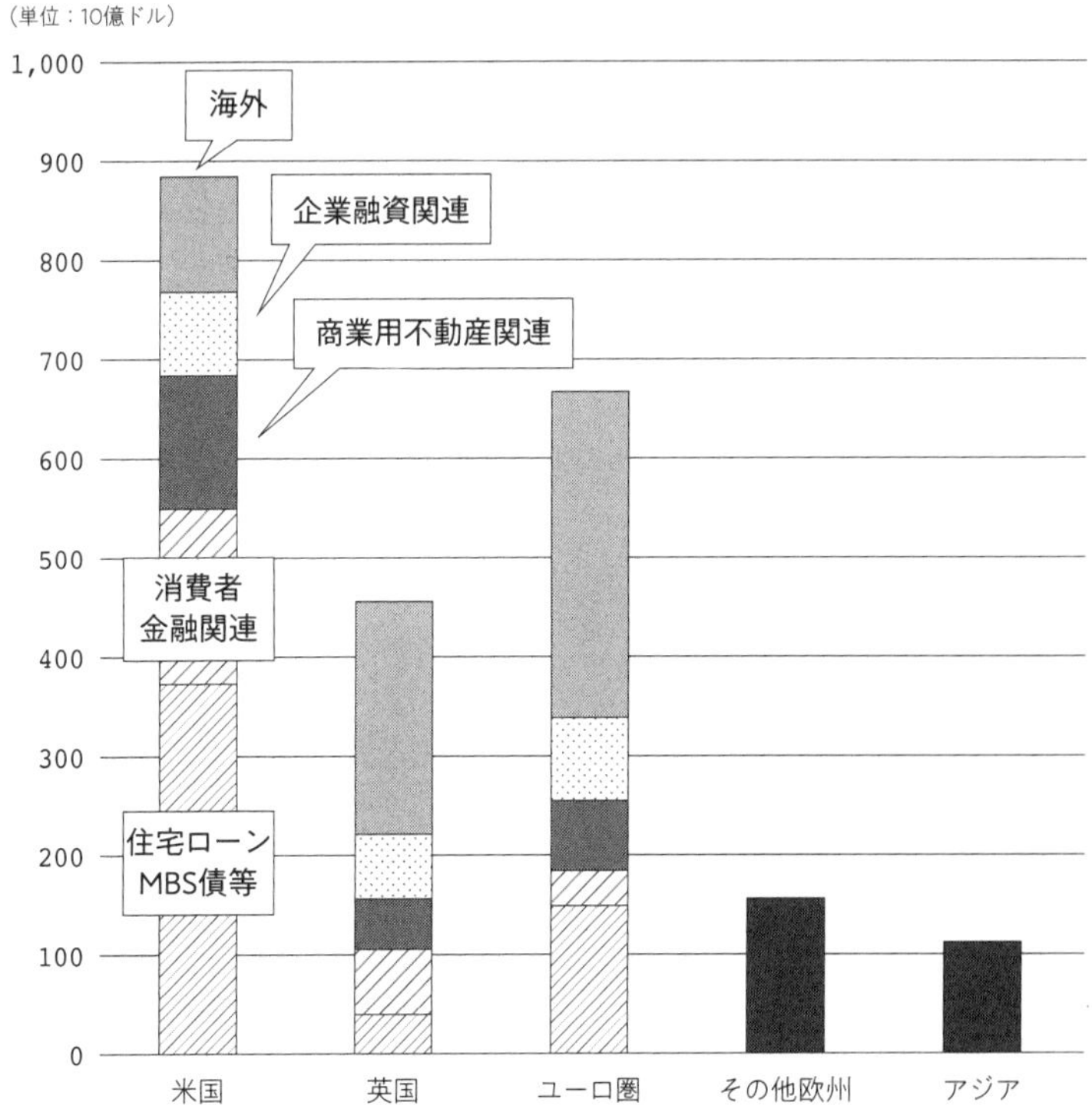

(出所)IMF Global Financial Stability Reportより作成

図表3-22　FRBの保有資産（System Open Market Account）

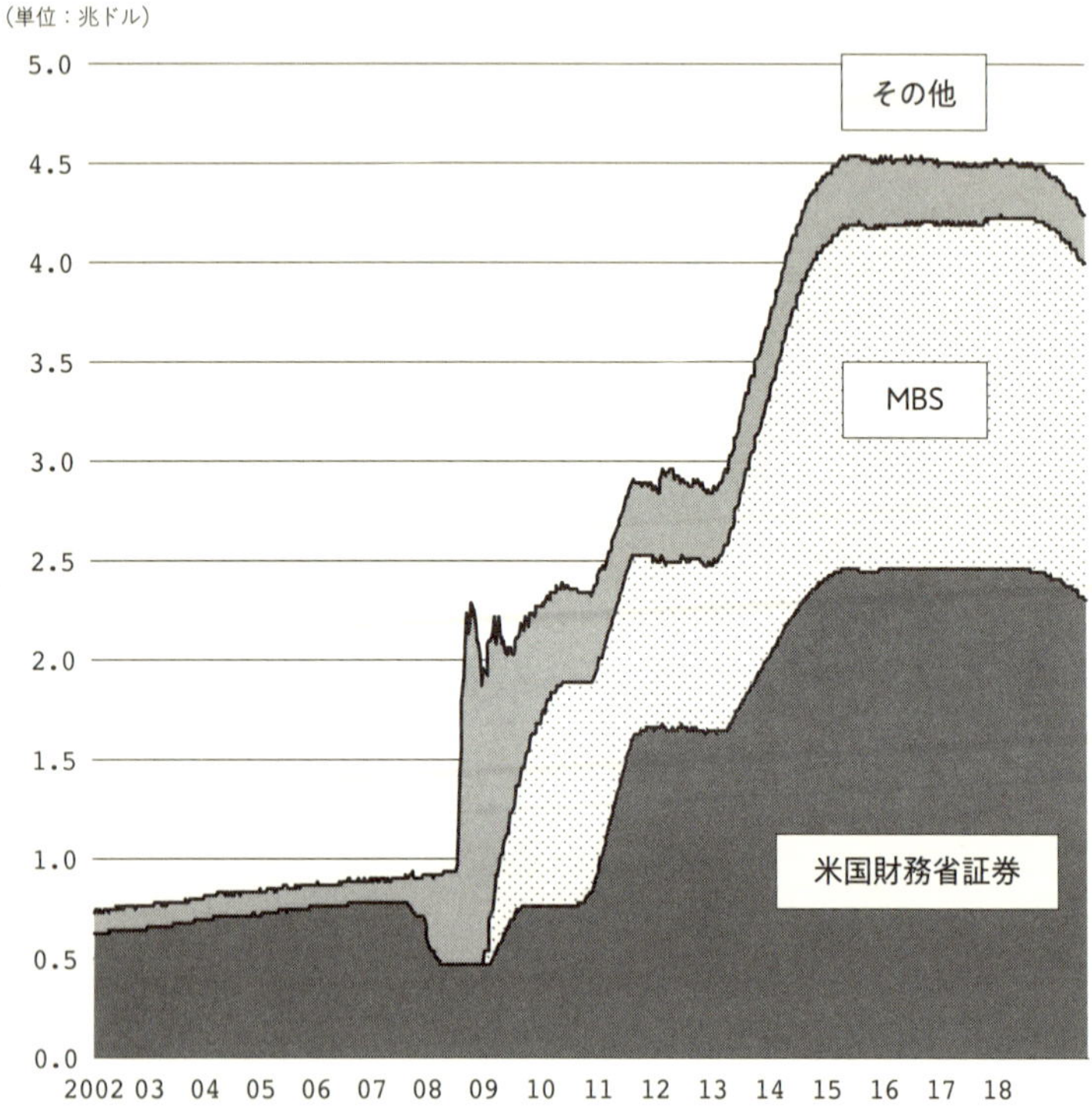

（出所）FRBの資料より作成

第4章

王者の座に君臨するＪＰモルガン・チェースと四大米銀グループ

JPモルガン・チェースのマエストロ

2018年2月

ダイモンCEOは、JPモルガン・チェースの新しい本社ビルの構想をみて、笑みがこぼれた。

マンハッタンのパークアベニューにある本社ビルを取り壊し、超高層ビルに建て替えるのだ。

「まさか私が、こんな巨大で完璧な金融機関を創り上げることになるとは」

ロマンスグレーに、ギリシャ系の祖父を持ち、俳優にもなれそうな甘いルックス。

今や金融業界の帝王だ。

先日、株主に対し、今後5年間、現職に留まることを伝えたばかりだった。

そうすれば、20年近くトップの座に居座り続けることになる。


「お前は、クビだ」

長年苦労を共にしてきたワイル氏から、突然、解雇をつきつけられたのは、今から約20年前のことになる。


ワイル氏と共に、いくつもの企業買収を繰り返し、シェアソン・レーブ・ローズ、トラベラーズグループ、そして巨大なシティグループを創り上げてきた。

まさに荒野から城を築き上げたのである。

しかし、シティグループ誕生直後、
ナンバー2であったはずの彼は、突然、解雇されてしまう。
トップに昇りつめる直前で、
いきなり階段を外された格好であった。

ワイル氏は、ダイモン氏の野心を警戒したのである。

「あの時は、一生懸命築き上げてきた全てが崩壊し、
先行き真っ暗だった」

「パパ、明日から私たち路上で寝るの？」

可愛い3人の娘達からも心配される始末だった。

解雇直後から暫くして、
バンク・ワンのCEOに返り咲いたものの、
ここで終わる彼では、なかった。

合併相手を探していたＪＰモルガン・チェースは、
ダイモン氏の才能を高く評価し、
バンク・ワンとの合併を決めた。
そしてダイモン氏は、見事に代表の座を仕留めたのである。

それでも、リーマンショック前までは、
ワイル氏と共に創り上げた
古巣のシティグループの方が大きかった。
しかし、怒涛の連続だったリーマンショックのとき、
幸運にも前々から関心の高かったＷａＭｕを、
そして、プライムブローカレッジ業務に強い
ベアー・スターンズを手に入れた。

とはいえ、これら買収によって
支払わなければならなかった制裁金の額は巨額で、
仮に当時に戻っても、
同じ決断をするかどうかはわからない。

しかし、結果的にJPモルガン・チェースは、
総資産額において全米トップに躍り出ただけでなく、
誰もが羨む完璧な金融機関になった。

かたや金融危機の際、シティグループは、
ワコビア買収に失敗し、
スミス・バーニーも売却し、
トップから一時全米第4位に落ち込んだ。

「人生、わからないものだな」

新社屋完成までCEOを続けられるだろうか。

その時、みえるマンハッタンの景色は、きっと格別なものとなるだろう。

ダイモンCEOは、感慨にふけった。

（筆者の想像が含まれます）

躍進したＪＰモルガン・チェース

現在、米国において、四大金融機関（総資産額・預金預入額）は、ＪＰモルガン・チェース、バンク・オブ・アメリカ、シティグループ、ウェルズ・ファーゴである。

トップの座に君臨するのは、ジェイミー・ダイモンＣＥＯ率いるＪＰモルガン・チェース（総資産額約２・６兆ドル）である。

２００７年末時点で同社の総資産額は、シティグループやバンク・オブ・アメリカをやや下回り、全米第３位にあった。しかし、２００８年の金融危機の最中、経営危機に陥った投資銀行ベアー・スターンズ（総資産額約３９９０億ドル：２００８年２月末時点）、そして米貯蓄貸付組合（S&L）最大手のワシントン・ミューチュアル（同約３０９７億ドル：２００８年６月末時点）を救済買収し、資産を拡大させた。当時、金融危機の影響を大きく受けたシティグループやバンク・オブ・アメリカが、資産圧縮に追い込まれたのに対して、ＪＰモルガン・チェースは順調に資産を拡大させ、２０１１年以降、トップに躍り出たのである。

総資産額全米第２位は、ブライアン・モイニハンＣＥＯ率いるバンク・オブ・アメリカ（総資産額約2・4兆ドル）である。

金融危機時、同社も、ABNアムロ銀行傘下のラサール銀行（総資産額約1130億ドル：2006年末時点）を買収し、2008年に住宅ローン専門のカントリーワイド（同約1721億ドル：2008年6月末時点）と、投資銀行メリルリンチ（同約8758億ドル：2008年9月末時点）を買収した。同社の預金預入額は、これまでウェルズ・ファーゴをやや下回っていたものの、ウェルズ・ファーゴ自らの不祥事により、2018年逆転している。

総資産額全米第3位と第4位は、シティグループとウェルズ・ファーゴ（共に総資産額約1・9兆ドル）が、ほぼ拮抗している。

シティグループは、金融危機前、総資産額・預金預入額共に全米トップにあった。しかし、金融危機に伴う損失額が大きかったほか、ワコビアの買収に失敗し、資産圧縮を迫られた。

他方、金融危機の影響をほとんど受けなかったウェルズ・ファーゴは、2008年、当時総資産額で自身の規模より大きいワコビア（総資産額約8124億ドル：2008年6月末時点）の買収を成功させ、一挙に資産を倍増させた。同社の総資産額は、金融危機前、ゴールドマン・サックスやモルガン・スタンレーを下回っていた。しかし、ワコビア買収によって、これら投資銀行系金融機関を大きく上回った。

四大米銀の地域戦略は、大きく異なる。

ＪＰモルガン・チェースとバンク・オブ・アメリカは、自国である北米市場の基盤が強く、ＪＰモルガン・チェースが純利益の約８割、バンク・オブ・アメリカが同約９割を占めるものの、両行共に積極的に海外へも展開している。

とりわけＪＰモルガン・チェースは、欧州、アジア・太平洋地域においても、積極的に投資銀行業務などの事業を展開している。

バンク・オブ・アメリカは、メリルリンチ買収によって海外事業の比率が上昇したものの、いずれの地域もＪＰモルガン・チェースを下回る。

他方、シティグループは、地域戦略が多角的であり、米国市場が主力であるものの純利益の約４割を占めるに留まり、欧州やアジア地域など、海外市場の比率が高い。

ウェルズ・ファーゴは、自国市場志向が強く、インドやフィリピンなどに海外拠点があるものの、米国市場がメインである。

図表4-1　総資産額の推移

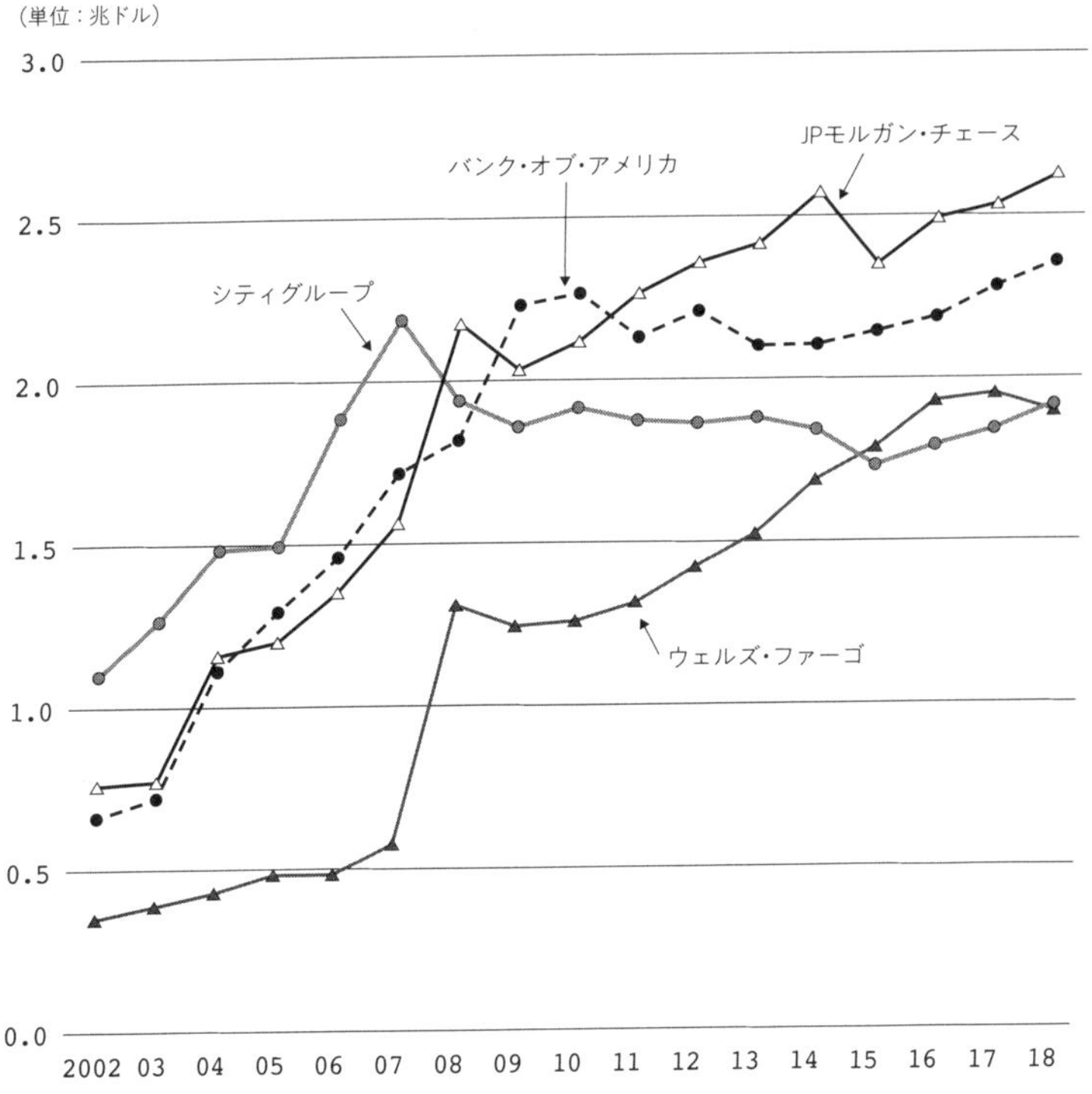

(出所)各行の決算資料より作成

図表4-2　純利益*の推移

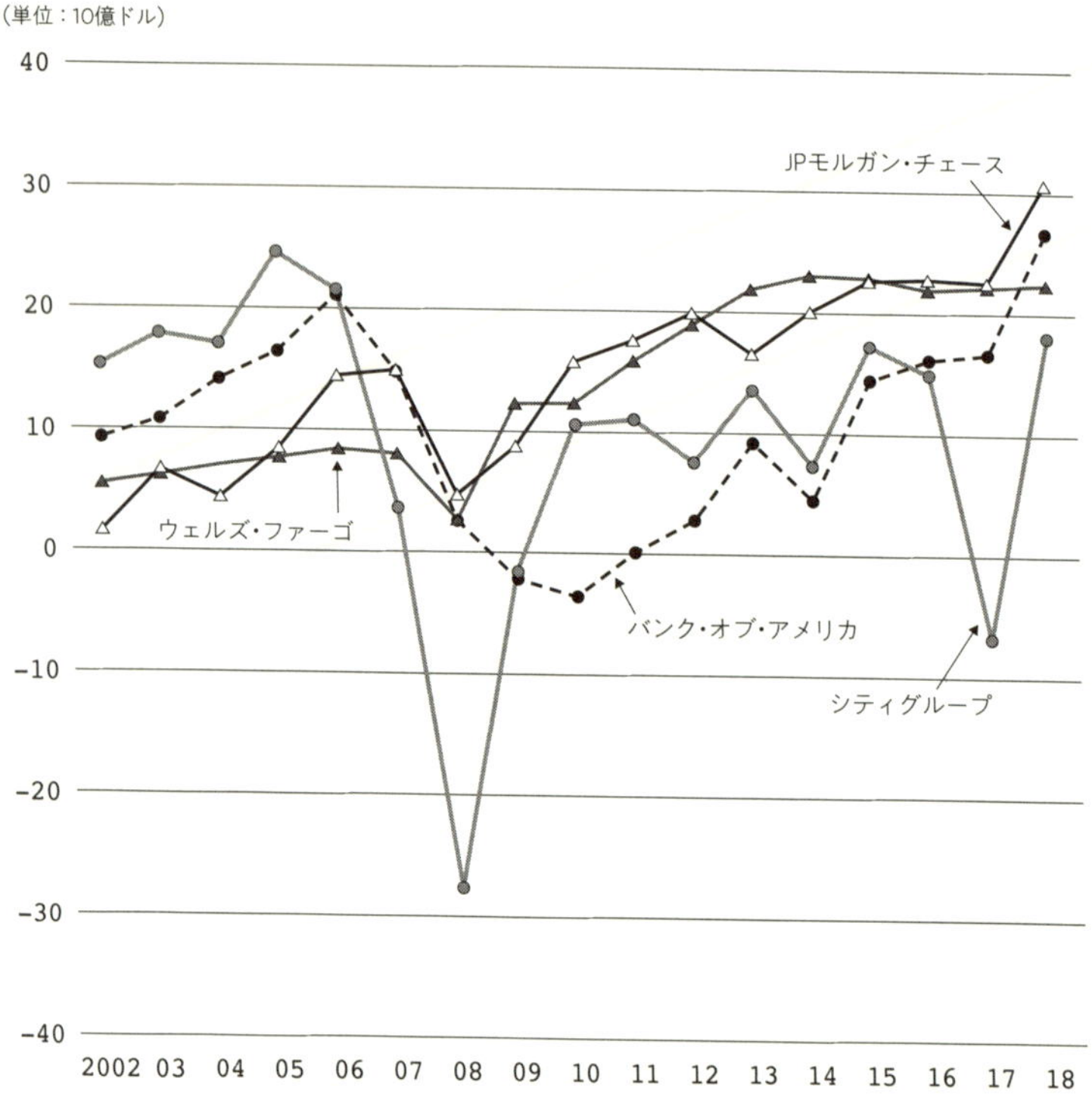

（出所）各行の決算資料より作成　＊当社株主に帰属

図表4-3　預貯金受入額の推移

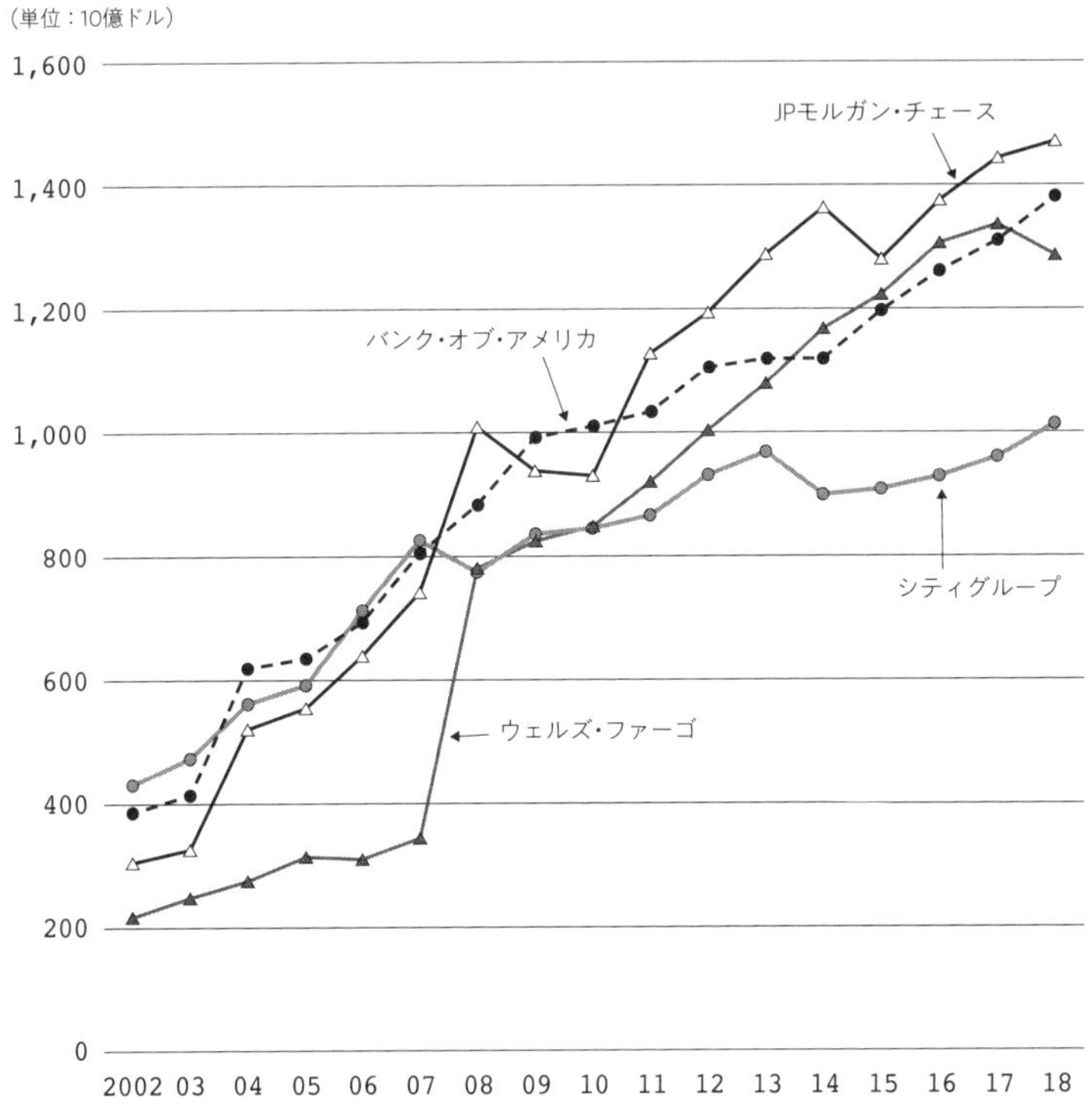

(出所)各行の決算資料より作成

図表4-4　ROA*の推移

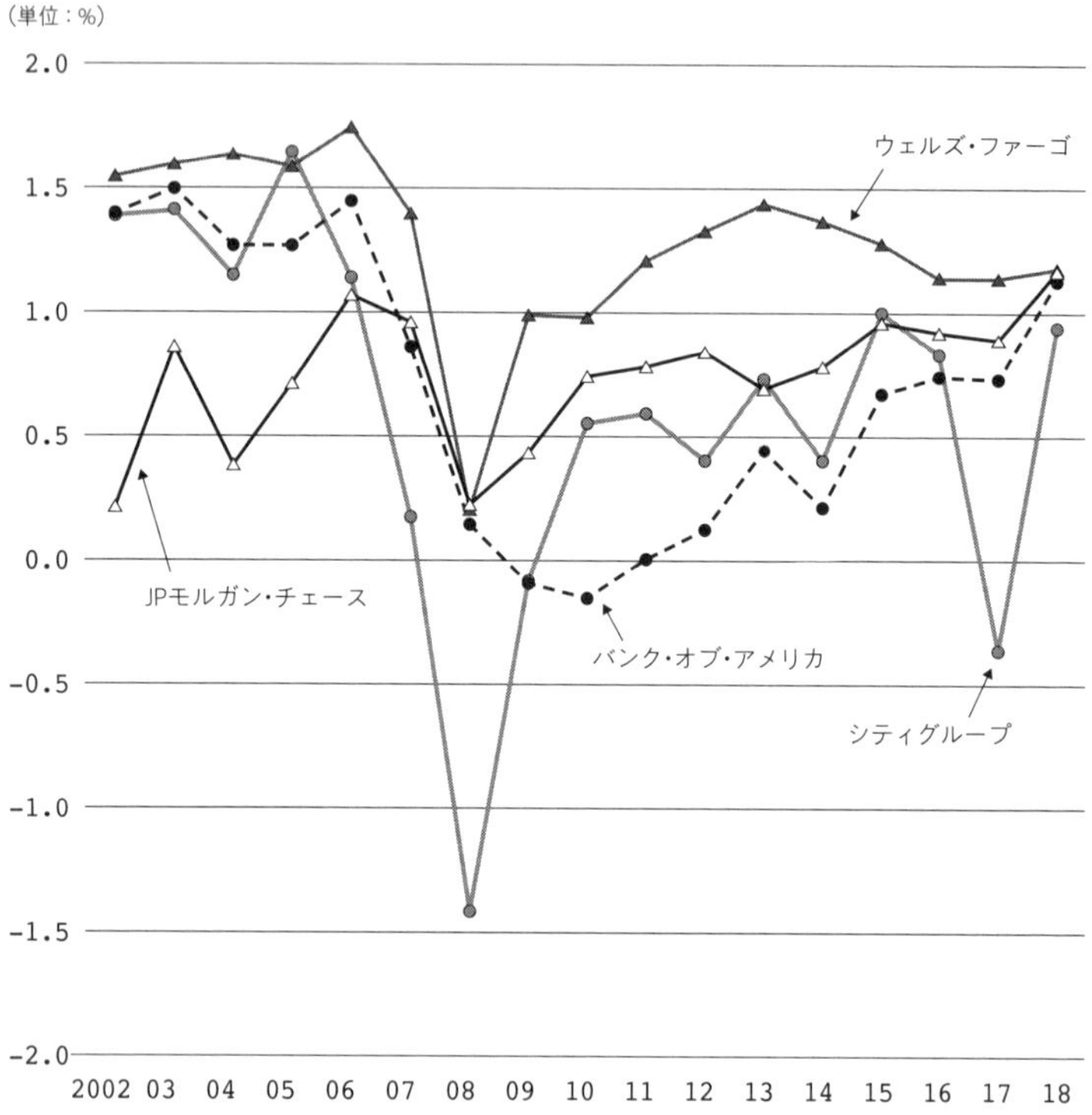

(出所)各行の決算資料より作成　＊期末値による概算　分子＝純利益(当社株主に帰属)

図表4-5　各行の純利益：地域別シェア（2018年）

JPモルガン・チェース

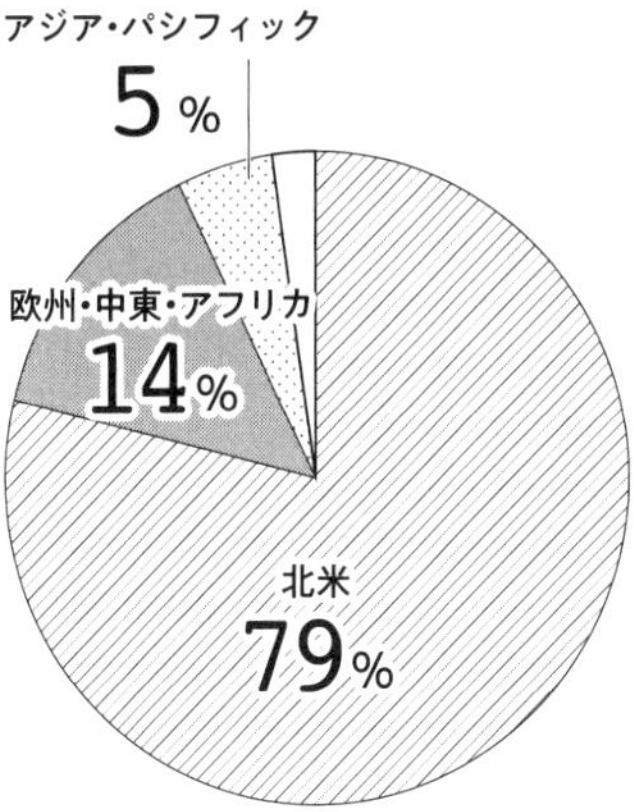

（出所）JPモルガン・チェースの決算資料より作成

バンク・オブ・アメリカ

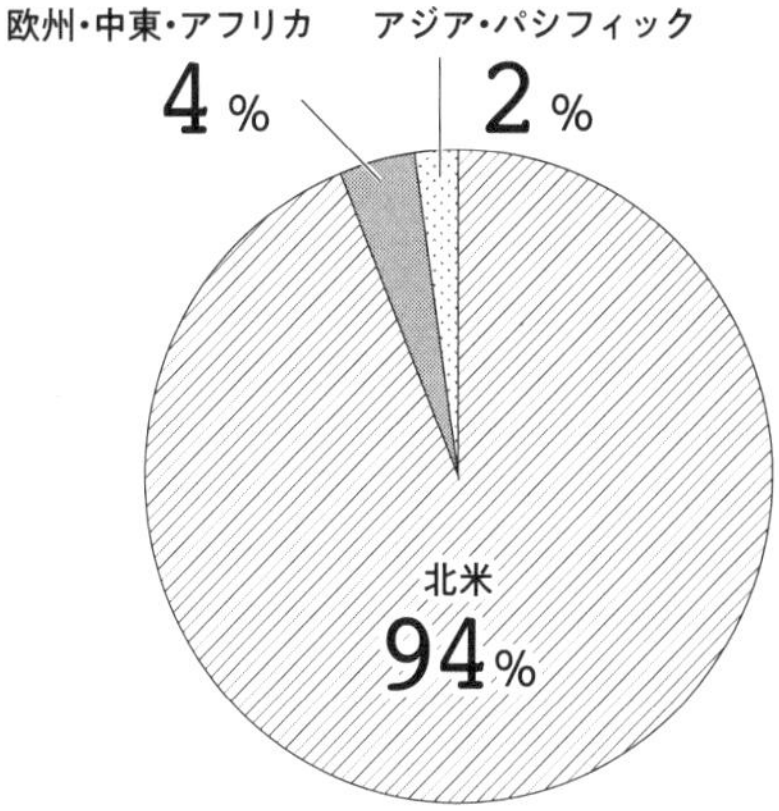

（出所）バンク・オブ・アメリカの決算資料より作成

シティグループ

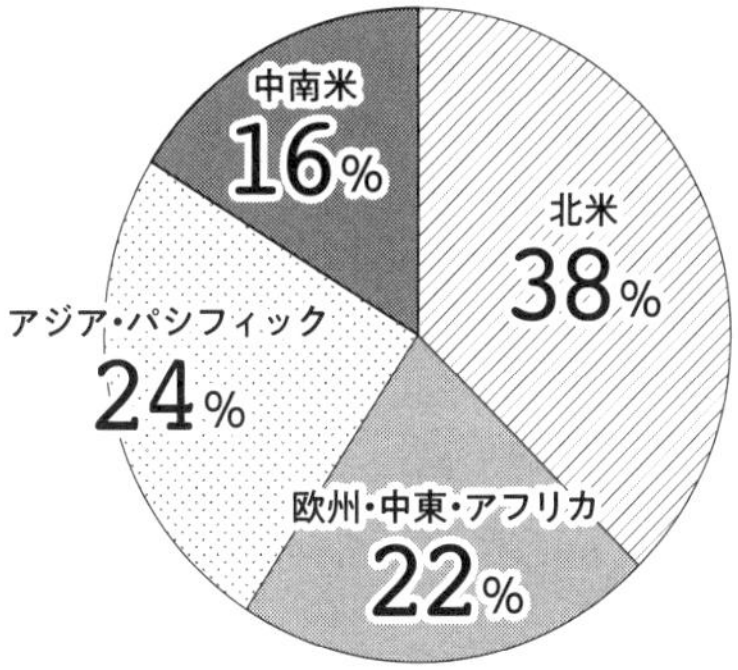

（出所）シティグループの決算資料より作成

ＪＰモルガン・チェース（１）
米国最大の金融機関

２０１８年2月、ニューヨークに本社を置くＪＰモルガン・チェースは、マンハッタンのパークアベニューにある現在の築60年以上の本社ビル（52階建て）を取り壊し、従業員数約1万５０００人を収容可能な高層ビルに建て替えると発表した。

現在の古いビルは、設計上３５００人程度の収容力しかないにもかかわらず、倍近いスタッフが働いているという。報道によればＪＰモルガン・チェースは、周辺のセント・パトリック大聖堂などから「空中権」を購入して床面積を広げ、２０２４年までに70〜75階建ての超高層ビルに建て替える計画とされている。これは、ノースカロライナ州シャーロット市にあるバンク・オブ・アメリカの60階建て本社ビルに匹敵する高さとなり、名実共にトップをひた走るＪＰモルガン・チェースを象徴するニュースとなった。

同じ頃、ＪＰモルガン・チェースの最高経営責任者（ＣＥＯ）であるジェイミー・ダイモン氏は、今後5年間、現職にとどまる考えを示した。

同時に、有力な後継候補２人を共同社長兼最高執行責任者（ＣＯＯ）に起用し、後継者を見極めるとしたが、2005年から今日に至る約13年超に及ぶ同氏のCEO在職期間は極めて長い。ほぼ同時期からCEOを務めていたゴールドマン・サックスのブランクファイン氏は、2018年に退任した。しかし、ダイモン氏は、政界への発言力も大きく、米金融業界を代表する経営者として知られており、これまでの順調な事業拡大の実現から、取締役会も同意しているとみられる。

ジェイミー・ダイモン氏は、ニューヨーク生まれで、ギリシャ系の祖父を持ち、ロマンスグレーの頭髪に、甘いマスクで親しまれている。

同氏は、ハーバード・ビジネススクールでMBAを取得した後、証券業界で働く父親を通じ、サンディ・ワイル氏と知り合った。ワイル氏といえば、シティコープとトラベラーズ・グループを合併させ、巨大なシティグループを創り上げた人物である。

ダイモン氏は、卒業後、内定を貰っていたゴールドマン・サックスへの入社を考えていた。しかし、ワイル氏の熱心なすすめで、給与が約3分の2のアメリカン・エキスプレス社への入社を決めたのである。ワイル氏は、自伝（『サンディ・ワイル回顧録』日本経済新聞出版社、2007年）で、ダイモン氏の「明敏な頭脳と多様な金融の細目を吸収する能力を高く評価」していたと書いている。ダイモン氏は、1982年に上級アシスタントとしてアメリカン・エキスプレス社へ入社した。

ほどなくして1985年にワイル氏がアメリカン・エキスプレス社を辞めたため、ダイモン氏も辞め、行動を共にした。そしてワイル氏の参謀役として、プライメリカ買収、トラベラーズ・グループ設立、シェアソン・リーマン・ハットンの一部業務買収、ソロモン・ブラザーズ買収、そしてシティコープとの合併を実現し、シティグループ誕生（1998年）に尽力した。

しかし、シティグループ誕生直後、突然ダイモン氏は、ワイル氏によって解雇されてしまう。解雇理由は諸説いわれているものの、ワイル氏の自伝から、ダイモン氏の野心を警戒したものと推察される。

そして2000年に同氏は、シカゴを拠点とするバンク・ワン（当時全米第6位）のCEOに返り咲くが、そこで終わらなかった。2004年にJPモルガン・チェースと合併し、ほどなくして新CEOに就任したのである。JPモルガン・チェースは、合併前よりダイモン氏の能力を高く評価していた。

米国で最大の総資産額を有するJPモルガン・チェースの正式名称は、JPモルガン・チェース＆カンパニーである。

同金融持株会社の主な子会社は、グローバル展開するJPモルガン・チェース銀行、米国内でリテール業務を行うチェース銀行、米国内で投資銀行業務を展開するJPモルガン証券などである。グローバル展開している法人向け事業が「JPモルガン」ブランドを、米国内の個人向け事業・中小企業が「チェース」ブランドを、主に用いている。

ＪＰモルガン・チェースは、いくつもの銀行が合併を繰り返して誕生した金融機関である。その母体は、約１２００行ものルーツを有する集合体となっている。最終的には、２０００年のチェース・マンハッタン・コーポレーションとＪＰモルガン＆カンパニーの合併が大きかった。

《チェース・マンハッタン・コーポレーション》

チェース・マンハッタンのルーツは、１７９９年にニューヨーク市の水供給会社として設立されたマンハッタン・カンパニーから誕生したマンハッタン銀行にまで遡る。そして、１９５５年にマンハッタン銀行とチェース・ナショナル銀行（設立１８７７年）が合併し、チェース・マンハッタン銀行になった。

前身のチェース・ナショナル銀行が大きく飛躍するきっかけになったのは、１９３０年のエクイタブル信託の買収である。同信託会社は、ロックフェラー家が大株主であった。チェース・ナショナル銀行は、産業界に絶大な影響力を持つロックフェラー家を通じて、ホールセール銀行としての地位を確立し、リテール業務に強いマンハッタン銀行と合併することで、よりバランスの取れた銀行へと成長した。

チェース・マンハッタン銀行は、1980年代後半、途上国向け累積債務問題の不良債権処理に追われ、経営が悪化する。そして1996年、当時総資産額で全米第6位にあった同社は、同第3位のケミカル銀行（設立1823年）によって買収される。ただし、名前は旧チェースブランドを残し、チェース・マンハッタン・コーポレーションとなった。

合併後のチェース・マンハッタン・コーポレーションは、総資産額（約3960億ドル：当時報道ベース）で全米トップになったものの、すぐに巨大合併により誕生したシティグループやバンク・オブ・アメリカに抜かれ、全米第3位になってしまう。

同社は、全米大手クレジットカード発行会社のひとつとなり、住宅ローンなどのリテール業務にも強みを持っていた。しかし、投資銀行業務のトップ争いに加われず、強化が課題とされた。

そして1999年、西海岸のハイテク企業に強い投資銀行ハンブレクト&クイスト（カリフォルニア州、サンフランシスコ）を買収した。ハンブレクト&クイストは、アップル、アドビ、ネットスケープ、アマゾンなど、巨大テクノロジー企業のＩＰＯを支援した企業として知られている。またほぼ同時期に、新興国を得意とするロバート・フレミングも傘下に収めた。

さらに2000年、優良企業に対する投資銀行業務に強みを有するものの、業績が低迷していたJPモルガン&カンパニー（総資産額約2660億ドル：当時報道ベース）を吸収合併し、JPモルガン・チェース誕生に至ったのである。

《JPモルガン&カンパニー》

JPモルガン&カンパニーは、約100年以上にわたり、上流・エリートのための金融機関という地位にあり、超一流のブランドであった。そのルーツは、1871年に設立されたドレクセル・モルガン商会に遡る（1895年にJPモルガン商会と改称）。

同商会は、コネティカット州でモルガン財閥の基礎を築いたジュニアス・スペンサー・モルガンの息子、ジョン・ピアポント・モルガンと、アンソニー・ジョセフ・ドレクセルによって設立された。欧州のロスチャイルド家と並ぶ、米国屈指の金融財閥と称されたモルガン財閥は、織物業などからスタートし、南北戦争や普仏戦争時の社債発行で財を成し、鉄道建設への投資を通じて主要鉄道会社を支配、GEへの出資やUSスチール設立にも携わり、巨大財閥を形成していった。

しかし、1933年のグラス・スティーガル法によって、銀証分離が定められる。これにより、商業銀行業務がJPモルガン、投資銀行業務がモルガン・スタンレーへ分割されることとなった。

1950年代には、銀行がより大衆化され、ライバルが小口金融で急成長するなか、大口金融に固執していたJPモルガンは、由緒あるものの、規模で後れを取る状況となっていた。しかし、社内では、大衆相手ではなく、限られた一流の顧客に対する由緒ある金融機関として存続する方が望ましいと考える従業員も多かった。

1959年、当時のヘンリー・アリグザンダー会長は、自身の約4倍もの規模を持つニューヨークの商業銀行ギャランティ・トラストと合併することを決断する。同合併によりモルガン・ギャランティ・トラストが誕生し、全米第4位の金融機関に躍り出た。そして1969年には、持株会社JPモルガンを設立する。

2000年、シティグループなどの大型合併が相次ぐなか、業績不振によってJPモルガンの時価総額が低迷していた。そして当時全米第3位のチェース・マンハッタン・コーポレーションに統合される。長年にわたり米国の金融業界をリードしてきた財閥系のJPモルガンが、ロックフェラー家と関係の深いチェース・マンハッタンに事実上統合されたため、一部報道で「モルガン家の没落」とも揶揄された。

こうして誕生したＪＰモルガン・チェース（総資産額約7930億ドル：合併プレスリリース）であるが、合併直後に米国のエネルギー企業エンロンが経営破綻（2001年12月）に追い込まれ、同破綻に関連する不良債権問題と、訴訟費用負担に直面した。

そして2004年、当時ダイモン氏が率いていた全米第6位のバンク・ワン（同約2900億ドル）と合併することを決定する。ＪＰモルガン・チェースのウィリアム・Ｂ・ハリソンＣＥＯと、バンク・ワンのダイモンＣＥＯは、合併前より旧知の間柄であった。

ＪＰモルガン・チェースにとってバンク・ワンは、シカゴを中心とした中西部のリテール業務に強く、規模拡大に加えて、地理的補完が期待できた。ハリソン氏は、リテール業務に強い銀行との合併を検討するなか、ウェルズ・ファーゴやワコビアなどと比較して、ダイモン氏が、投資銀行業務を深く理解していたことが大きな決め手になったと語っている。

バンク・ワンは、支店数約1400を有していた。そして合併によりＪＰモルガン・チェースは、支店数が約2300に増え、総資産額も約1・1兆ドルへ拡大し、全米第1位のシティグループに匹敵する規模となった。

当初2年は、新ＣＥＯにハリソン氏が就任したものの、ダイモン氏も2006年から次期ＣＥＯの座を約束された。ＪＰモルガン・チェースによる買収という形で報道されたものの、新役員は両行半々で構成され、実質的に平等に近い統合になった。

ＪＰモルガン・チェースの総資産額は、リーマンショック直前の２００７年末、シティグループやバンク・オブ・アメリカをやや下回り、全米第３位にあった。

しかし、２００８年の金融危機のさなか、同社は投資銀行ベアー・スターンズ（5月）、米貯蓄貸付組合ワシントン・ミューチュアルを救済買収（9月）し、その資産規模を拡大させた。ベアー・スターンズ買収については前章の通りであり、ここではワシントン・ミューチュアルについて記載する。

《ワシントン・ミューチュアル（ＷａＭｕ：Washington Mutual Inc.）》

ＷａＭｕは、ワシントン州シアトルに本社があり、全米第６位の金融機関であった。１９８３年に株式会社化された同社は、支店数約２２３９、従業員数約４万人を有し、全米最大の貯蓄貸付組合（S&L）として知られていた。

ＷａＭｕは、住宅ローンの貸し出しの多くが、サブプライム危機の影響を大きく受けたカリフォルニア州であったことから、サブプライムローンやオプションＡＲＭなどで多額の不良資産を抱え、経営が悪化した。なお、同社事業の約２割を占めていたクレジットカード業務は、全米第９位の規模にあった。

ＪＰモルガン・チェースは、営業基盤を補完するため、当初よりＷａＭｕの持つカリフォルニア州とフロリダ州の拠点、さらに同社の預金基盤を得たいと考えていた。このため、２００８年３月頃から、ＷａＭｕに対して買収を提案していたものの、合意に至らなかった。同年９月、リーマン・ブラザーズ破綻から僅か10日間のうちに、経営が悪化していたＷａＭｕから同社の預金残高の約９％相当（約１６７億ドル）が一挙に引き出され、流動性に行き詰まった。

そして同月25日、ＪＰモルガン・チェースは、同社を約19億ドルもの安値で買収した。ただし、ＷａＭｕが抱えていた損失額も大きく、約３００億ドル超の損失償却額に加えて、約80億ドルの増資も必要であった。ＷａＭｕの預金は保護されたものの、株主及び劣後債の債権者は全額を失い、優先順位の高い債権者も返済額を大きく削減されたと報道されている。

このようにＪＰモルガン・チェースは、ベアー・スターンズとＷａＭｕを、金融危機下に救済買収し、総資産額を約１・６兆ドル（２００７年）から約２・２兆ドル（２００８年）へと拡大させ、シティグループを抜いて全米トップに躍り出た。

ＪＰモルガン・チェース（２）
約１３０億ドルの訴訟を乗り越え純利益拡大

ＪＰモルガン・チェースの純利益（当社株主に帰属）は、２０１８年に約３０７億ドルに達した。堅調な米国経済を追い風に、金融危機以降、着実に黒字幅を拡大させ、ダイモンＣＥＯは、成果を強調した。２０１８年、同社のＲＯＥは約13％となり、他3行を上回った。

もちろんＪＰモルガン・チェースも、その他金融機関と同様、サブプライム危機で多額の損失を償却し、また米司法省に対して巨額の制裁金を支払ってきた。

金融危機直後の２００９年には、買収したＷａＭｕの不良資産償却などの影響から、貸倒引当金が約３２０億ドルに達した。２０１２年には、「ロンドンの鯨」事件で約９・2億ドルの制裁金が課された。そして２０１３年には、買収したベアー・スターンズとＷａＭｕが行ったサブプライム住宅ローン担保証券の販売についての責任を追及され、バンク・オブ・アメリカに次ぐ規模になった約１３０億ドルもの制裁金が課された。

《ロンドンの鯨事件》

ここで有名な2012年の「ロンドンの鯨」事件についてふれておこう。

JPモルガン・チェースのロンドン拠点を舞台に行われたクレジット・デフォルト・スワップ（CDS）取引によって、同社の累計損失額が、最終的に約62億ドルにも達した事件である。

2012年4月、JPモルガン・チェースのフランス人トレーダーが、大きな売り注文を膨らませ、「ロンドンの鯨」という異名を取っているという報道で公になった（ウォール・ストリート・ジャーナル、ブルームバーグ）。当初、ダイモンCEOは、この件に関する質問に対し、「コップのなかの嵐」と一蹴したが、その後も「ロンドンの鯨」に関する報道が続いた。

同トレーダーが所属していたのは、ALMのバンキング・オペレーションを行っていたCIO（Chief Investment Office）という部署であった。この異名をとるトレーダーは、自己勘定のCDS取引で、ポートフォリオの想定元本を約1570億ドルに膨らませ（2012年3月時点）、CDS市場を大波で揺らすような巨額の売りポジションを抱えていた。そして5月の決算発表でJPモルガン・チェースは、同取引に関連して多額の評価損が発生したと発表した。

米国では、自己勘定取引を規制するボルカー・ルール導入が検討されていたこともあり、議会から原因追及を求める動きが高まり、公聴会が開かれた。

JPモルガン・チェース側は、同取引について、銀行の長期的リスクをヘッジし、バランスシート上にあるリスクを均衡化させることを目的としており、短期的かつ投機的な利益追求を行うトレーディングではなかったと主張した（なお、実際には、銀行のバランスシートを使い、安定的な収益を叩き出すバンキング・オペレーションとみられている）。

最終的にJPモルガン・チェースは、同事件に際し、損失を隠蔽してトレーディング勘定を水増ししたとして、米英金融監督当局に対して計約9・2億ドルの罰金を支払い、翌2013年1月には業務改善命令も出されるに至った。またこの事件によって、同社ALMバンキング・オペレーションの責任者も、引責辞任している。

《住宅ローン担保証券の販売責任で約130億ドルの制裁金》

2013年に米司法省は、JPモルガン・チェースに対して、サブプライム危機の原因となった米国での住宅ローン担保証券の販売責任を追及し、約130億ドルもの制裁金を課した。同金額は、当時米国史上最高額と言われたものの、後にバンク・オブ・アメリカへの制裁金（約166・5億ドル）が上回った。

130億ドルの内訳は、約90億ドルがファニーメイ（連邦住宅抵当公社）及びフレディマック（連邦住宅貸付抵当公社）などの買い手に対する補償金と民事上の制裁金、約40億ドルが米国の一般消費者への救済に充当された。

図表4-6　JPモルガン・チェース：業績

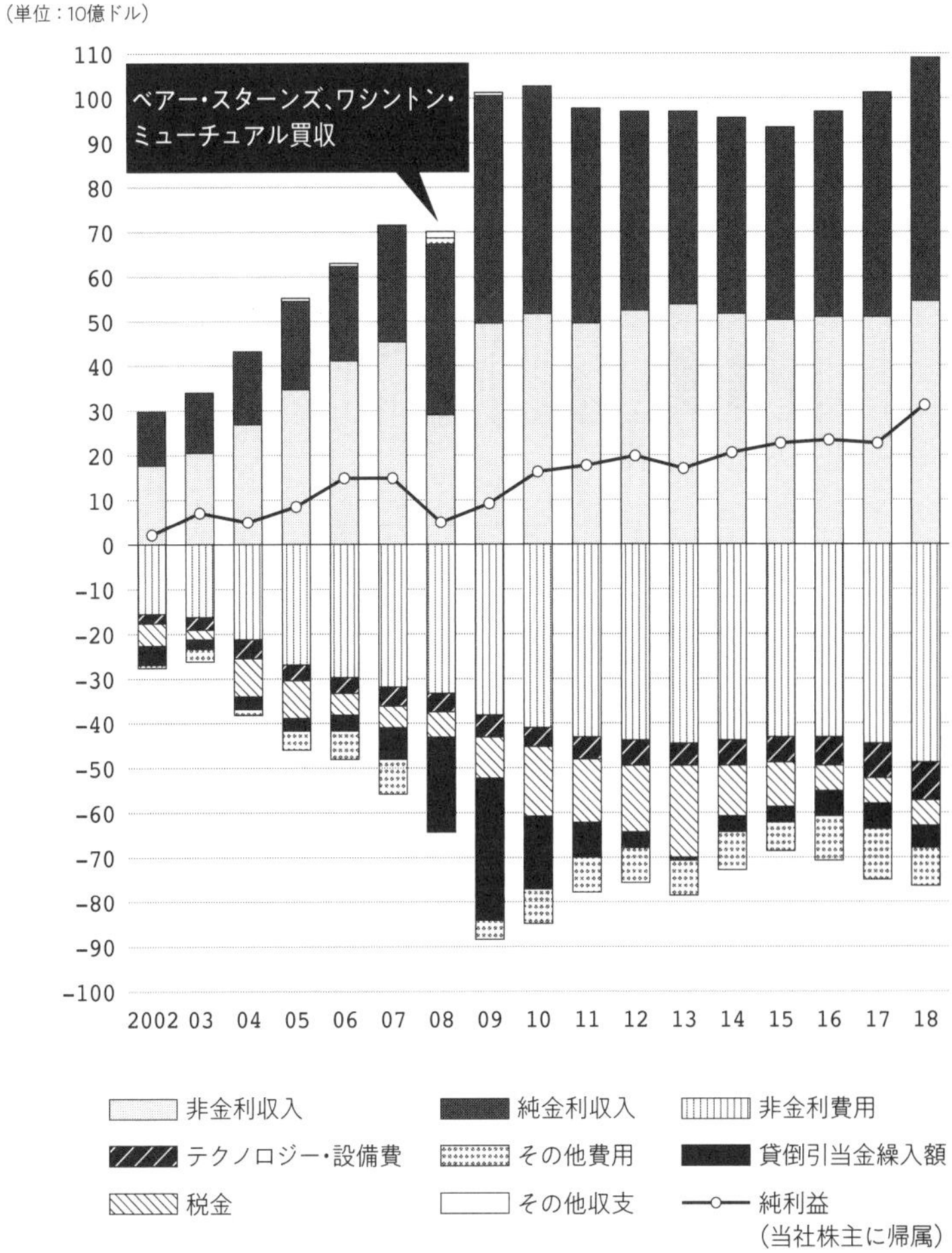

（出所）JPモルガン・チェースの決算資料より作成

図表4-7　JPモルガン・チェース：セグメント別純利益

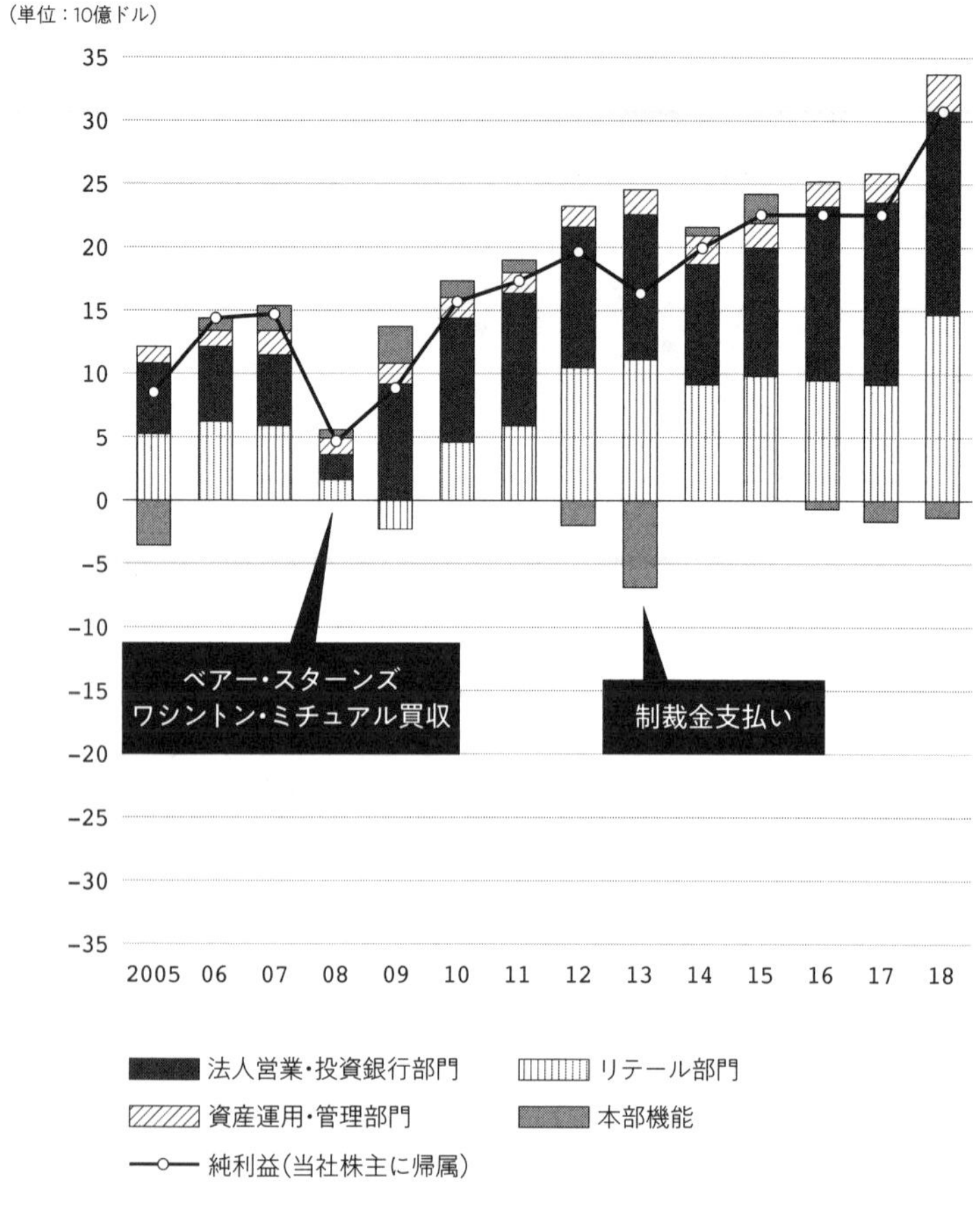

(出所)JPモルガン・チェースの決算資料より作成
※純利益(当社株主に帰属)ベースの為、積み上げ棒グラフ合計と若干異なる点に留意

ＪＰモルガン・チェース側は、これら証券の販売が、救済買収したベアー・スターンズやＷａＭｕによるものであることから責任を減免するよう求めていたものの、米司法省はこれを拒否した。

欧米金融機関に対する米司法省による制裁金は、いずれも巨額となり、大きな負担になった。しかし、ＪＰモルガン・チェースは、２０１３年第３四半期にこれら負担から赤字を計上したものの、通年ベースでの黒字をキープしている。

バンク・オブ・アメリカ（1）

ネーションズ・バンクにより買収されたＢｏｆＡ

バンク・オブ・アメリカの本社は、ノースカロライナ州シャーロット市にある。ここは、１９９８年にバンク・オブ・アメリカを買収したネーションズ・バンクの本拠地である。日本ではバンカメと呼ばれ、英語でＢｏｆＡと略称される。同社の総資産額は約２・４兆ドル（２０１８年末）あり、ＪＰモルガン・チェースに次ぐ全米第２位の規模にある。

バンク・オブ・アメリカの最も古い前身は、２００４年に買収したフリートボストンのルーツ、1784年にマサチューセッツ州知事ジョン・ハンコックが公認した米国最古のマサチューセッツ銀行（後のバンク・ボストン）に遡る。フリートボストンは、1999年にバンク・ボストンとフリート・フィナンシャル（1791年設立）が合併して誕生した。

そして、後にバンク・オブ・アメリカを買収するネーションズ・バンクは、南北戦争後の繊維産業を支えるため、1874年にノースカロライナ州で設立されている。

バンク・オブ・アメリカそのもののルーツは、1904年にサンフランシスコで移民のために設立されたバンク・オブ・イタリーである（後にバンク・オブ・アメリカに名称変更）。

同社は、1906年のサンフランシスコ大地震の後、復興に大きく貢献した。1929年には、カリフォルニア州に約453支店を開設し、1960年代までに法人融資や国際業務に強い、西海岸を代表する銀行へと成長した。

1980年代の中南米の累積債務問題では、財務内容が大きく悪化したものの、保有資産を売却することで乗り切った。そして収益が安定してきた1992年以降、複数の銀行を買収し、1994年にコンチネンタル・イリノイ銀行※を買収した。当時、コンチネンタル・イリノイ銀行は、破綻して連邦政府が約8割の株式を保有していた

しかし1998年、バンク・オブ・アメリカは、ロシア危機の影響でヘッジファンドDEシ

ョーに対する融資約14億ドルが焦げつき、財務内容が大きく悪化する。そして当時、資産規模がほぼ同じだったネーションズ・バンクに買収されたのである。

ネーションズ・バンクは、南東部に強く、ヒュー・マッコールCEOによる積極的な銀行買収によって、全米第30位の規模からトップ5位に入るまで急成長した銀行である。

合併後の名称は、被買収側であったものの、より国民に浸透していたバンク・オブ・アメリカを残すことにした。西海岸に強いバンク・オブ・アメリカとの合併により地理的補完がなされ、総資産額が約6000億ドル超（1998年末時点）になり、支店数も約4800へと拡大した。新しく誕生した銀行のCEOには、ネーションズ・バンクのマッコール氏が就任した。そして、2001年に同氏が退任した後、同じネーションズ・バンク出身のケン・ルイス氏が後任のCEOに就任した。

※　**コンチネンタル・イリノイ銀行**は1980年代、石油開発を中心とするエネルギー関連企業向けに積極的に融資を伸ばし、オクラホマのペン・スクウェア銀行から石油企業向け融資約10億ドルを買い取った。しかし、ペン・スクウェア銀行の倒産により、同社が買い取った債権の多くも不良資産となり、1984年危機に陥った。当時同社は、預金預入額において全米第7位にあったため、大きすぎて潰せない銀行（Too Big To Fail）とされ、連邦政府傘下に置かれることとなり、同救済がBIS規制導入のきっかけとなった。

バンク・オブ・アメリカは2004年、マサチューセッツ州ボストンを拠点とするフリートボストンを、約470億ドルで買収した。当時、総資産額で全米第7位（約1970億ドル）にあったフリートボストンは、北東部に強い基盤を持つことから、地理的補完性が高かった。

欧米金融機関による大型合併が相次ぐなか、バンク・オブ・アメリカは、シティグループ、JPモルガン・チェースと共に、総資産額が1兆ドルを超える金融機関になった。そして、このような大型合併を後押しした法案のひとつが「1994年リーグル・ニール州際銀行支店設置効率化法」である。同法は、他州の銀行を取得して支店にすることなどを認め、地理的な立地規制を大幅に緩和させた。

バンク・オブ・アメリカは、2005年以降も、海外事業、クレジットカード事業、資産運用会社などを、次々に買収していった。

2005年には、中国四大国有商業銀行のひとつ、中国建設銀行の株式約9・9％を約30億ドルで取得した。その後、保有株式シェアを約19％超まで増やし、業務提携によって中国市場での事業展開の足掛かりとした（サブプライム危機後の資金繰り難により2013年までに売却済）。

また同時期、全米第3位のクレジットカード会社MBNAを約350億ドルで買収した。同買収によって同社のクレジットカード事業は、全米第5位から第1位に躍り出た（MBNAの英国クレジットカード事業については、２０１６年末に英国ロイズ銀行グループへの売却が発表された）。

２００７年には、チャールズ・シュワブ傘下にあり、ニューヨークで最も歴史のある富裕層向け資産運用会社ＵＳトラスト（設立１８５３年）を約33億ドルで買収した。これにより、バンク・オブ・アメリカのウェルス・マネジメント業務が強化された。

また同年、オランダのＡＢＮアムロ銀行傘下にあり、シカゴに本社を持つ米国のラサール銀行（１９２７年設立）を約２１０億ドルで買収した。同買収によって、バンク・オブ・アメリカは、シカゴとデトロイトで預金シェアトップになった。ラサール銀行は、ＡＢＮアムロ銀行買収を巡る争奪戦のなかで大きな争点となり、一時オランダの裁判所がバンク・オブ・アメリカによるラサール銀行買収を凍結するよう命じる場面もあった。

２００４年以降、バンク・オブ・アメリカの総資産額は、ＪＰモルガン・チェースを抜いて、シティグループに次ぐ全米第2位にあった。

そしてバンク・オブ・アメリカは、２００８年の金融危機のさなか、倒産寸前にあったカントリーワイドとメリルリンチを買収した。しかし両買収は、後に同社を苦しませることになる。

同社とシティグループが金融危機の影響を大きく受けるなか、ＪＰモルガン・チェースは、ベアー・スターンズとＷａＭｕを買収し、その後一人勝ちの様相を強めていく。

バンク・オブ・アメリカ（2）

金融史上最悪と批判されたカントリーワイド買収

２００８年1月、バンク・オブ・アメリカのケン・ルイスCEOは、経営危機にある米住宅ローン大手のカントリーワイド・フィナンシャルを買収すると発表した。

カントリーワイドは、アンジェロ・モジロ氏によって、１９６９年にニューヨークに設立された住宅ローン斡旋会社である。

同社は当初、政府出資機関ファニーメイやフレディマックへの転売を前提に、個人向け住宅ローンを拡大していった。２０００年以降、米国の住宅ローン市場は、低金利政策による住宅ブームに加えて、サブプライムローンの普及と金融機関による活発な資産担保証券の販売により、急膨張した。そのなかでもカントリーワイドの成長はすさまじく、同社の総資産額は急拡大した。

同社の住宅ローンオリジネーション額（買収分を除く）は、２００６年単年で約２４３１億ドルに達した。しかし、これら住宅ローンの多くが、当初数年間は低い固定金利が適用されるものの、途中から金利負担が増加する契約（ARM：Adjustable Rate Mortgage）であったため、2007年に入り延滞率が急上昇した。また同社のサブプライムローンは、カリフォルニア州やフロリダ州に集中していた。

後に、カントリーワイドのモジロ氏は、2006年初旬から同社が提供するサブプライムローンの危険性を十分理解していたにもかかわらず、マーケットシェア獲得を最優先させたと非難されている。

2007年春以降、サブプライムローンを提供していた住宅ローン斡旋会社、住宅ローン担保証券に投資していたファンドが、次々と経営危機に陥った。前章で述べた通り2007年6月には、ベアー・スターンズ傘下のヘッジファンドが経営危機に陥り、同年7月に格付け機関が、サブプライムを担保とする証券を一斉に格下げした。

カントリーワイドは、住宅ローン債権の多くを、資産担保証券の原資として他の金融機関へ転売していた。しかし、貸倒れリスクを警戒した投資家たちが、これら資産担保証券を買い控えたため、自社で保有する住宅ローン債権の転売が困難になり、資金繰りに行き詰まった。

2007年7月に発表されたカントリーワイドのサブプライムローン延滞率は、約23・7%

まで急上昇した。格付け機関は、相次いで同社の格下げを発表した。

同年8月にメリルリンチのアナリストは、カントリーワイドが破綻する可能性があると言及し、多くの預金者が預金の引き出しに走った。同月、カントリーワイドは、自社の約115億ドルの与信枠から全額資金を引き出し、バンク・オブ・アメリカより優先株約20億ドルの投資を受けると発表した（実際には半年後の買収によりキャンセルされた）。

同社の経営危機はおさまらず、2008年1月、設立時より融資していたバンク・オブ・アメリカが、同社を買収すると発表した。正式な買収手続き（約42億ドル相当の株式交換）は、2008年7月に実行された。カントリーワイドの株主は、1株につきバンク・オブ・アメリカ株0・1822株を受け取った。

しかし、抱えていた不良資産の大きさから、そもそもカントリーワイドを買収すべきでなかったと、後にルイスCEOは、株主やマスコミから批判されることになる。

バンク・オブ・アメリカ（3）
取り消せなかったメリルリンチ救済買収

2008年9月15日、バンク・オブ・アメリカのルイスCEOは、資産規模第3位（当時）

の投資銀行メリルリンチを、総額約５００億ドルで救済買収すると発表した。リーマン・ブラザーズが、連邦破産法第11章（民事再生法）の適用を連邦裁判所に申請し、破綻したのと同日であった。

しかし、同発表からわずか数か月後の11月以降、発表されたメリルリンチの損失額は、バンク・オブ・アメリカの予想を、はるかに上回るものとなった。

メリルリンチの損失額は、第３四半期約75億ドルに達した。また第４四半期の損失額は、当初予想されていた約90億ドルから、数日後約１２０億ドルへと膨れ上がり、最終的に約１６０億ドル近くに達することが判明した。そして、２００８年通年の最終赤字額は、約３０５億ドルに達した。

このため同年12月17日、ルイスＣＥＯは、バーナンキＦＲＢ議長とポールソン財務長官に会いに行き、買収に重大な悪影響を及ぼす事由が発生した場合に契約を撤回できるＭＡＣ条項を適用し、メリルリンチの買収を取りやめたいと伝えた。

しかし２人は、もしメリルリンチの買収をやめれば、新たな金融危機が引き起こされ、バンク・オブ・アメリカにも大きな影響が及ぶこと、また同社の役員を更迭することになりかねないと強く反対した。そして、もし買収を履行してくれれば、財務省とＦＲＢは、買収に伴う負

図表4-8　バンク・オブ・アメリカ：株価の推移

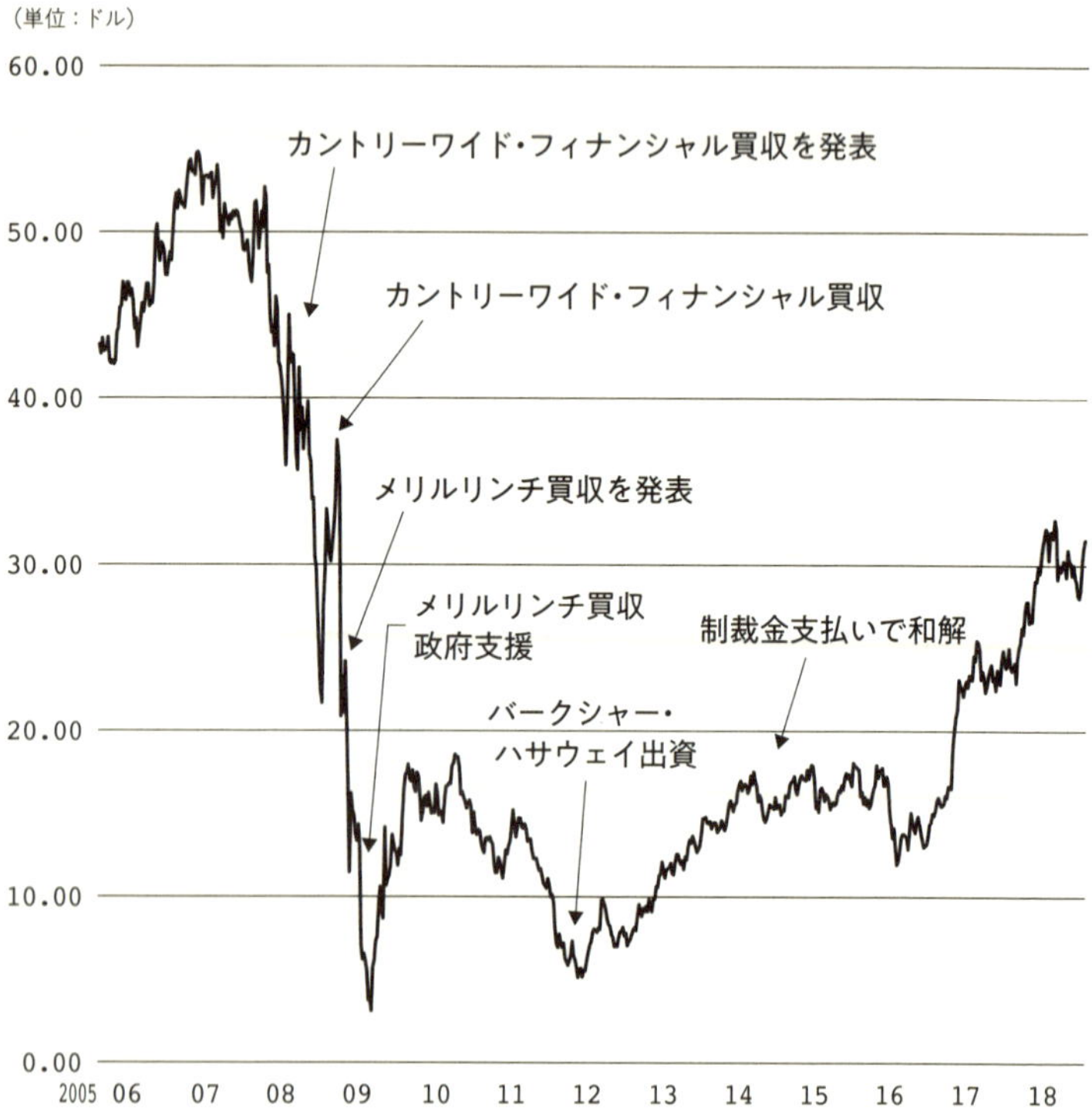

（出所）バンク・オブ・アメリカの資料より作成

の影響から同社の資本を守ると伝えた。買収契約が終了する2009年1月1日には間に合わないものの、1月20日の決算発表日までに必ず支援を行うと約束したのである。

バンク・オブ・アメリカの株価は、2007年の半ばから下げ基調にあったものの、さらにカントリーワイド買収発表後と、メリルリンチ買収発表後に大暴落した。そしてメリルリンチが2008年第4四半期に巨額の損失を発表した後、バンク・オブ・アメリカの株価は、一桁台にまで下落することとなる。

同社の時価総額は、2009年第1四半期、当初予定していたメリルリンチの買収価格約500億ドルをも下回る水準にまで暴落した。

政府の不良資産救済プログラム（TARP）により、2008年10月、すでにバンク・オブ・アメリカが150億ドル、メリルリンチが100億ドルの支援を受けていた。

それに加えて政府は、約束通り2009年1月15日、バンク・オブ・アメリカに対して200億ドルの追加支援（TARPのTargeted Investment Programによる優先株への投資）を約束した。

さらに、買収したメリルリンチの資産から損失が発生した場合、政府と連邦預金保険公社（FDIC）が、最大約1180億ドルまでの損失を分け合うことも約束された。具体的には、住宅ローン担保証券関連資産について今後10年間、その他資産について今後5年間、損失額

100億ドルを超えた分に対し、政府とFDICが約9割を負担する契約になった。

バンク・オブ・アメリカのメリルリンチ買収は、両株主によって承認され、2009年1月1日に実行された。メリルリンチの株主は、同社1株に対してバンク・オブ・アメリカの普通株0・8595株を受け取った（財務報告書によれば総額約291億ドル相当）。

当初、メリルリンチのジョン・セインCEOを、役員に留めようとの考えがあったものの、2008年第4四半期の損失額が巨額であったことから更迭となった。

さらに、バンク・オブ・アメリカのルイスCEOも、2009年9月に退任が発表された。ルイスCEOは、当初発表した約500億ドルのメリルリンチ買収価格に対し、FDICトップのシーラ・ベア氏から「高過ぎる」と指摘を受けたことが問題視されたほか、そもそも不良資産を多く抱えていたメリルリンチの買収を決定したことに対する株主の反発が強く、役員から同氏を外す要求が高まったためである。

ルイス氏は、バンク・オブ・アメリカのCEOとして約8年間在任し、金融危機の最悪期に、危機に瀕したカントリーワイドとメリルリンチを救済したものの、最終的にバンク・オブ・アメリカを危機に追いやった悪役になってしまった。

後任の新CEOには、弁護士のブライアン・モイニハン氏が就任した。

同氏は、1993年にフリートボストン（2004年合併）に入社した後、ウェルス・マネジメント事業などを統括し、金融危機下に買収したメリルリンチの新CEOに指名された。

モイニハン氏は就任後、総額約300億ドル以上に相当する非中核事業の資産売却を進め、何千人もの人員削減を行った。バンク・オブ・アメリカは、メリルリンチ買収によって、世界最大の資産運用会社ブラックロックの筆頭株主（保有比率約34％）にもなった。しかし、同社のノンコア資産を売却する方針に加えて、ファンド投資に対する金融規制が厳格化されたこともあり、2010〜2011年にかけて、ブラックロックの保有株式を全て売却している。

バンク・オブ・アメリカは、リストラクチャリングを進めたものの、抱えた不良資産の大きさ、相次ぐ訴訟費用・制裁金の負担から、なかなか信頼回復に至らず、当時、他行との合併が噂されるまでに陥った。

バンク・オブ・アメリカ（4）
サブプライム危機後も続いた巨額の損失

2011年8月、バンク・オブ・アメリカの株価は、同社が抱える不良資産による損失や訴訟リスクによる資本不足を懸念し、大きく下落した。

カントリーワイドが販売した住宅ローン担保証券を巡り、22の機関投資家から訴えられていた損害賠償請求で、約85億ドルを支払うことで合意し、２０１１年第２四半期決算で赤字を計上したことも影響した。さらにＡＩＧが同社に対して、約１００億ドル以上もの損害賠償請求を行ったことも、市場を動揺させた。

当初、モイニハンＣＥＯは、資本増強の必要性を否定していた。

しかし、バランスシートの改善を図り、市場の不安を打ち消すため、同年8月25日、バークシャー・ハサウェイから50億ドルの出資（普通株へ転換可能なワラント新株引受権付優先株）を受けることを発表した（２０１７年6月にバークシャー・ハサウェイは、購入した優先株のワラントを行使し、普通株約7億株へ転換し、発行済み株式数の７％強を保有する筆頭株主となった。同日時点の株価で換算すると投資額約50億ドルに対して約１７０億ドルとなり、約１２０億ドルの含み益となった）。

２０１１年8月のバークシャーによる投資が発表された後、株価は持ち直したものの、翌9月に格付け機関ムーディーズが、同社の格付けを引き下げた。前年２０１０年7月にドッド＝フランク法が成立したことにより、経営不振の金融機関を救済せずに破綻させる枠組みが定められたため、仮に大手金融機関の経営が悪化した場合においても、政府が救済に乗り出す可能性が低くなったことなどを格下げ理由とした。

2012年9月28日には、カルパース（カリフォルニア州職員退職年金基金）やヘッジファンドなどから、メリルリンチ買収による同社の株価暴落で、損害を被ったと訴えられた集団訴訟に関し、約24・3億ドルの制裁金を支払うことで合意した。

そして2014年、米司法省による金融機関への一連の住宅ローン担保証券の販売責任に絡む訴訟で、バンク・オブ・アメリカは、約166・5億ドルもの制裁金を支払い、和解することで合意した。これは、同様の訴訟で他行に課された制裁金、JPモルガン・チェースの約130億ドル、シティグループの約70億ドルを大きく上回り、単一企業の民事上の和解金として、米国史上最大となった。同社のサブプライム危機に絡む損失の多くは、カントリーワイドとメリルリンチが手掛けたものであった。

バンク・オブ・アメリカは、バランスシートの改善を図るため、多くの資産を売却せざるを得なかった。国外富裕層向け事業をスイスのジュリアス・ベアへ、英国のクレジットカード事業、中国建設銀行の株式等など、海外部門の売却を進めた。

その不良資産額の大きさから当時、カントリーワイドを破産処理させることも真剣に検討したという。また同社関係者は、そもそも買収すべきでなかったとも発言している。

バンク・オブ・アメリカ（5）

最近の収益動向

バンク・オブ・アメリカの収益動向は、①金融危機直後、②訴訟費用・制裁金の負担が増大した2014年まで、③2015年以降の3つのフェーズに分けられる。

①金融危機直後（2009〜2010年）の純利益は、2期連続で赤字になった。伝統的な銀行の収益源である純金利収入や、メリルリンチ買収に伴う非金利収入の増大が下支えしたものの、カントリーワイドとメリルリンチ買収に伴い抱えた巨額の不良資産を償却したことに加えて、欧州ソブリン危機の影響も大きな足枷となった。

②2011〜2014年にかけては、前項で述べた訴訟費用・制裁金の負担が大きな足枷となった。とりわけ、2014年の米司法省による住宅ローン担保証券の販売責任に絡む巨額の制裁金は、収益を大きく圧迫した。

ようやく金融危機の影響から抜け出し、収益が安定してきたのは、③2015年以降になってからである。そして、2018年の純利益（当社株主に帰属）は、約267億ドルになった（ROE約11・0％）。これは、金融危機以前の純利益を上回るものの、足下の数字には、買収したメリルリンチも含まれる。

図表4-9　バンク・オブ・アメリカ：業績

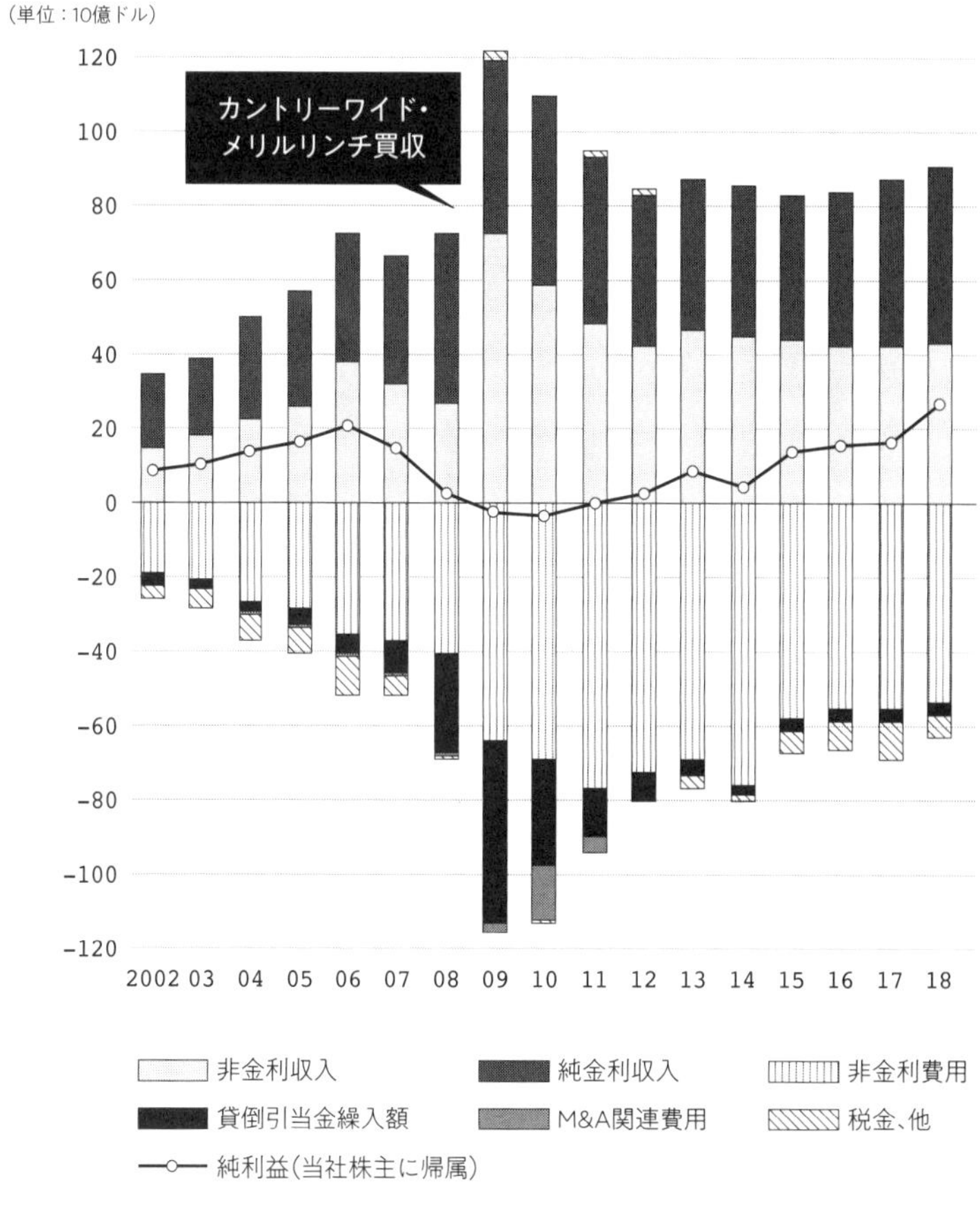

（出所）バンク・オブ・アメリカの決算資料より作成

図表4-10　バンク・オブ・アメリカ：セグメント別純利益

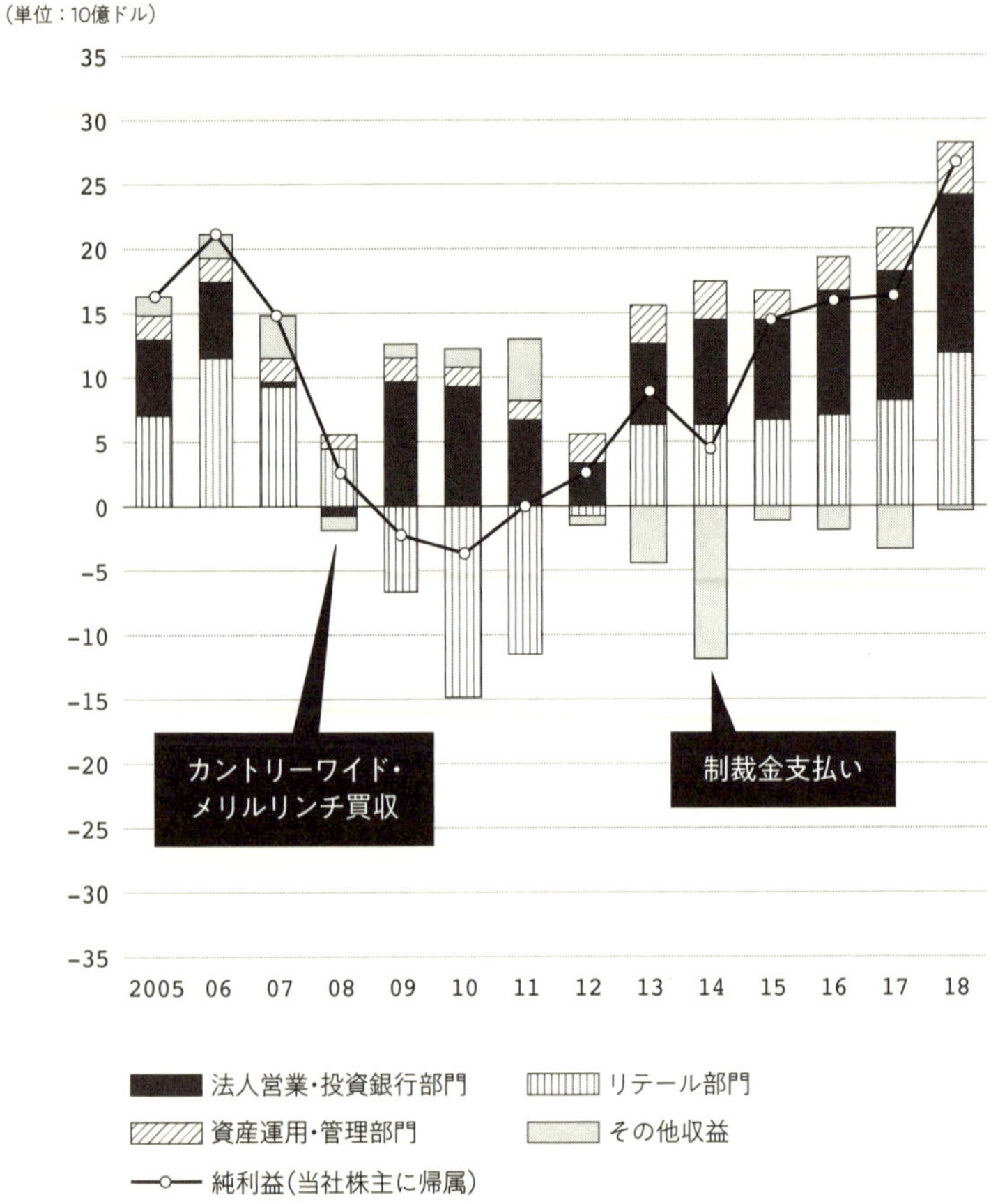

（出所）バンク・オブ・アメリカの決算資料より作成
※純利益（当社株主に帰属）ベースの為、積み上げ棒グラフ合計と若干異なる点に留意

トレーディング業務収益は、市場のボラティリティの低さなどから低迷が続いたものの、リテール部門が好調であったほか、大幅なコスト削減も利益拡大に繋がった。同社は、フィンテックなどのデジタル投資関連費用に毎年約30億ドル程度費やしているが、ここ数年、ネットを通じた預金も増えている。コスト削減面では、ピーク時から店舗数を約3割減らしており、設備・通信・広告費などの経費削減努力によって、一時80％を超えていた経費率を足下約59％まで引き下げることに成功している。

シティグループ（1）
巨大なシティグループを創り上げたサンディ・ワイル

シティグループ本社は、ニューヨーク州マンハッタンにある。

その総資産額は、2007年まで全米第1位にあった。しかし、金融危機の影響から、JPモルガン・チェースとバンク・オブ・アメリカに抜かれ、現在第3位をウェルズ・ファーゴと争っている。

サンディ・ワイルという人物をご存知であろうか。

米国では、よく名前を知られているが、日本ではあまり知られていない。

シティグループは、1998年にシティコープとトラベラーズ・グループ合併により誕生したが、この合併を実現させたのが同氏である。サンディ・ワイル氏は、ダイモン氏（現在のJPモルガン・チェースCEO）を補佐役にして、証券会社を次々に買収し、トラベラーズ・グループ、そして巨大なシティグループを創り上げていった。

《トラベラーズ・グループ》

ワイル氏は、1955年にコーネル大学を卒業後、ベアー・スターンズに就職した。当初、裕福とは程遠かったが、数年後にベアー・スターンズを辞め、友人たちと起業し、次々に証券会社を買収して会社を大きくしていった。そして、業界屈指の投資銀行シェアソン・レーブ・ローズを創り上げたのである。1979年のニューヨークタイムズ紙によると、同社は、メリルリンチに次ぐ第2位の規模にあったと報道されている。そしてこの投資銀行シェアソンに、ダイモン氏の父親が勤務し、家族ぐるみで仲が良かったことが、若かりしダイモン氏を補佐役として重用するきっかけになった。

ワイル氏は、自分の証券会社が大きく成長すると、莫大な顧客基盤を持つアメリカン・エキスプレス社との合併が魅力的と考えた。アメリカン・エキスプレス社は、富裕層の顧客を多く持つ歴史のある優良企業で、財務基盤の安定性をもたらしてくれるほか、莫大な顧客基盤を新規開拓に利用できると考えたのである。

そして1981年、同氏は、投資銀行シェアソンを、アメリカン・エキスプレス社に約10億ドルで売却した。

ワイル氏は、買収されたシェアソンのCEOを続けた後、1983年にアメリカン・エキスプレス社の社長になった。しかし同氏に対し、満足のゆく十分な権限を与えられなかったことから、1985年に辞任する。1982年にアメリカン・エキスプレス社に入社したダイモン氏も、ワイル氏と行動を共にするため辞任した。

ワイル氏は、アメリカン・エキスプレス社を離れた後、当時業績が悪化していたバンク・オブ・アメリカの経営権獲得を試みるが、失敗する。

仕事がない約1年間を過ごした後、ある日、問題を抱えていた消費者金融会社コマーシャル・クレジットの財務担当役員から電話を貰い、同社買収を決断する。そしてアメリカン・エキスプレス社から役員を引き抜き、IPOに成功したのである。

さらに1989年には、プライメリカを買収した。当時プライメリカは、保険・消費者金融を含む幅広い金融ビジネスを行っており、傘下に投資銀行スミス・バーニーを有していた。

1993年には、保険会社トラベラーズ・インシュアランスと合併し、トラベラーズ・グループを作った。当時トラベラーズ・インシュアランスは、不動産投資に失敗し、米国南部を襲ったハリケーン・アンドリューの影響から、多額の損失を被っていたのである。

勢いに乗ったワイル氏は、同年、以前アメリカン・エキスプレス社に売却した投資銀行、シェアソンのリテール業務と資産運用業務を買い戻した。このとき、シェアソンは、リーマン・ブラザーズと合併しており、シェアソン・リーマン・ハットンになっていた。

しかし、ワイル氏は、当時売買リスクを抱えていたリーマン・ブラザーズの引き取りを拒否し、シェアソンをリーマン・ブラザーズから分離して、買収することに拘った。後に彼は、その後のリーマン・ブラザーズの成長ぶりを考えると（最終的には破綻してしまったが）、一緒に買収しなかったことは間違いであったと書いている。

1997年には、ウォーレン・バフェットの仲介によって、債券市場に強みを有するものの、当時経営難に陥っていた投資銀行ソロモン・ブラザーズを買収した。これにより、ソロモン・スミス・バーニーを傘下に持つ金融複合企業体グループになった。

ワイル氏の手によって、トラベラーズ・グループは、消費者金融・保険・証券業務・資産運用を行う総合金融機関グループとして業界トップの仲間入りを果たし、約200年近くもの歴史があるシティコープと、ほぼ同じ時価総額にまで急成長した。

《シティコープ》

シティコープは、前身が１８１２年設立のシティバンク・オブ・ニューヨークに遡り、１８９５年に全米最大の銀行に、１９２９年には世界最大の商業銀行になっていた。その後、何度か名称が変更されたものの、１９７４年に持株会社をシティコープ、１９７６年に銀行をシティバンク・エヌ・エイとした。

シティコープは、長らく全米で総資産額トップの座にあったものの、１９９６年にライバルのチェース・マンハッタン・コーポレーションが誕生したことにより、その座を奪われた。また、官僚主義的な社風によって、経営効率が悪くなる弊害に苦しんでいたという。当時のシティコープは、カード事業に加え、外為やデリバティブ業務に強く、幅広いグローバル展開によって約１００か国以上に営業拠点があり、多国籍企業との結びつきが強かった。

ワイル氏は、国内事業中心のトラベラーズ・グループが、よりグローバルに事業を展開するために、さらなる合併が必要と考えていた。

当初、合併相手を模索するなかで、シティコープではなく、ＪＰモルガンに合併を提案しに行った。しかし条件が合わず、ＪＰモルガンの取締役会で否決される。

その後、ワイル氏は、交渉ターゲットをシティコープに変更する。

そして当初、誰もが不可能と思ったシティコープとの合併交渉を成功させたのである。同氏が、シティコープのジョン・リードCEOと25年来の知り合いであったことも奏功した。

シティコープとトラベラーズ・グループが合併する際、大きな障害になったのは、銀行と保険会社の一体化を禁じていたグラス・スティーガル法であった。当時、オランダのING（保険事業を含む総合金融機関）が米銀を買収した際に、法律の改正を試みたものの成功せず、銀行か保険かの二者択一を迫られた経緯があった。

この件についてワイル氏は、長年の知り合いだった当時のFRB議長グリーンスパン氏から、JPモルガンとの合併を検討した際、「5年以内に法的な救済方法をみつければ良い」との返事を得ていたと書いている。またシティグループは、合併翌年から元財務長官ロバート・ルービン氏を経営執行委員会会長に迎えていた。

世界経済に目を向ければ、シティグループが誕生した1998年は、前年に発生したアジア通貨危機が飛び火し、8月のロシア危機、そして、米国の大手ヘッジファンドLTCMが破綻の危機に見舞われて救済された年でもあった。この一連の危機によってトラベラーズ・グループ傘下のソロモン・スミス・バーニーは、約10億ドルの損失を出し、株価も大暴落した。

このような苦境に見舞われたものの同年9月、FRBが合併を正式に承認し、10月に合併を完了させている。翌1999年、グラム・リーチ・ブライリー法成立によって、銀行・証券・保険会社間の合併が許可され、同合併が合法化されたことはよく知られている。

合併後の社名は、シティコープから「シティ」を、トラベラーズ・グループから「グループ」と「赤い傘」のロゴを採用した。「赤い傘」は、あらゆる顧客のニーズに応じられるような、多角的なサービスを提供するグループを象徴していた（同ロゴは、2007年に売却）。

ワイル氏とリード氏は、1998年に誕生したシティグループの共同CEOに就任した。リード氏は2000年4月に退任し、ワイル氏は2003年10月までトップを続けた。

シティグループは、2000年代を通じて、買収による拡張を続けた。

2000年には、米国最大の消費者金融会社で、日本でもアイクなどの大きな拠点を有していたアソシエイツ・ファースト・キャピタルを買収（約311億ドル）した。

2001年には、ABNアムロ銀行の傘下にあり、米国ロングアイランドを拠点とするヨーロピアン・アメリカン銀行（約16億ドル）を、さらにメキシコのバナメックス（約125億ドル）を買収した。シティグループは、バナメックス買収によって、僅か数年間のうちにメキシコでの収入を倍増させることに成功している。

2002年2月、アルゼンチン危機によりシティグループは、約20億ドルを超える特別損失を計上した。しかし、通年の業績においては、黒字幅が倍増するなど好調に推移し、同年カリフォルニア州の貯蓄貸付組合（S&L）カリフォルニア・フェデラル銀行の親会社、ゴールデン・ステート・バンコープを買収（約58億ドル）した。同買収によってシティグループは、カリフォルニア州を中心に新たに352支店を獲得し、同州においてそれまで約1・6%だった預金シェアを約6%へ引き上げた。

他方、2001年9月に起きた同時多発テロによって、トラベラーズ・グループ傘下にあった保険事業の成長性が乏しいと判断し、子会社として分離した後、売却した。その売却資金は、ゴールデン・ステート・バンコープの買収資金に一部充当された。

シティグループ（2）
金融危機後の資産売却によりトップの座を喪失

2003年、70歳になったワイル氏は退任し、後任の新CEOにチャールズ・プリンス氏を就任させた。

プリンス氏は、弁護士としてUSスチールで働いた後、ワイル氏がアメリカン・エキスプレス社退職後に買収した消費者金融会社コマーシャル・クレジットに勤務していた。

シティグループが、傘下のソロモン・スミス・バーニーに在籍する著名な証券アナリストによる利益相反問題を巡り、捜査を受けた際、司法当局に対処したプリンス氏の手腕を、ワイル氏が高く評価していた。

利益相反問題とは、セルサイド・アナリストが、案件を獲得するため、一部顧客企業に対して不当に高い投資評価を書いていたとされる問題である。この事件によりシティグループは投資銀行部門と株式調査部門を分離させている。

プリンス新CEOは、就任直後からエンロン問題、ワールドコム問題、アナリストの利益相反問題の対応に追われた。そして、金融監督当局から、会社のコンプライアンスやガバナンスをきちんと整備するまで、買収による拡大をしないよう釘を刺されていた。プリンス氏自身も、買収に依存するのではなく、自力での収益拡大を目指すとした。

しかし結果的には、住宅ローン担保証券の組成、CDOなどの販売に深く関わり、サブプライム危機の原因を作った中心的な金融機関のひとつになってしまう。特に、元財務長官であるルービン氏が、1999年から長年にわたり、シティグループの経営執行委員会会長職に就いていたにもかかわらず、リスクを見抜けなかったことが批判された。

2007年11月、シティグループは、サブプライム関連資産の評価損により赤字に転落し、プリンスCEOが引責辞任に追い込まれたのは、前章に記載の通りである。

２００７年12月、金融危機のさなか、新ＣＥＯにヴィクラム・パンディット氏が就任した。インド生まれの同氏は、モルガン・スタンレーに入社し、電子取引やプライム・ブローカレッジ業務を率い、部門ＣＯＯ職に昇りつめた。しかし、モルガン・スタンレーを退職して作ったヘッジファンドを、シティグループへ売却したことをきっかけに、同社経営陣に加わった。

第３章でみた通り、シティグループは、サブプライム危機により世界最大といわれる損失額を被り、一時、政府による巨額の救済措置を受けた。しかし新ＣＥＯに抜擢されたパンディット氏の下で、２００９年12月に約２０５億ドルの資金調達を行い、公的資金を返済して早期に政府支援から脱却した。

そして経営の立て直しを図るため、２００９年1月に組織を２分割し、大規模な事業再編を行った。「シティコープ」には、リテール業務や投資銀行業務を含む中核事業を置いた。他方、「シティ・ホールディングス」には、不良資産や、不採算・非中核事業を集中させ、売却していった。

消費者金融業務や個人向け証券業務も売却対象となり、スミス・バーニー（証券アナリストによる利益相反問題後、ソロモンの名前が剥落）は、段階的にモルガン・スタンレーへ売却された。

シティグループが、傘下のソロモン・スミス・バーニーに在籍する著名な証券アナリストによる利益相反問題を巡り、捜査を受けた際、司法当局に対処したプリンス氏の手腕を、ワイルル氏が高く評価していた。

利益相反問題とは、セルサイド・アナリストが、案件を獲得するため、一部顧客企業について不当に高い投資評価を書いていたとされる問題である。この事件によりシティグループは、投資銀行部門と株式調査部門を分離させている。

プリンス新CEOは、就任直後からエンロン問題、ワールドコム問題、アナリストの利益相反問題の対応に追われた。そして、金融監督当局から、会社のコンプライアンスやガバナンスをきちんと整備するまで、買収による拡大をしないよう釘を刺されていた。プリンス氏自身も、買収に依存するのではなく、自力での収益拡大を目指すとした。

しかし結果的には、住宅ローン担保証券の組成、CDOなどの販売に深く関わり、サブプライム危機の原因を作った中心的な金融機関のひとつになってしまう。特に、元財務長官であるルービン氏が、1999年から長年にわたり、シティグループの経営執行委員会会長職に就いていたにもかかわらず、リスクを見抜けなかったことが批判された。

2007年11月、シティグループは、サブプライム関連資産の評価損により赤字に転落し、プリンスCEOが引責辞任に追い込まれたのは、前章に記載の通りである。

2007年12月、金融危機のさなか、新CEOにヴィクラム・パンディット氏が就任した。インド生まれの同氏は、モルガン・スタンレーに入社し、電子取引やプライム・ブローカレッジ業務を率い、部門COO職に昇りつめた。しかし、モルガン・スタンレーを退職して作ったヘッジファンドを、シティグループへ売却したことをきっかけに、同社経営陣に加わった。

第3章でみた通り、シティグループは、サブプライム危機により世界最大といわれる損失額を被り、一時、政府による巨額の救済措置を受けた。しかし新CEOに抜擢されたパンディット氏の下で、2009年12月に約205億ドルの資金調達を行い、公的資金を返済して早期に政府支援から脱却した。

そして経営の立て直しを図るため、2009年1月に組織を2分割し、大規模な事業再編を行った。「シティコープ」には、リテール業務や投資銀行業務を含む中核事業を置いた。他方、「シティ・ホールディングス」には、不良資産や、不採算・非中核事業を集中させ、売却していった。

消費者金融業務や個人向け証券業務も売却対象となり、スミス・バーニー（証券アナリストによる利益相反問題後、ソロモンの名前が剥落）は、段階的にモルガン・スタンレーへ売却された。

しかし、2012年10月、パンディット氏は、辞任に追い込まれた。金融危機後の経営悪化から、金融監督当局から自社株買いや増配計画を拒否されたこと、モルガン・スタンレーへ売却したスミス・バーニーの株式評価損を計上したこと、同氏への高い報酬などが火種となった。

後任の新CEOには、アメリカ人のマイケル・コルバット氏が就任した。

コルバット氏は、ハーバード大学を卒業後、ソロモン・ブラザーズに入社し、シティグループの欧州・中東・アフリカ部門を率いてきた生え抜きで、ワイル氏も同氏就任を支持した。大学時代は、アメリカンフットボールの有力選手でもあった。

不良資産や売却対象事業を一時的にプールした「シティ・ホールディングス」には、ピーク時約8000億ドルもの資産があったものの、2016年にすべての売却が完了し、残存資産が総資産額の僅か3%以下になったことから廃止され、グループ本体へと組み込まれた。

これに伴い「シティコープ」も、シティグループに一体化されている。

最終的にトラベラーズ・グループの傘下にあった事業のほとんどがなくなった。

このような事業再編の影響もあり、シティグループの総資産額は、2007年の約2・2兆ドルから2015年の約1・7兆ドルへと減少したものの、2018年に約1・9兆ドルへ回復してきている。

図表4-11　シティグループ：業績

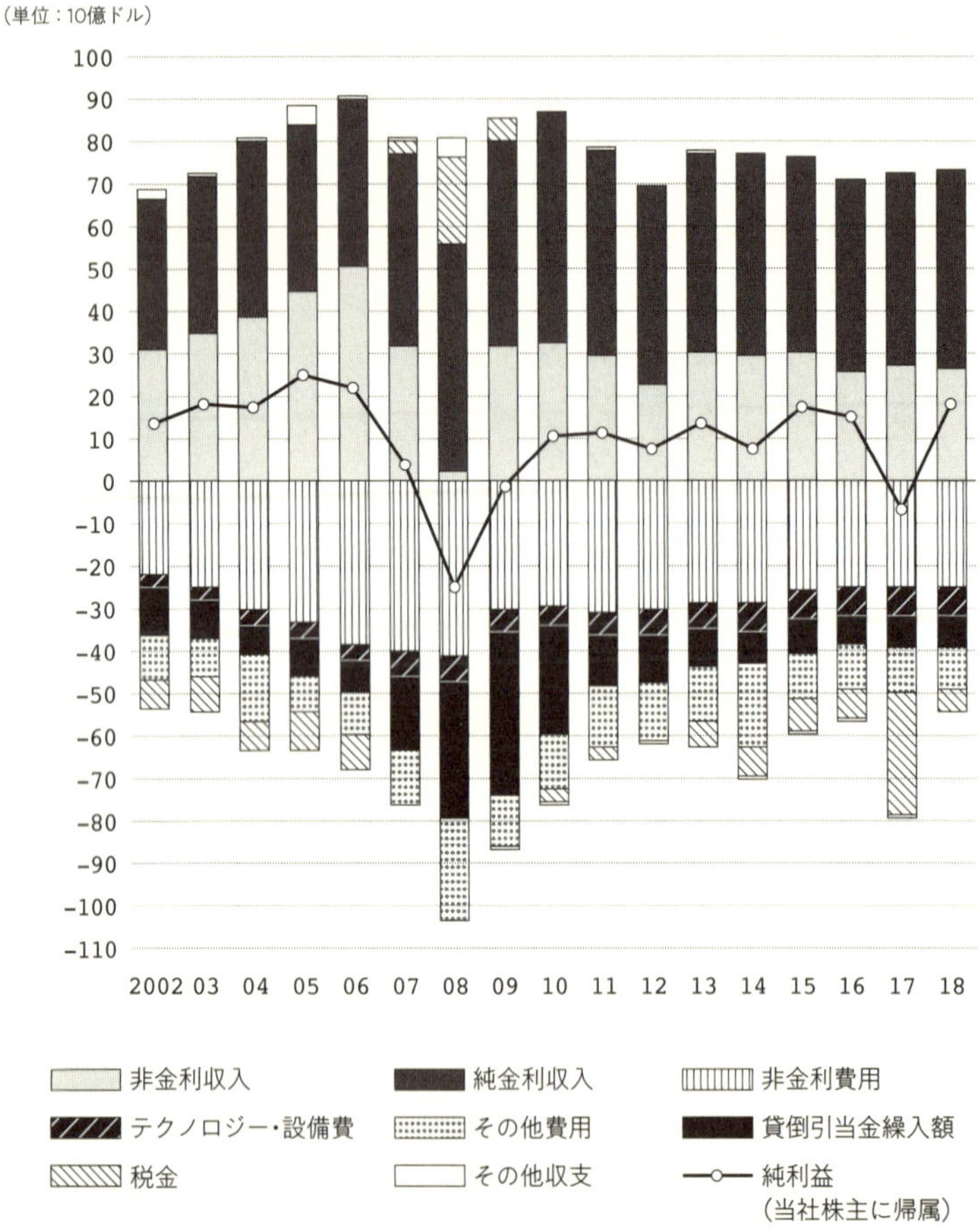

（出所）シティグループの決算資料より作成

図表4-12　シティグループ：セグメント別純利益

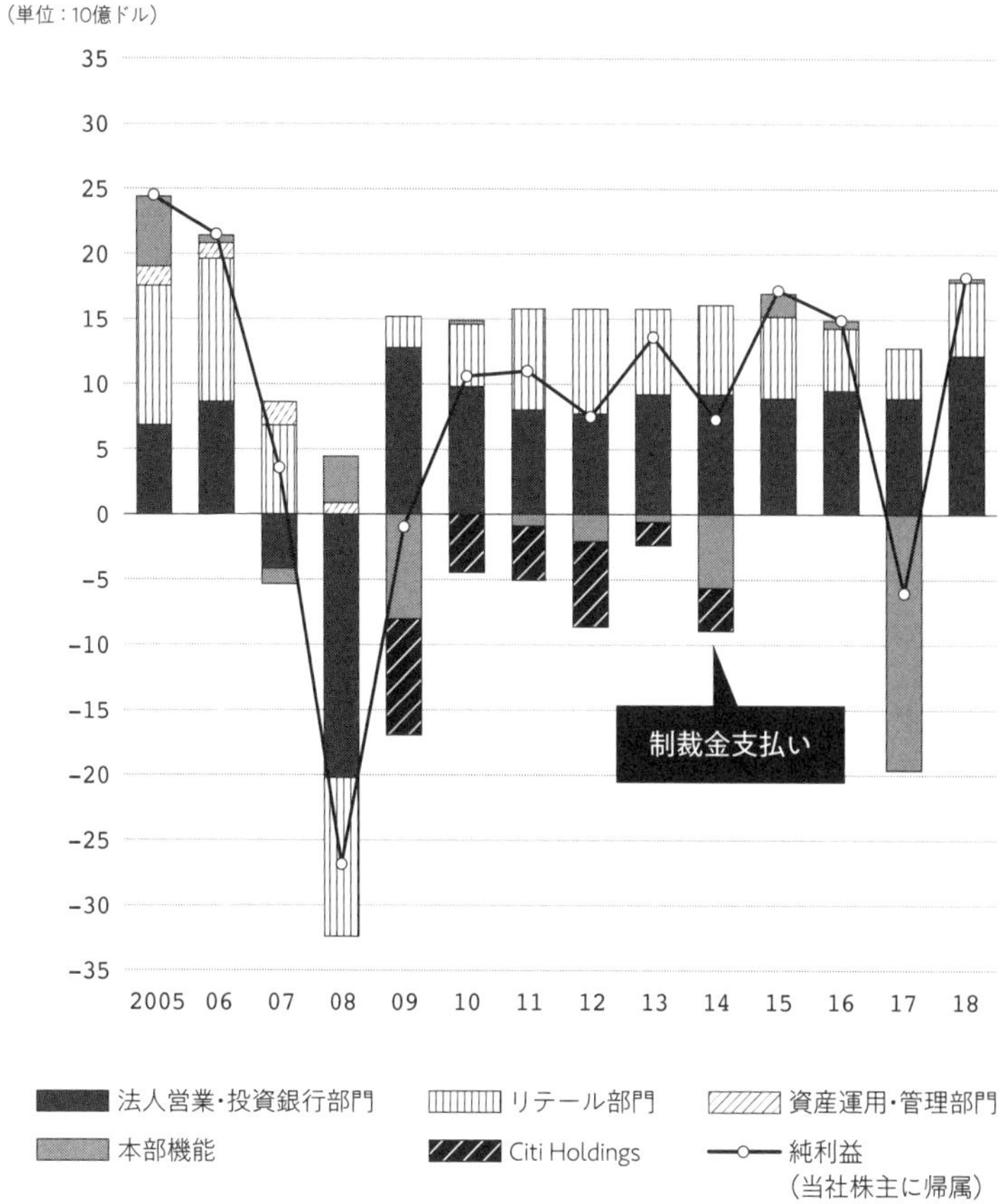

(出所)シティグループの決算資料より作成
※純利益(当社株主に帰属)ベースの為、積み上げ棒グラフ合計と若干異なる点に留意

シティグループ（3）

2018年金融危機以降の最高益に

シティグループの純利益は、2014年、米司法省による、金融危機時を引き起こした住宅ローン担保証券の販売責任に絡む制裁金の支払い（総額約70億ドル）による影響から、減少した。しかし、それ以外の年は順調に推移している。

2017年は、前年の約150億ドルの黒字に対し、約68億ドルの赤字に転じたものの、これは米国の税制改正の影響を大きく受けたためである。シティグループは、金融危機時の損失額が大きかったため多額の繰延税金資産を計上していたが、税制改正に伴う実効税率の引き下げにより、同資産の取り崩しを迫られた。

2018年には、純利益が約180億ドル（ROE約9・4％）となり、JPモルガン・チェースやバンク・オブ・アメリカとの比較でやや見劣りするものの、金融危機以降で最高益となった。また、経費率も約57％と、四大米銀のなかで最も低く抑えられている。

ウェルズ・ファーゴ（1）
アメリカン・エキスプレスと荷馬車

ウェルズ・ファーゴの本社は、カリフォルニア州サンフランシスコにある。

同社は、もともとグローバル展開に消極的で、金融危機前の総資産額も、その他三大米銀のみならず、投資銀行のゴールドマン・サックスやモルガン・スタンレー、メリルリンチよりも小さかった。しかし、2008年の金融危機の際、自身より大きな資産を持つワコビアを買収することによって規模を倍増させ、四大米銀のひとつへと躍り出た。

2018年は、不正営業事件の影響から、預金預入額で全米第3位、総資産額で全米第4位になった。その他三大米銀と比較して、投資銀行業務はやや控えめであり、リテール業務に強く、支店数は全米トップにある。

ウェルズ・ファーゴは、アメリカン・エキスプレス創設者であるヘンリー・ウェルズとウィリアム・ファーゴによって、1852年にサンフランシスコで設立された。

もともと両氏は、その数年前より荷馬車で貨物を運ぶ宅配業を開始していた。

事業が好調に推移して輸送網が全米に拡大するなか、カリフォルニア州のゴールドラッシュをビジネスチャンスと捉え、金融業に参入したのである。同社は、採掘された金を預かったり、運んだりした。１９０５年には、金融業と宅配業が分割されている。

このような歴史から、同社のアニュアルレポート表紙には、２０１１年まで必ず荷馬車が、シンボルマークとして登場していた。同社の荷馬車は、ハリウッド映画でも活躍したという。

ウェルズ・ファーゴの歴史もまた、合併と買収の繰り返しである。

同社は、１９０５年にネバダ・ナショナルバンク、１９２３年にユニオン・トラスト、１９６０年にアメリカン・トラストと合併した。１９８０年代に、英ミッドランド銀行からクロッカー・ナショナル、また英バークレイズ銀行からバークレイズ・カリフォルニア銀行を買収し、１９９６年にファースト・インターステート・バンコープを買収した。

しかし、１９９８年には、ミネアポリスを拠点に、住宅ローン貸付大手としてノーウエスト銀行を展開するノーウエスト社によって買収された（名称については、歴史のあるウェルズ・ファーゴを残した）。そして２０００年以降も、ナショナルバンク・オブ・アラスカを含め、多くの金融持株会社を買収した。

このような合併と買収の繰り返しによって、その規模を大きくしていったウェルズ・ファーゴは、前述の通り２００８年の金融危機の際、自身の規模より大きいワコビア（本社ノースカロライナ州シャーロット）を、約１２７億ドル投じて買収し、一挙に総資産額を倍増させた。

《ワコビア》

ワコビアは、住宅バブルのピークであった２００６年に、ゴールデン・ウェスト・フィナンシャル社を買収したことが、破綻する原因になった。ゴールデン・ウェスト・フィナンシャル社は、カリフォルニア州やフロリダ州で、サブプライム危機の原因になったオプションＡＲＭの住宅ローンを、専門に扱っていた。

ワコビアの損失額は２００８年以降、拡大し、９月25日のＷａＭｕ破綻直後の翌26日、一日で約57億ドルもの預金が引き出される事態に直面し、投資家も借り換えに応じなくなってしまった。

当初９月29日にシティグループが、連邦預金保険公社（ＦＤＩＣ）による支援を得て、ワコビアの銀行事業を約21億ドルで買収すると提案した。

しかし10月３日、ワコビアの取締役会は、公的資金なしで同社を買収すると提案したウェルズ・ファーゴによる買収案を決定する。東海岸に強いワコビアにとって、同じ東海岸に支店が重複するシティグループよりも、西海岸に強いウェルズ・ファーゴの方が、地域的補完メリットが高かったとみられている。

その後、シティグループは、一連の買収交渉における契約違反を理由に、賠償金を求める訴訟を行い、約１億ドルで和解した。

ウェルズ・ファーゴ（2）
不正営業疑惑が足枷に

２０１８年のウェルズ・ファーゴの純利益（当社株主に帰属）は、約２２４億ドル（ＲＯＥ約11・5％）となり、ここ3年ほぼ横ばいで推移している。ウェルズ・ファーゴは、ワコビア買収によって純金利収入・非金利収入共に約2倍以上増え、サブプライム関連の貸倒引当金繰入額も２００９年をピークに減少した。

しかし、米司法省による金融機関への一連の住宅ローン担保証券の販売責任に絡む制裁金の支払い負担に加えて、不正営業疑惑に絡む制裁金も加わり、非金利費用が増大している。このような影響もあり経費率は、２０１０年約59％から、２０１８年約65％へ上昇した。

不正営業疑惑とは、ウェルズ・ファーゴの従業員の間で、営業実績の水増しが横行していた事件である。

同社従業員たちは、顧客に無断で約１５０万件以上もの銀行口座を開設し、約56万枚超のクレジットカードを発行していた。また自動車ローンにおいては、すでに自動車保険に入っている顧客に対して、保険料を二重に支払わせる事例も広がっていた。この問題は、２０１１年頃から一部で報道されていたが、２０１６年9月に大々的に報じられた。

同社がノーウエスト社に買収された後、長期にわたりコバセビッチCEO体制が続いたが、この頃から従業員に対して厳しいノルマを課す企業文化にあり、不正営業を蔓延させたと批判されている。同社従業員は、手数料収入を増やすため、一人の預金者に対して、クレジットカードなど複数の商品を提供するクロスセリング戦略を取るよう指示されていた。

同不正問題の責任を取って2016年10月、約10年間、同社のトップを務めていたジョン・スタンフCEOは、約4100万ドルの株式報酬を返上して辞任し、関係したとされる従業員約5300人も解雇された。後任の新CEOには、ティム・スローン元社長兼最高執行責任者(COO)が昇格したものの、同氏の経営能力を不安視する報道が相次ぐなか、2019年3月に辞任した。

不正営業疑惑に絡み同社は、2018年4月、約10億ドルの制裁金を支払うこととなり、被害にあった顧客に対して約8000万ドルの返金にも応じることとなった。さらに同社は、金融監督当局から許可を得られるまで、資産額を増やさないよう指示されている。

なお、2018年8月、米司法省による、金融機関への一連の住宅ローン担保証券の販売責任に絡む制裁金の支払い負担額については、約20・9億ドルで合意した。

図表4-13　ウェルズ・ファーゴ：業績

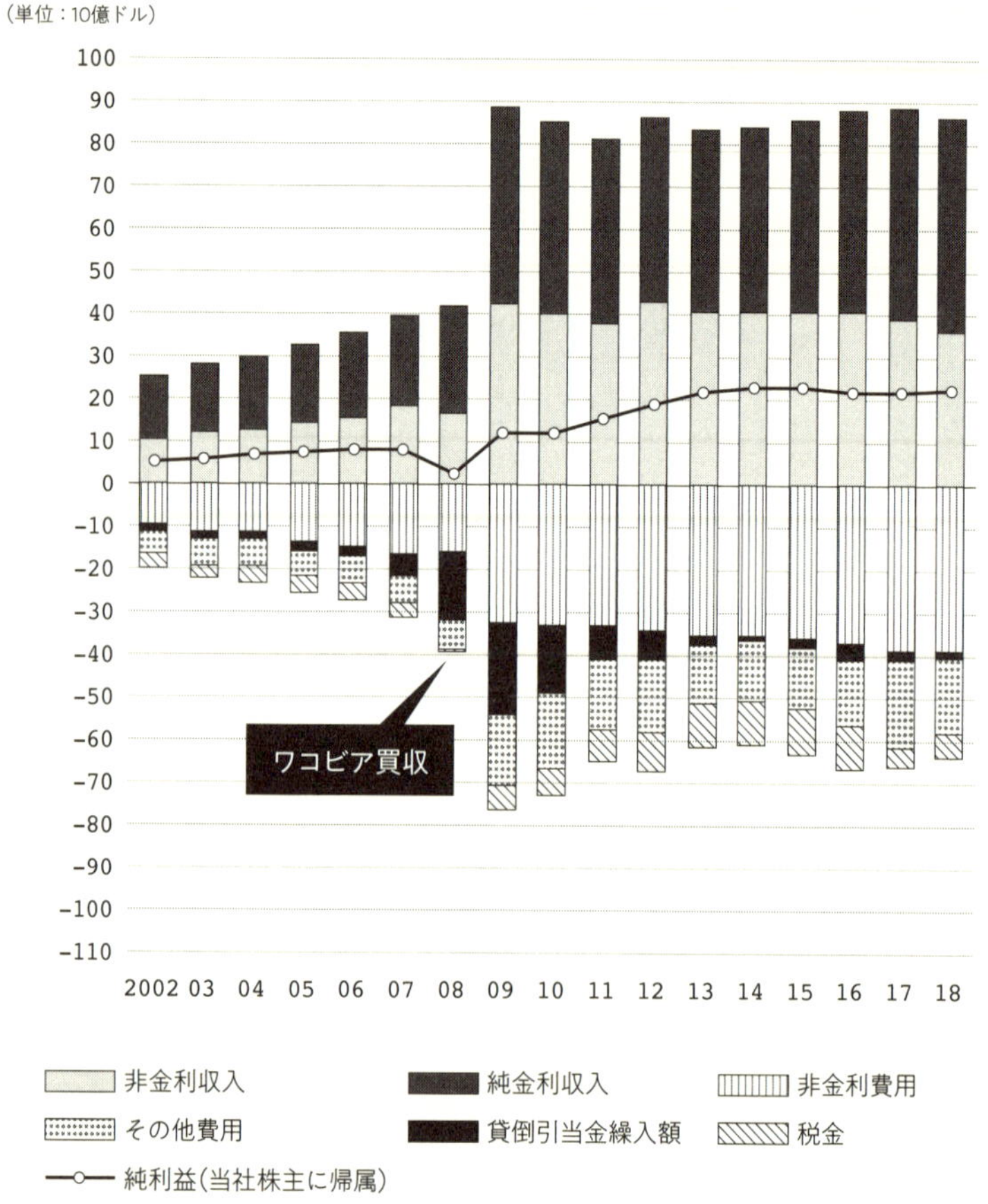

（出所）ウェルズ・ファーゴの決算資料より作成

図表4-14　ウェルズ・ファーゴ：セグメント別純利益

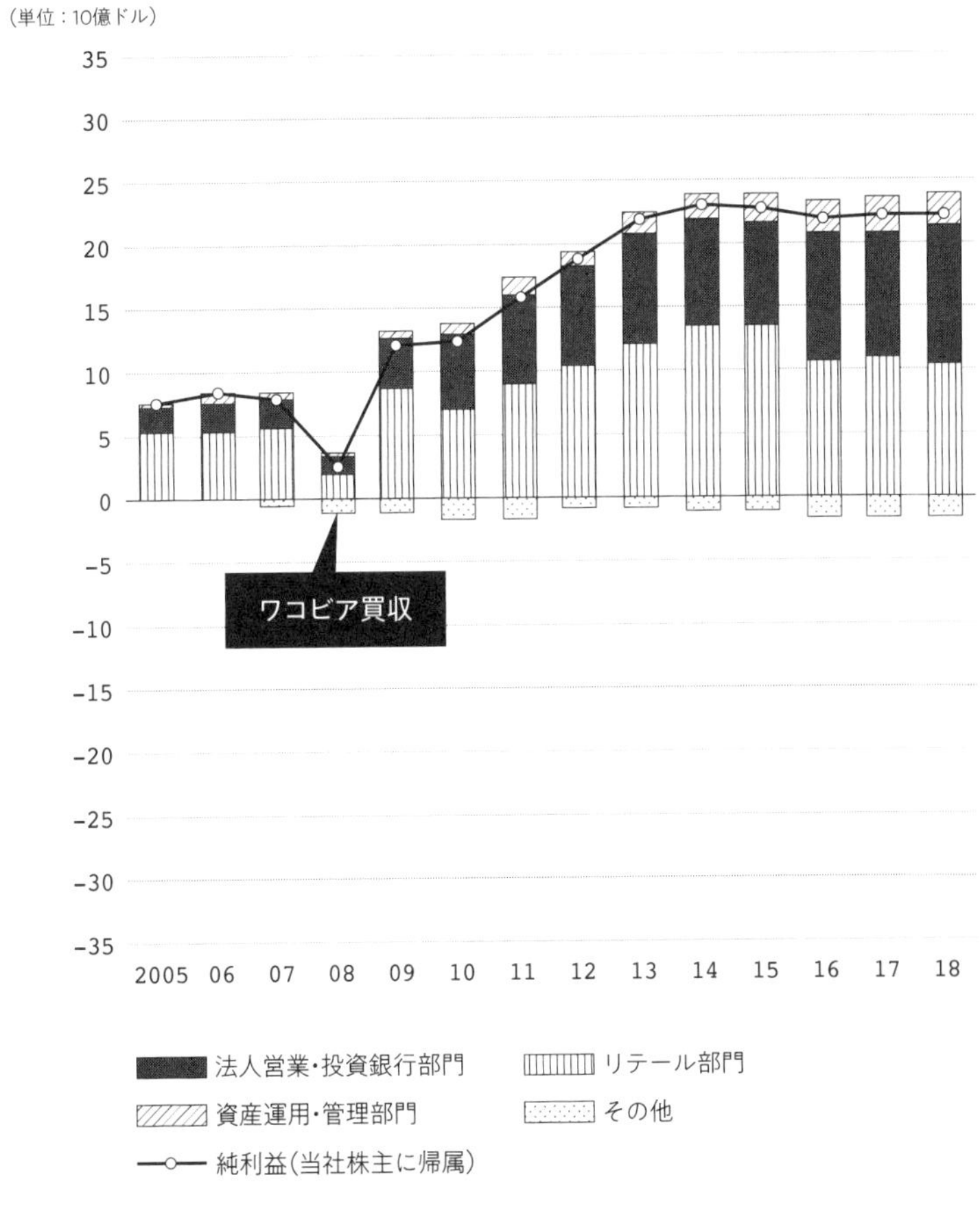

(出所)ウェルズ・ファーゴの決算資料より作成
※純利益(当社株主に帰属)ベースの為、積み上げ棒グラフ合計と若干異なる点に留意

現在のセグメント構成（サブプライム危機の影響）

金融危機後、多くの金融機関は、投資銀行業務や海外事業を縮小させるなど、ビジネスモデルの再構築に直面している。他方で、ＪＰモルガン・チェースやバンク・オブ・アメリカは、セグメント構成を大きく変えることなく、資産規模を拡大させている。

《ＪＰモルガン・チェースのセグメント構成》

ＪＰモルガン・チェースのセグメント構成をみると、危機前と比較して大きな変化はみられず、いずれの部門も純収益を倍増させている。つまり金融危機時に、ベアー・スターンズとＷａＭｕを救済買収したものの、結果的に非常にバランスの良い買収であったと言える。同社のセグメント（本部機能以外）は、左記の通りである（他行との比較のため、左記業務に分類）。

・リテール部門（Consumer & Community Banking）	リテール業務
・投資銀行部門（Corporate & Investment Bank）、 ・商業銀行部門（Commercial Banking）	法人営業・投資銀行業務
・資産運用・管理部門（Asset & Wealth Management）	資産運用・管理業務

２０１８年の純収益の構成比は、リテール業務約47％、法人営業・投資銀行業務併せて約41％、資産運用・管理業務約12％となった。

ベアー・スターンズ買収はトレーディング業務の強化に繋がり、ＷａＭｕ買収はリテール業務の強化に繋がった。同社は、名門と言われる歴史だけでなく、その収益基盤の安定性に加えて、資産規模トップという優位性から、金融危機以降、顧客からの信頼もさらに高まり、ブランド力が強化された。

《バンク・オブ・アメリカのセグメント構成》

バンク・オブ・アメリカは、金融危機前までリテール業務が最大で、純収益の約半分超を占めていた。しかし、メリルリンチ買収によって法人営業・投資銀行業務、さらに資産運用・管理業務からの純収益が増加し、特にウェルス・マネジメント業務が大幅に強化された。同社のセグメント（本部機能以外）は、左記の通りである。

・リテール部門（Consumer Banking）	リテール業務
・グローバルバンキング部門（Global Banking）	法人営業・投資銀行業務
・グローバルマーケット部門（Global Markets）	法人営業・投資銀行業務
・グローバルウェルス・投資マネジメント部門（Global Wealth & Investment Management）	資産運用・管理業務

２０１８年の純収益の構成比は、リテール業務と法人営業・投資銀行業務が、それぞれ約４割を占め、残りを資産運用・管理業務が占めた。なお、資産運用・管理業務については、純収益・純利益共にＪＰモルガン・チェースを上回っている。

《シティグループのセグメント構成》

シティグループは、金融危機下にワコビアを買収できなかっただけでなく、財務内容の悪化により、傘下にあったスミス・バーニーを含む、多くの資産を売却した。現在のセグメント（本部機能以外）は、左記の通りである。

・リテール部門（Global Consumer Banking）	リテール業務
・インスティテューショナル・クライアント部門（Institutional Clients Group）	法人営業・投資銀行業務

金融危機後、スミス・バーニーや海外のリテール事業を売却したことによって、資産運用・管理部門（Global Wealth Management）がなくなり、リテール業務も縮小した。２０１８年の純収益の構成比は、リテール業務が約48％、法人営業・投資銀行業務が約52％を占める。

図表4-15　純収益のセグメントシェア

JPモルガン・チェース

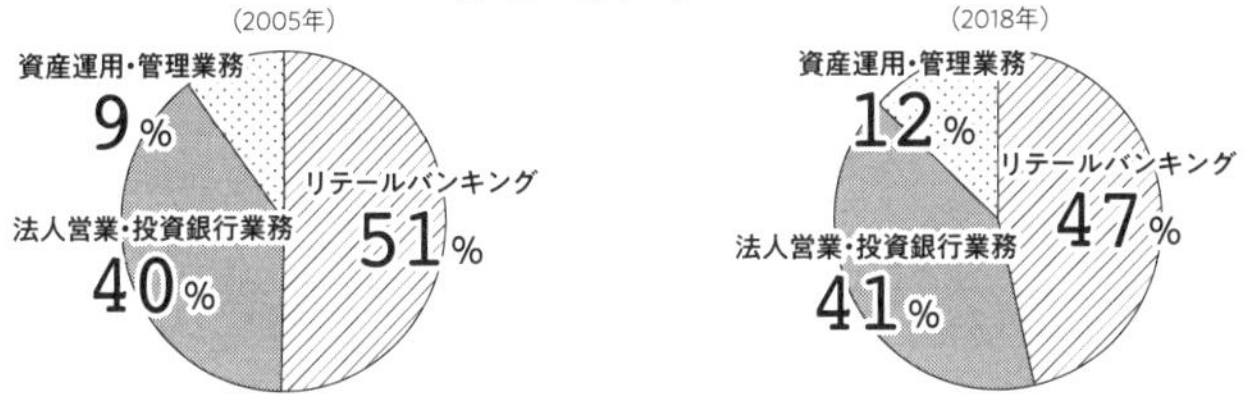

(出所)JPモルガン・チェースの決算資料より作成

バンク・オブ・アメリカ

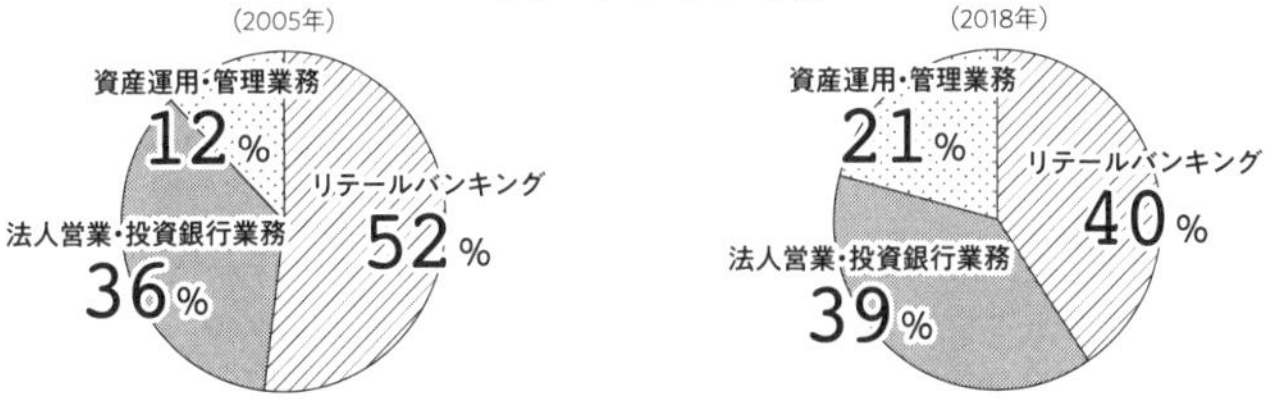

(出所)バンク・オブ・アメリカの決算資料より作成

ウェルズ・ファーゴ

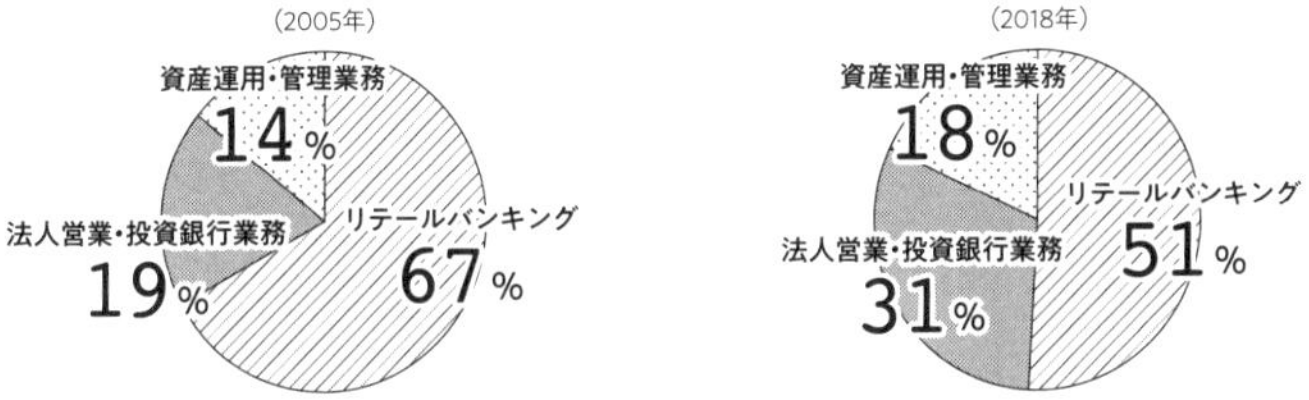

(出所)ウェルズ・ファーゴの決算資料より作成

シティグループ

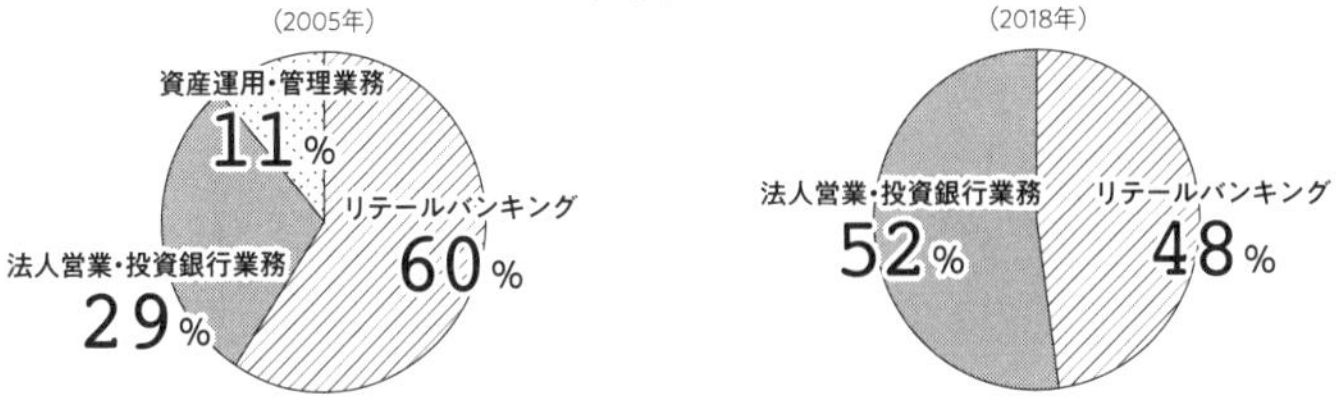

(出所)シティグループの決算資料より作成

※分母＝本部機能・その他を除いた総額ベース

きた。

《ウェルズ・ファーゴのセグメント構成》

ウェルズ・ファーゴは、他3行と比較して、これまで米国市場のリテール業務を主力としてきた。

今後も、自国市場を中心に業務を展開すると思われるが、金融危機時にワコビアを買収したことにより、資産が倍増しただけでなく、法人営業・投資銀行業務の割合も拡大した（一部セグメントの見直しも影響）。

同社のセグメント（本部機能以外）は、左記の通りである。

・リテール部門（Community Banking）	リテール業務
・ホールセールバンキング部門（Wholesale Banking）	法人営業・投資銀行業務
・ウェルス&投資マネジメント部門（Wealth and Investment Management）	資産運用・管理業務

2018年の純収益の構成比は、リテール業務が約51%、法人営業・投資銀行業務が約31%、資産運用・管理業務が約18%となった。

リテール事業（1）

躍進するＪＰモルガン・チェース

米国のリテール事業は、ＪＰモルガン・チェース、ウェルズ・ファーゴ、バンク・オブ・アメリカの3行がしのぎを削っている。

米国国内の支店数（２０１８年末）を比較すると、1位ウェルズ・ファーゴ（５６７２店舗）、2位ＪＰモルガン・チェース（５１４５店舗）、3位バンク・オブ・アメリカ（４３６９店舗）となっている（US Bank Locations　各社発表数値と若干異なる）。これに対してシティグループは、米国の支店数が、僅か７１５店舗である。

いずれの金融機関も、引き続き店舗を通じたサービスの提供が重要としつつも、ネットバンキングが普及するなかで、支店数を大きく削減させている。

２０１１年以降、その減少率は、シティグループが約32％、バンク・オブ・アメリカが約24％、ウェルズ・ファーゴが約11％、ＪＰモルガン・チェースが約8％となっている。特に、これまでリテール事業で絶大な強みを有してきたウェルズ・ファーゴは、一連の不正営業問題によって、金融監督当局から当面の資産拡大を禁じられているが、店舗数を２０２０年までに約

5000へ減らすとしている。

JPモルガン・チェースにおいては、単に店舗数を減らすだけでなく、積極的な出店地域の変更も行っている。たとえば、同社のリテール部門の融資残高は、カリフォルニア州にやや偏在（住宅ローンの約3割）している。このため、今後5年かけてボストン、フィラデルフィア、ワシントンDCなどの東海岸や、支店数が手薄な州において、新たに計約400店舗を増やす計画としている。

JPモルガン・チェースのリテール部門は、同社収益の約半分を支えている。2018年の純収益は、約521億ドルとなり、対前年比で約12%増加した。

融資残高でみれば住宅ローンのシェアが高いものの、収益面でみればカード事業が高い。同社は、2000年にチェース・マンハッタン、2004年にバンク・ワンというカード事業に強い両行と統合したことにより、米国でアメリカン・エキスプレスに次ぐ大手のクレジットカード発行会社になった。

チェース銀行が発行する「サファイア・リザーブ・カード」は、特典が充実していることから売り上げが好調である。JPモルガン・チェース・ブランドでも、プライベートバンクの富裕層向けに、招待制の「JPモルガン・パラジウムカード」を発行している。カードの材質にレアメタルのパラジウムや23金を使用し、名前がレーザー彫刻されている豪華さで話題になった。

また、アマゾンとも共同で商品開発を行っており、２０１７年1月、アマゾンのプライム会員限定に最大還元率５％のカード（Amazon Prime Rewards Visa Signature Card）を発行すると発表した。レストランやガソリンスタンド、ドラッグストアは２％、その他の買い物は１％が還元される。

カード事業は、シティグループも強く、ここ数年、両行間で激しいシェア争いが繰り広げられており、共にグループの中核ビジネスになっている。

カード事業については、多額の手数料収入が見込めるとして、ゴールドマン・サックスも新規に乗り出しているほか、ウェルズ・ファーゴも強化している。ただし、２０１７年下半期には、積極的なカードローン業務を行ってきたＪＰモルガン・チェースとシティグループにおいて、同事業の貸倒引当金が増加したことから、一時、事業の採算性への不安から株価が下落する場面もあった。

バンク・オブ・アメリカのリテール部門は、金融危機の影響から２０１２年まで赤字が続いたが、２０１３年以降、回復してきている。

カントリーワイド買収によって抱え込んだ住宅ローン関連の不良資産は、ほぼ解消された。なお、ホームエクィティローンについては、不良資産の比率が高めであったが、融資残高を減らす調整をしている。2018年の同社リテール部門は、預金預入残高の増加、好調なカード事業を背景に、純収益が約375億ドルとなり、対前年比で約9％増加した。

シティグループのリテール部門は、純収益・純利益共に約6割を北米地域が占め、アジア地域が約2割超、残りを中南米地域（メキシコのシティ・バナメックスなど）が占めている。米国内においては、ニューヨーク・シカゴ・マイアミ・ワシントンDC・ロサンゼルス・サンフランシスコなどの大都市中心に展開している。また利益の大きいアジア拠点は、香港・シンガポール・インド・オーストラリア・韓国になっている。

2018年の純収益は約338億ドルとなり、対前年比で約3％増加した。先に述べた通り同社においても、カード事業からの収益が極めて高いのが特徴である。なお、2016年に大型会員制スーパーのコストコとクレジットカード事業で提携し、2017年10月にヒルトン・オーナーズ・カードをアメリカン・エキスプレスへ売却した。

リテール事業（2）
コスト削減の鍵を握るフィンテック

各行いずれも、支店数を拡大させていく戦略を見直し、フィンテックを活用したリテール事業の強化・効率化を目指すビジネスモデルへの転換を図っている。

約30行の金融機関連合（バンク・オブ・アメリカ、ＪＰモルガン・チェース、ウェルズ・ファーゴ、キャピタル・ワン、シティバンクなど）は、ベンチャー企業ゼル（Zelle、２０１１年設立のclearXchangeが前身）に共同出資し、個人間のモバイル送金サービスを提供している。

ゼルは、銀行口座を保有する顧客を対象に、加盟銀行間での送金を無料にしている（クレジットカード利用については手数料3％）。送金相手の電話番号か、メールアドレスさえあれば取引が可能で、リアルタイムで入金確認もできる。同社以外にも米国では、ペイパルのＶｅｎｍｏやアップルペイが、個人間のモバイル送金アプリを提供している。

ゼルは、銀行のモバイルバンキングアプリ内での利用に加えて、２０１７年に単独アプリもリリースした。金融機関のモバイルバンキング利用者数が年々増加するなか、ゼルは、モバイルの手軽さと大手金融機関の保証がつくことにより拡大が見込まれている。

フィンテックへの対応をJPモルガン・チェースの例でみると、2018年2月に発表された経営計画において「すべてのデジタル化（Digital everything）」「あらゆる場所での支払い（Payments everywhere）」を目標に掲げている。

2018年3月には、アマゾンなどと共同で、銀行口座を持たなくても、買い物の決済ができるネット決済専用の預金口座サービスを、検討していると報じられている。アマゾンは、クレジットカードを持たない層への顧客拡大や、同社のクレジットカード手数料軽減、顧客の支出行動をデータ化して活用したいと考えているとされる。またJPモルガン・チェースは、アマゾンの人工知能端末アレクサ搭載スピーカーを活用し、さまざまな情報を配信するサービスも提供している。

それ以外にもJPモルガン・チェースは、アップルペイに対抗し、2016年からチェースペイを導入した。チェースペイは、アップルペイと異なりNFC（近距離無線通信技術）に対応しておらず、代わりにスマートフォンに表示されるQRコードを店舗側でスキャンして利用する。また2017年3月には、米国の小売大手が共同で作ったモバイル決済の合弁会社マーチャント・カスタマー・エクスチェンジ社（MCX）を買収した。さらに、同年10月に若者向けにチェース銀行のサービスと家計簿管理ソフトが連携した独自のフィン（Finn）というアプリを導入したものの、現在はチェース・モバイルに一本化されている。

同社は、積極的にモバイルアプリを導入してはいるものの、シェアを取れないサービスからの撤退も早く、主導的地位を取れるサービスのみに絞っていく方向とみられる。

法人営業・投資銀行業務で強みを有するＪＰモルガン・チェース

多くの金融機関は、サブプライム危機後、トレーディング業務を縮小させた。

これは、すでに述べた通り証券化商品の取り扱いや自己勘定取引などを含め、金融規制が大幅に強化されたことに加えて、歴史的な超低金利政策下において、債券市場のボラティリティの低さがなかなか解消されないことも背景になっている。

米国においても２０１５年7月より、銀行の市場取引を規制するボルカー・ルールが全面適用されている。これによって、預金保険の対象となる金融機関は、自己勘定で、当事者としてリスクを取って金融商品（有価証券、デリバティブ、商品先物など）を購入・売却して運用することが規制された。特に、金融機関による保有期間が60日未満の売買については、短期売買目的でないという十分な証明がない限り、規制の対象になっている（なお、投資家のリスク回避を目的としたマーケットメイク、ヘッジ取引、外為、国債や政府機関債、地方債などは規制対象外）。

しかし、ＪＰモルガン・チェースの収益動向をみると、金融危機前と比較して、トレーディング業務収益が増加しており、法人営業・投資銀行業務全体でみても拡大している。

同社は、もともと上流・エリートのための超一流金融機関ＪＰモルガンの血筋に加えて、産業界と親密な関係にあるロックフェラー系チェース・マンハッタンの血筋、さらに、買収したハンブレクト＆クイストなどを傘下に持つことから、法人営業・投資銀行業務で高い競争力を有し、オールラウンドなサービスを提供できる実力を持っている。

そして、ここ数年の順調な収益拡大の背景には、①ベアー・スターンズ買収も一助となり、トレーディング業務収益を拡大させられた点、②高いフィンテック技術、③投資銀行業務と商業銀行業務との間で顧客を共有し、積極的なクロス・セル・サービスを提供していること、④業界トップの地位にあるという信頼性・ブランド力などが挙げられる。

このような強みを生かし、同社の法人営業・投資銀行業務は、業界をリードしている。

２０１８年の法人営業・投資銀行業務の純収益は、ＪＰモルガン・チェースの約４５５億ドルに対し、シティグループが約３７０億ドル、バンク・オブ・アメリカが約３５７億ドルであり、大きく突出している。

ＪＰモルガン・チェースの投資銀行部門を、さらに細かくみていく。

同社の投資銀行部門収益の約半分超を、債券や株式などのトレーディング業務が占めている。これらトレーディング業務では、投資家のニーズに合わせ、主に金融商品やコモディティのマーケットメイク（値付け取引）を行っている。

同社は、ベアー・スターンズ買収によって、２００８年から本格的にプライム・ブローカレッジ業務を発足させた。特に欧州で業務を拡大させており、債券トレーディングにおいてシティグループと、株式トレーディングにおいてゴールドマン・サックスやモルガン・スタンレーと、トップを競っている。同社は、金融機関の間で競争が激しくなるなか、今後、アジアでのマーケットシェア引き上げを目指すとしている。

なお、ベアー・スターンズ買収については、トレーディング業務収益拡大にプラスとなった反面、金融危機に関連して多額の制裁金を課されたことから、結果的に買収コストが極めて高かったことをつけ加えなければならない。ダイモンＣＥＯは、先の金融危機のときのように再びベアー・スターンズを買収しなければならないことになっても、株主の同意を得られないだろうと述べている。

ここ数年、銀行業務のＡＩ化が急速に進んでおり、特にトレーディング業務が次々とＡＩに置き換わっている。

２０１８年5月に発表されたユーロマネー誌による調査では、ＪＰモルガン・チェースが、ここ数年トップをキープしてきたシティグループを抜き、外為取引で1位になった。同誌によると、外為取引のマーケットシェアは、1位のＪＰモルガン・チェースが約12％、2位のＵＢＳが約８％、3位の英国ＸＴＸマーケッツ社が約７％だった。

ＸＴＸマーケッツは、プログラマと数学者が作った小さなコンピュータートレーディングの会社で、生身のトレーダーがいないという。設立わずか2年で、外為取引ランキングで大手金融機関を抜き、世界で五指に入る有力プレーヤーとして急浮上し、一躍有名になった。

ＪＰモルガン・チェースも、積極的なデジタル&モバイル・トレーディング投資を進めており、直物為替取引の名目出来高の約９割以上、フォワード取引で約８割前後を電子取引が占めていると報道されている。同社は、外為及びコモディティ・トレーディング業務において、顔認証でログインする「エクセキュート」というプラットフォームを導入しており、高い評価を受けている。今後さらに同社は、モバイル・トレーディングへのニーズが増えると予想している。

ＪＰモルガン・チェースの投資銀行部門において、トレーディング業務の次に大きいのは、引受業務・アドバイザリー業務収益で、同部門収益の約2割を占める。その内訳で最も大きいのが債券引受業務で、次にM&Aアドバイザリー業務、残りが株式引受業務となっている。

引受業務におけるJPモルガン・チェースの米国におけるマーケットシェアは、2018年、債券が約11%、株式が約12%あり、共にトップになった。

ここ数年、ドル建て高格付け債の発行額は、超低金利政策下、利回りを求める投資家によって需要が増大している。米AT&T（約225億ドル）やアマゾン（約160億ドル、高級スーパーのホールフーズ・マーケット買収費用約137億ドルに充当）などの大型起債が相次ぎ、JPモルガン・チェースは、ジョイント・ブックランナーを務めた（アマゾンによるホールフーズ・マーケット買収のM&Aアドバイザリーはゴールドマン・サックス）。

M&Aアドバイザリー業務におけるJPモルガン・チェースのマーケットシェア（グローバル）は、2018年に約9%で、圧倒的な競争力を有するゴールドマン・サックスに次ぎ、業界第2位となっている。

M&A取引ボリュームは、2018年、メガディールが相次いだこともあり4兆ドルを超え、史上3番目の規模となった。低い資金調達コストに加えて、米国の税制改正の影響から海外に滞留していた資金が還流している。同社は、ブロードコムによるCAテクノロジーズ買収、ブラックストーンによるトムソン・ロイターのファイナンシャル・リスク部門買収などのアドバイザリーのほか、武田薬品工業によるアイルランドの製薬大手シャイアー買収において、武田薬品側のアドバイザリーの1社として、買収の資金調達面もサポートした。

次にトレジャリー業務は、投資銀行部門収益の約1割超を占める。トレジャリー業務では、企業のグローバルなキャッシュ・マネジメントシステム、外為、送金決済などを支える包括的な金融ソリューションを提供している。北米におけるトレジャリー業務収益の約4割は、商業銀行部門からの顧客であり、グループメリットを最大限に生かしている。

証券サービス業務も、投資銀行部門の約1割超を占める。

JPモルガン・チェースは、バンク・オブ・ニューヨーク・メロン、ステート・ストリートと並び、三大グローバル・カストディアンのひとつである。そもそも合併前のチェース・マンハッタンは、当時よりグローバル・カストディ業務で突出していた。

カストディ(資産管理)業務とは、顧客が投資する有価証券について、保管や管理、元利金や配当金の代理受領、議決権行使などを行う包括的な代理人業務である。

2017年1月には、世界最大の資産運用会社米ブラックロックが、手数料の負担軽減のため委託先をステート・ストリートからＪＰモルガン・チェースへ変更し、資産約1兆ドルを同社へ移した。過去最大規模となった同契約により、ＪＰモルガン・チェースは、年間数千万ドルの手数料収入を得られる見込みである。

現在、ＪＰモルガン・チェースは、約23・2兆ドル（２０１８年末）のカストディ資産を管理しているが、より安くサービスを提供できる自動化技術への投資も進めている。

最後に、商業銀行部門の規模は、投資銀行部門と比較して、収益比で約6分の1、純利益比で約3・5分の1となっている。商業銀行部門は、年間の売上高が約20億ドル以下の米国企業・自治体・金融機関・不動産会社が主な顧客である。

同部門の主な収益は貸出業務であり、純金利収入が全体の約7割超を占めている。

法人営業・投資銀行業務：バンク・オブ・アメリカとシティグループ

バンク・オブ・アメリカにおいて、純収益の約4割を占める法人営業・投資銀行業務は、グローバルバンキング部門とグローバルマーケット部門に分けられる。両部門は、ひとつの部門から、２０１２年以降、それぞれの部門に独立した。

法人営業・投資銀行業務収益の約55％を占めるグローバルバンキング部門は、大企業・政府・機関投資家などに対する預金・貸付や為替取引などをサポートするホールセール業務に加えて、証券引受・M&Aアドバイザリー・証券化などを行う投資銀行業務も含まれる。

同部門収益の約半分超は、貸付業務などの純金利収入である。

投資銀行業務においては、債券引受業務に強みを有し、JPモルガン・チェースとトップを競っている。ここ数年、同部門からの収益は、増加している。

法人営業・投資銀行業務収益の約45％を占めるグローバルマーケット部門は、株・債券・金利・為替・コモディティ・デリバティブなど、トレーディングを通じたマーケットメイクやクリアリング業務、リスクマネジメント商品などの提供を行っている。

同部門においては、約6割を債券トレーディングが占めている。ここ数年、同部門からの収益は横ばいになっている。

シティグループの法人営業・投資銀行業務は、インスティテューショナル・クライアント・グループ部門が行っている。

収益の地域構成比は、北米約35％、欧州約32％、アジア約21％で、残り中南米である。業務別では、トレーディング業務と、その他ホールセール業務で、約半々になっている。

トレーディング業務においては、約7割を債券トレーディングが占め、また外為業務にも強みを持ち、JPモルガン・チェースとトップを競っている。

ホールセール業務の主力のひとつには、トレジャリー&貿易金融業務があり、企業のグローバルなキャッシュ・マネジメントシステム・外為・送金決済などを支える金融ソリューションの提供など、広汎な地域を拠点に持つ同社の強みを生かしている。

メリルリンチ買収効果の大きいバンク・オブ・アメリカのウェルス・マネジメント

バンク・オブ・アメリカのウェルス・マネジメントは、メリルリンチ買収によって、主力ビジネスへと成長した。サブプライム危機後、投資銀行業務からウェルス・マネジメント業務へシフトする金融機関が増え、現在ウェルス・マネジメントのライバルとしてよく比較されるのは、モルガン・スタンレーやUBSなどである。同部門においてバンク・オブ・アメリカは、JPモルガン・チェースを上回る。

バンク・オブ・アメリカのグローバルウェルス・投資マネジメント部門（GWIM）は、2

つのビジネスに分けられる。ひとつはメリルリンチ・ウェルス・マネジメント（MLGWM）、もうひとつはUSトラスト・バンク・オブ・アメリカ・プライベート・ウェルスマネジメントである。

GWIMの預かり資産は、メリルリンチ買収によって大きく増加し、メリルリンチ買収前の約9000億ドル超（2008年）から、買収後に約2・2兆ドル（2009年）へ約2倍に拡大した。同時に、メリルリンチに在籍していた約1万5000人のファイナンシャル・アドバイザーも、バンク・オブ・アメリカへ移籍した。

そして、2018年末時点でGWIMの預かり資産は、約2・6兆ドル（内AUM約2・2兆ドル）となっており、その約8割以上を旧メリルリンチのMLGWMが占めている。

MLGWMは、主として25万ドル以上の投資資産を有する顧客を対象に、投資信託などの運用業務を行っているが、25万ドル以下の顧客に対しても「メリル・エッジ」というプラットフォームを通じてサービスを提供している。

「メリル・エッジ」を使えば、バンク・オブ・アメリカの口座から、直接PCやスマホでさまざまな金融商品を購入することができ、運用資産をひとつの画面で管理できるほか、中小企業向け401K（確定拠出年金）にも対応している。質問があれば、電話やメールやチャットなどで、アドバイザーと相談することも可能となっている。

さらに、バンク・オブ・アメリカが作成する株式の調査レポート（ボラティリティ・リターン・配当・テクニカル分析等）を通じて情報が提供され、推奨銘柄・リスク許容度・運用期間などの条件に応じたモデルポートフォリオも提供している。また投資初心者向けには、投資のやり方について学べる情報も提供している。


最低必要預かり資産の条件がない株や、ＥＴＦのオンライン売買取引手数料は、一律6・95ドルで、ほぼ業界平均という。それ以外にもオプション料を支払えば、推奨ポートフォリオを提示してくれるほか、プロからアドバイスも受けられる。

「メリル・エッジ」の会員数は、着実に伸びており、２０２０年には、２８００箇所に拠点数を増やす計画とのことである。当初、25万ドル以下の顧客を対象に導入されたものの、25万ドル以上の資産を有する顧客についても、手数料の安さに加えて、自己判断により自由に投資対象を決められるなどの利点から、「メリル・エッジ」に切り替える顧客もいるという。

バーゼルⅢ規制達成の状況

米国は、バーゼルⅢ規制に準拠しているものの、ドッド＝フランク法が適用されるなか、やや独自の枠組みが取られている。

もともとバーゼル規制の自己資本比率計算において、リスク・アセットを算定する際に、「標準的手法」と「内部格付手法」という選択肢がある。

「標準的手法」は、外部格付けなど共通の基準を用いてシステマティックに算出される方法で、計測が容易で透明性が高い。他方、「内部格付手法」は、各金融機関が構築した内部モデルに基づき信用リスク・ウェイトを算出する方法で、より細かい個別リスクが反映される。

これまでバーゼル委員会は、内部モデルを使った「内部格付手法」の利用を推奨してきた。しかし、同手法による内部モデルの適切性について検証した結果、各行の内部モデルにおいて計測されたリスク・アセットにばらつきが観察されたため、オペレーショナル・リスクと信用リスクについて、内部モデルの利用を大きく制限する方向になった（２０１６年3月「オペレーショナル・リスクに係る標準的計測手法」「信用リスク・アセットのばらつきの削減――内部モデル手法の利用の制約」）。

米国においては、「内部格付手法」及び「標準的手法」、両方に基づいて計測した自己資本比率を算出し、いずれか低い方を採用することを求めており、より厳しい基準になっている。

また一定要件を満たすＣｏＣｏ債について、バーゼル規制では、その他Tier 1資本に含めることを認めているものの、米国基準では同参入を認めていない。

２０１８年末の四大米銀の自己資本比率は、図表４―16の通りである。

ＪＰモルガン・チェースの比率は低めである。これは、その他米銀が相次いで増資を行ったのに対して、同社は２０１１年以降、自己株式の取得を進めており、資本の効率性を重視していることが背景にある。

実際、ＪＰモルガン・チェースは、２０１７年6月に約１９４億ドルの自己株式取得を発表しており、ストックオプションを上回る金額となっている。自己株式の取得は、ＦＲＢによるストレステストに合格した上での承認が必要であり、十分な自己資本比率を達成していないと承認が降りない。

なお、２０１８年11月発表のＧ―ＳＩＢｓ《ジー・シブズ》バッファーは、第1章に示した図表１―５の通りである。

次にレバレッジ比率であるが、米国はオフバランス資産も考慮した補完的レバレッジ比率（ＳＬＲ：Supplementary leverage ratio）を採用しており、独自規制になっている。

図表4-16　自己資本比率（2018年末）

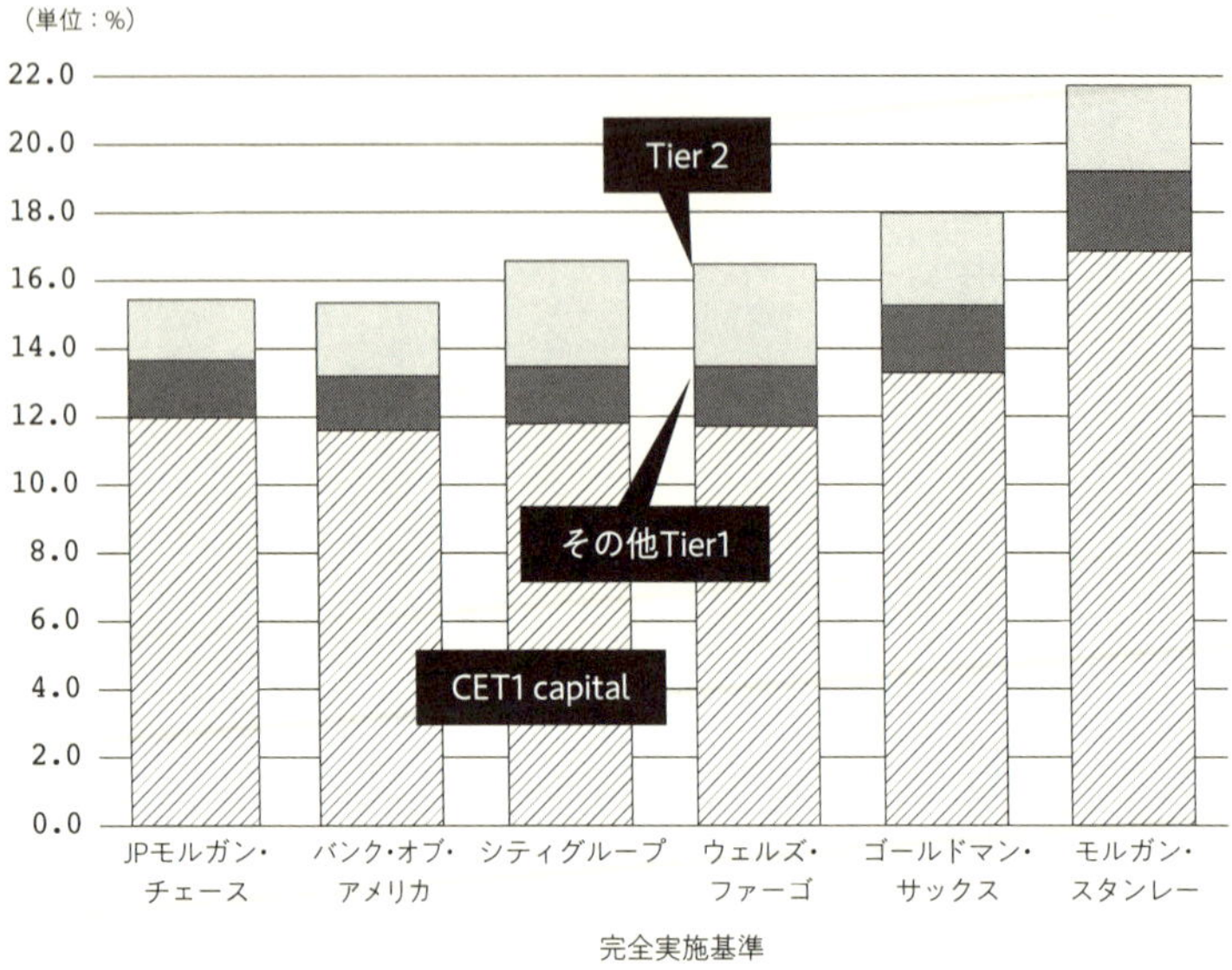

（出所）各行の決算資料より作成

特にG－SIBs対象行である米国大手金融機関8行については、より厳しいeSLR（enhanced SLR）が適用される。SLRの最低基準は3％であるが、eSLRは＋2％のバッファーが上乗せされて5％、その子会社である預金保険対象行は＋3％上乗せされ6％となっており、2018年1月より導入されている。

2018年末時点でウェルズ・ファーゴが約7・7％、バンク・オブ・アメリカが約6・8％、モルガン・スタンレーが約6・5％、シティグループとJPモルガン・チェースが約

6・4%、ゴールドマン・サックスが約6・2%あり、いずれも米国基準5%をクリアしている。

最後に、バーゼルⅢにおける新たな流動性規制として、流動性カバレッジ比率（LCR：Liquidity Coverage Ratio）も導入された。バーゼル規制委員会は、2013年1月にガイドラインを公表し、分子に適格流動資産（HQLA：High-quality liquid assets）、分母に30日間のストレス時に必要となる流動性を置き、100%以上を求めている。

米国のLCRは、独自の規制を加えて導入されており、連結総資産額2500億ドル以上の金融機関に対して課され、より厳格な内容になっている。

たとえば米国基準LCRの分母には、マチュリティ・ミスマッチが追加された。マチュリティ・ミスマッチとは、30日間のストレス状況下、累積の現金流出入においてネット流出額が最大となるときを考慮するものである。計算式は、30日間の累積ネット現金流出額最大値－30日目の累積ネット現金流出額となっている。

同基準は、2015年1月以降導入されているが、LCR100%適用のスケジュールにおいて、バーゼルⅢ規制が2019年からであるのに対し、米国基準が2年前倒しの2017年から導入されている。四大米銀においては、いずれもLCRが110～145%であり、必要な100%を満たしている。

第5章

永遠のライバル　ゴールドマン・サックスとモルガン・スタンレー

ゴールドマン・サックスのマエストロ

「俺が築き上げたゴールドマン・サックスは、
これからどうなるのだろうか?」
天国からワインバーグ氏は、
ゴールドマン・サックスの行く末を案じていた。

シドニー・ワインバーグ氏は、
1930年から亡くなる1969年までの約40年間、
ゴールドマン・サックスのトップとして、
同社の基礎を築いた人物である。

同氏は、ポーランド生まれの父親が
酒卸業を営んでいたが、
継母に家を追い出され、自活を余儀なくされていた。
そして、中学校を中退して16歳の頃、

用務員の補助として、
ゴールドマン・サックスに採用された。

最初は、なんでもやった。
そんな彼を見いだしてくれたのは、
サックス家だった。

お陰で彼は、
郵便集配室の室長に昇進し、財務次長、
そして最高経営責任者である
シニアパートナーまで昇りつめたのである。

ゴールドマン・サックスは、
1999年に上場した。

後の財務長官ポールソンがトップに就任した後、
自己勘定取引でのトレーディング業務を本格化させ、
大胆にリスクを取って
利益拡大を追い求めるようになっていった。

「俺がいた頃は、
敵対的買収のアドバイザーにすらならなかったのに、
すっかり変わってしまった。
しかし、リーマンショックで大きな損失を出さなかったのは、
流石、俺が築き上げた会社だ」

「金融危機以降、再び、
伝統的な投資銀行業務を強化しているのは嬉しい。
でも、消費者金融サービスを始めたって？　驚いたよ。

あるアナリストが言っていた。
『ゴールドマン・サックスは、
これまでのキャビアを給仕するビジネスから、
チーズバーガーを提供するビジネスへとシフトしているようだ』と。
やれやれ、これからの金融業界は、大変そうだな」
天国のワインバーグ氏は、心配そうに呟いた。

（筆者の想像が含まれます）

サブプライム危機後に大きく差が開いた資産規模

ゴールドマン・サックスやモルガン・スタンレーの総資産額は、サブプライム危機前の2007年当時約1兆ドル超あり、JPモルガン・チェース（約1・56兆ドル）と比較して、約5000億ドル程度の差であった。また両社の規模は、ウェルズ・ファーゴを上回っていた。

しかし、2018年末現在、JPモルガン・チェースの総資産額が約2・6兆ドルへと巨大化する一方で、ゴールドマン・サックスが約9300億ドル、モルガン・スタンレーが約8500億ドルへ縮小しており、その差が約1・5兆ドル超へと大きく拡大した。

ゴールドマン・サックスとモルガン・スタンレーは、金融危機後、共に銀行持株会社になったが、それまで投資銀行であったことから、富裕層以外の一般的な個人顧客を相手にするリテール部門がなかった。つまり、これまでゴールドマン・サックスは、法人営業・投資銀行業務が大半を占め、ホールセールに大きく偏っていた。他方、モルガン・スタンレーは、金融危機後にスミス・バーニーを買収したことによって、ウェルス・マネジメント業務を大幅に拡大させた。

図表5-1 総資産額の推移

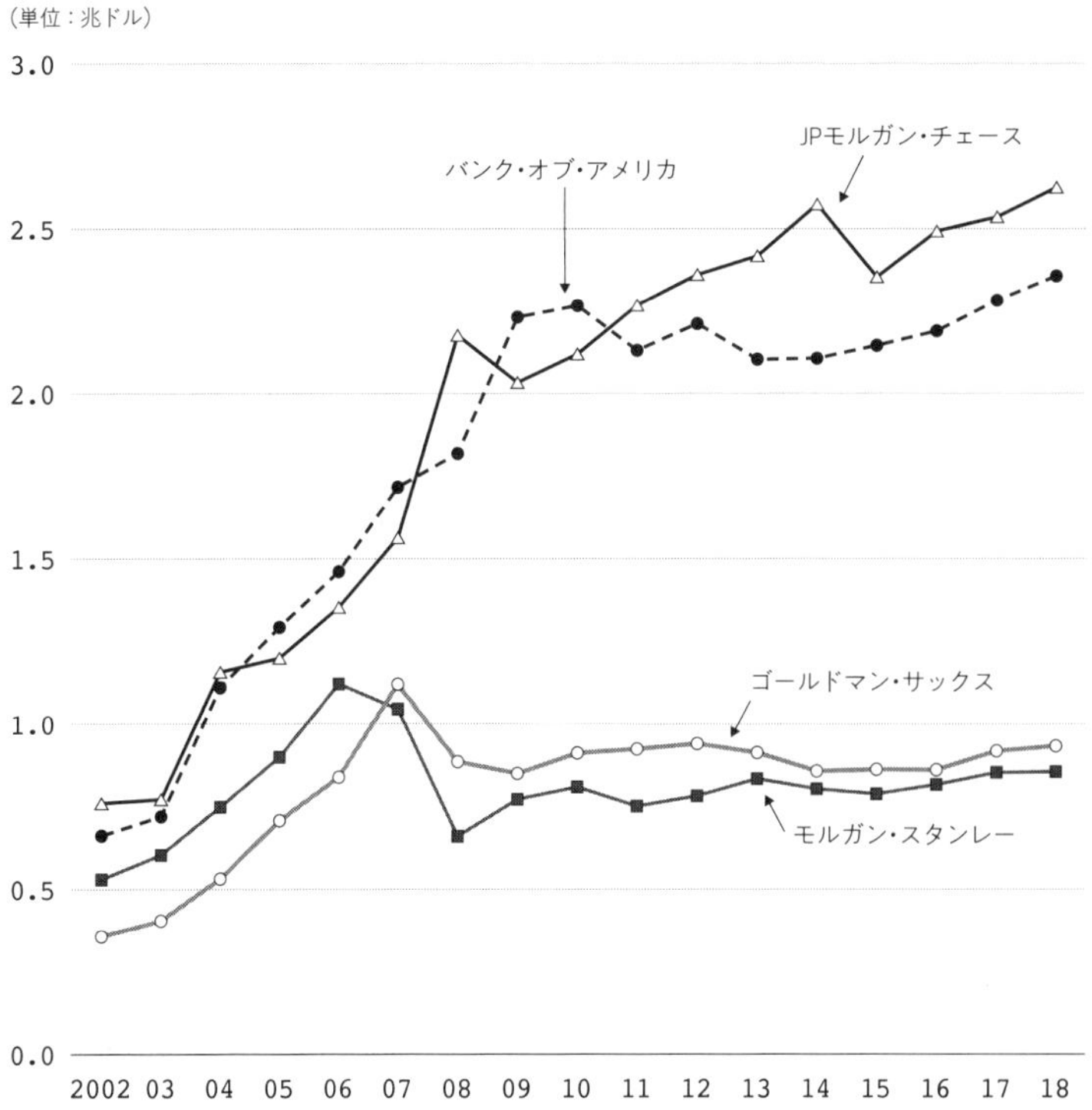

(出所)各行の決算資料より作成

図表5-2　純利益*の推移

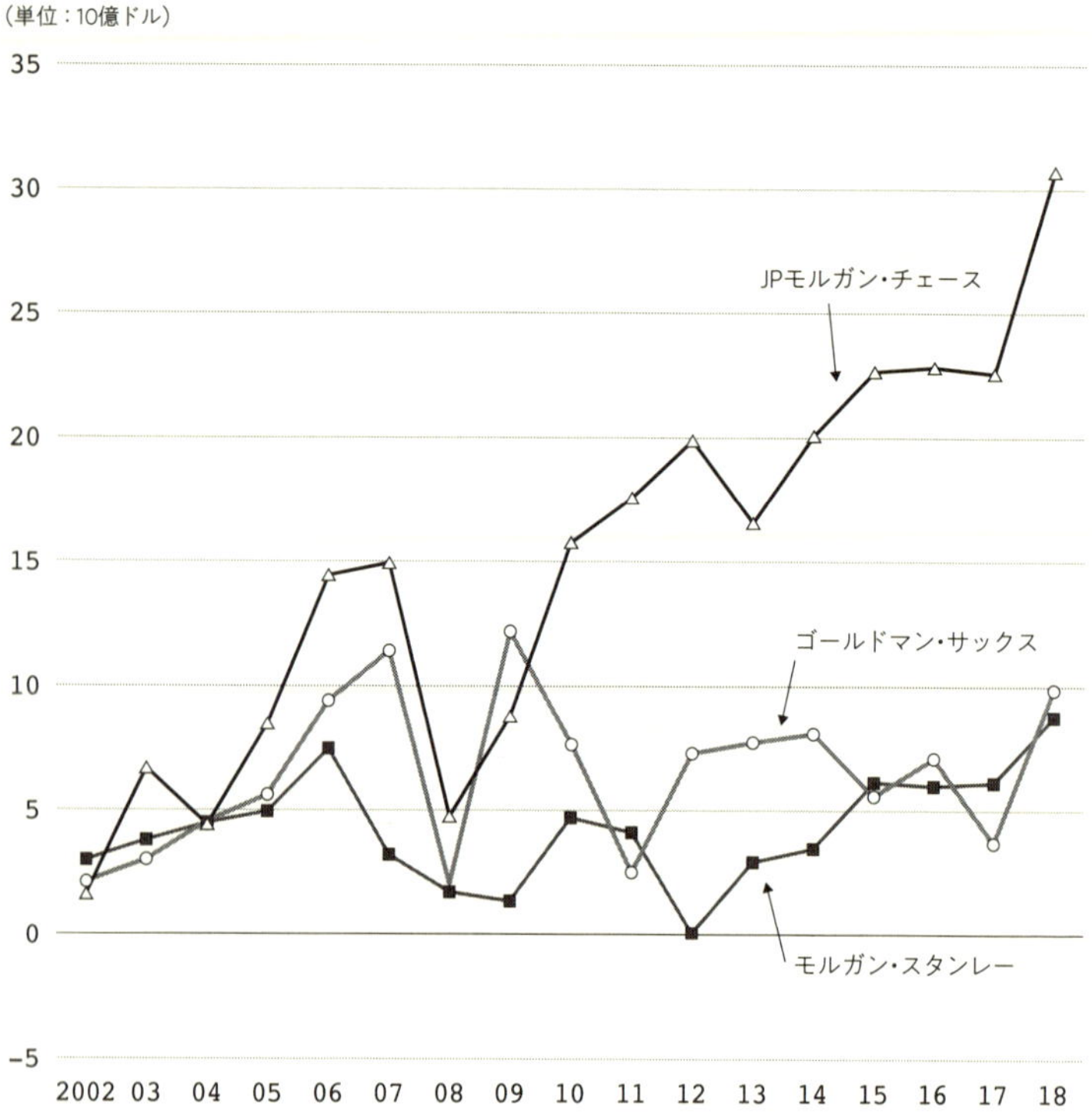

(出所)各行の決算資料より作成　＊当社株主に帰属

図表5-3　ゴールドマン・サックス：純収益のセグメントシェア

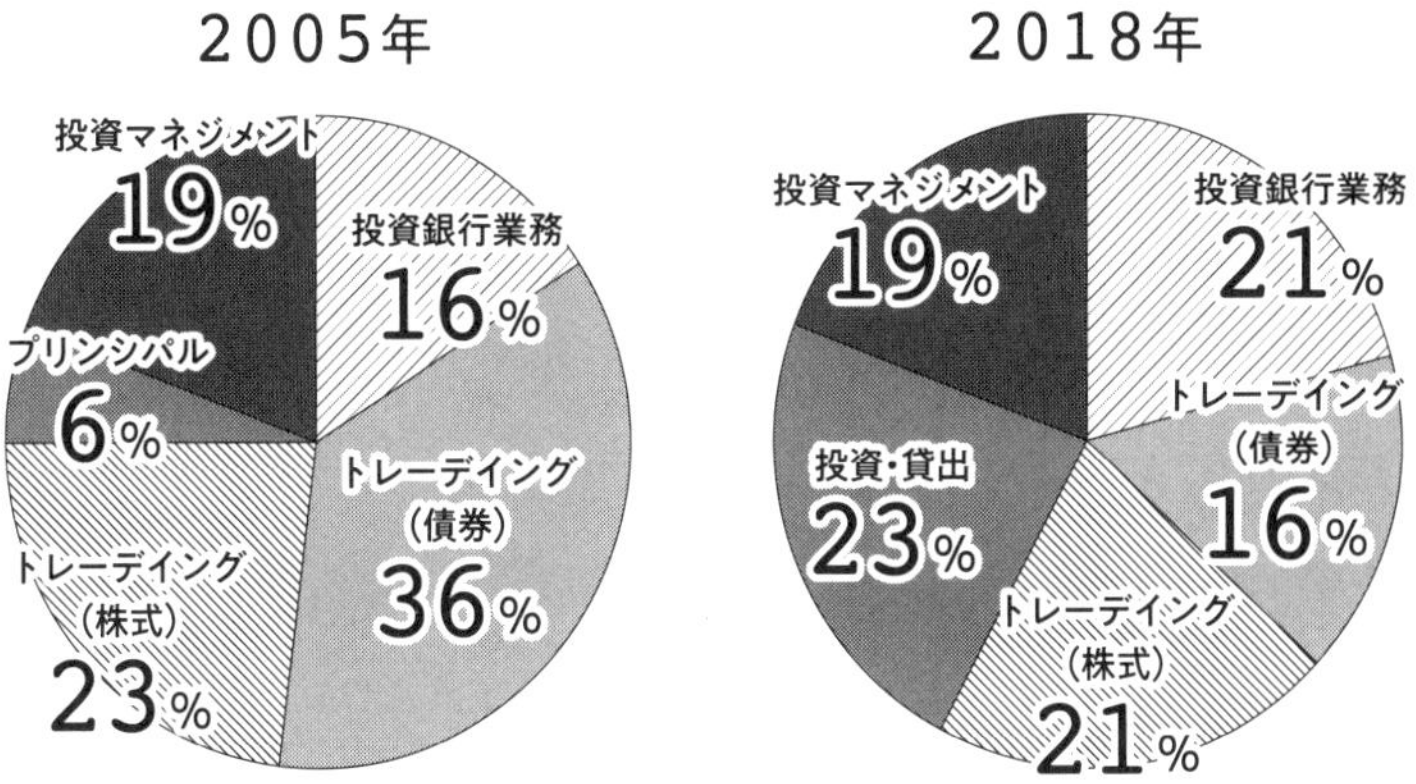

（出所）ゴールドマン・サックスの決算書類より作成

図表5-4　モルガン・スタンレー：純収益のセグメントシェア

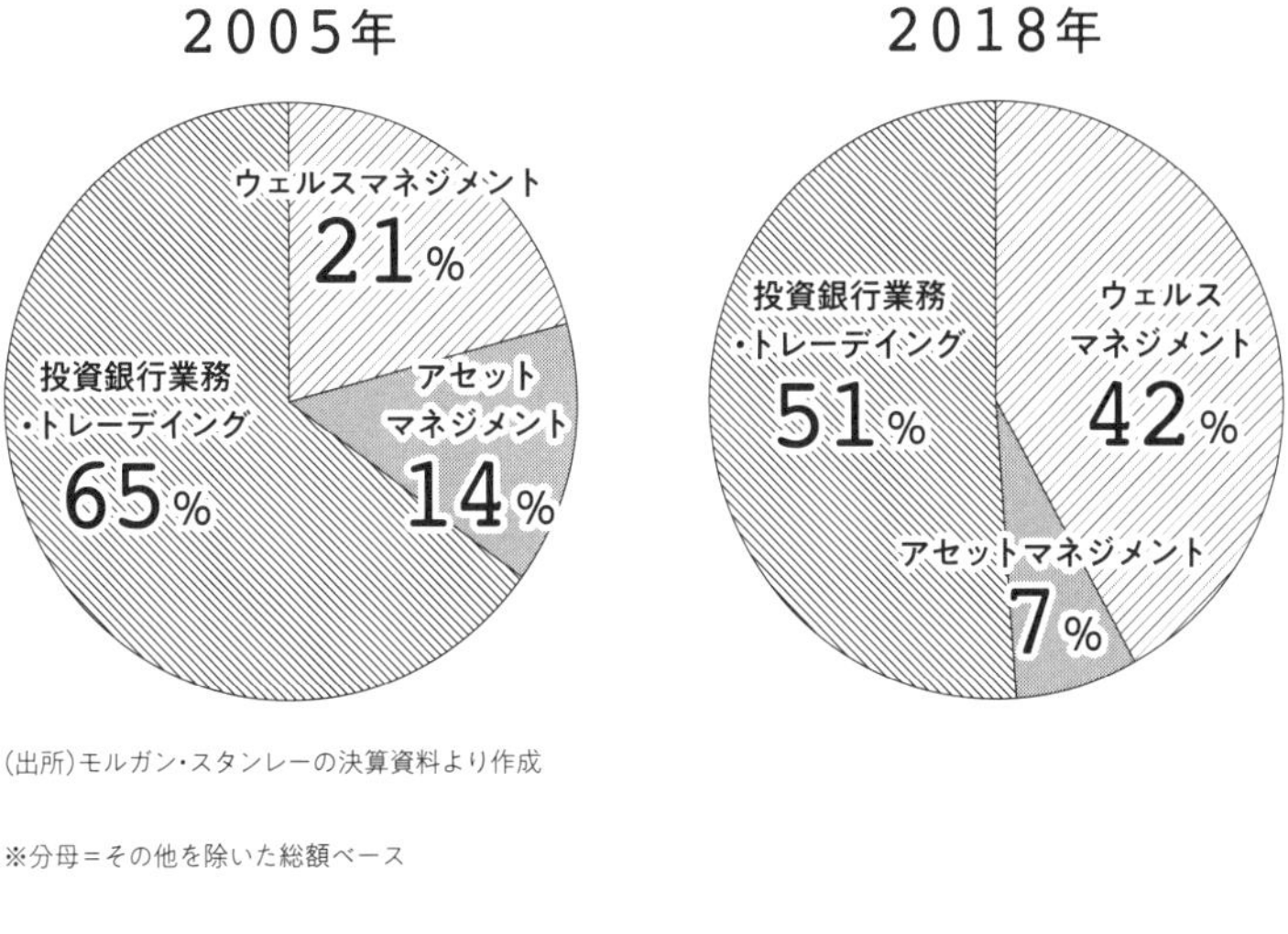

（出所）モルガン・スタンレーの決算資料より作成

※分母＝その他を除いた総額ベース

両社共に、銀行持株会社化されたことによって、厳しい金融規制の対象となり、自己勘定取引などが制限された。このため、金融危機前に最も大きかったトレーディング部門を縮小させるなど、ビジネスモデルの転換を余儀なくされている。

なお、収益の地域構成は、両社共に米国及びその他アメリカ地域が全体の約6～7割を占め、次に欧州・中東、そしてアジアとなっている。

ゴールドマン・サックス（1）投資銀行の基礎を築いたワインバーグ氏

ゴールドマン・サックスは、一流投資銀行群バルジ・ブラケットのひとつであり、1869年、当時48歳だったドイツ系ユダヤ人の移民マーカス・ゴールドマン氏によって、ニューヨークで開業された。

チャールズ・エリス氏の著書『ゴールドマン・サックス』（日本経済新聞出版社、2010年）によると、ゴールドマン氏は、もともと小作の牛追いの息子で、27歳のときにヨーロッパを後にし、大西洋を横断して米国に渡った。

当初、行商人として働いていたものの、マンハッタンで宝石卸売商と皮革商人などを相手に、手形を扱う小さな個人商店を発足させたのがはじまりである。

1882年に同氏の末娘の夫、サミュエル・サックス氏をパートナーに迎えたことから、2つの姓を組み合わせたMゴールドマン・サックスという名称になった。そして1890年代までに、米国を代表するCP取り扱い業者に成長した。

第一次世界大戦中、ゴールドマン家がドイツを、サックス家が英国を支持する。最終的にゴールドマン家が同社を去ったものの、「ドイツの会社」というレッテルを貼られてしまう。同時に、カリスマ性があり、強いリーダーシップで同社を成長させたマーカスの息子、ヘンリー・ゴールドマン氏を失うことになった。

当時、ヘンリー・ゴールドマン氏は、リーマン・ブラザーズを創業したリーマン家と親しかった。裕福なリーマン家は、引受業務で資本を提供してくれる貴重なパートナーであり、両社は約30年のあいだに、共同で多くの引受業務を行ったと記録されている。しかし、ヘンリー・ゴールドマン氏が去った後、リーマン家との関係も途絶えてしまった。

その後、サックス家の子供とハーバード大学時代の親友で、エコノミストとしてベストセラー著書もあるワディル・キャッチングス氏が、ゴールドマン・サックスのパートナーとなり、影響力を振るった。同氏は、ハンサムでカリスマ性があり、同社の引受業務を急成長させ、ヘンリー・ゴールドマン氏の穴を埋めた。

しかし、1929年の世界大恐慌でゴールドマン・サックスは、同氏が行った巨額のレバレッジ投資により破綻の危機に晒される。キャッチングス氏は辞任に追いやられ、サックス家は後任に、後のゴールドマン・サックスの基礎を築き上げたシドニー・ワインバーグ氏を選ぶ。

ワインバーグ氏は、中学校を中退して16歳の頃、用務員の補助役としてゴールドマン・サックスに入社した。父親は、ポーランド生まれで酒卸業を営んでいたが、継母に家を追い出され、自活を余儀なくされていた。彼は、仕事を求めて、ゴールドマン・サックスの用務員の補助役として雇われた。

しかし、間もなくして郵便集配室の室長に昇進し、サックス氏に目をかけられるようになる。サックス氏は、ワインバーグ氏の授業料を払ってやり、商業専門学校、ニューヨーク大学、コロンビア大学などで、さまざまな講義を受けさせた。

同氏の証券市場での鋭い感覚は、社内でも高く評価され、その勤勉さと誠実さから、財務次長に昇進し、最高経営責任者であるシニアパートナーにまで昇りつめたのである。

当時、創業家一族以外でパートナーになったのは、同氏が2番目だった。

同氏は、1930年から1969年までの約40年間、ゴールドマン・サックスを率い、同社の基礎を築き上げた。同氏は、前任のキャッチングス氏が行っていた貿易金融ビジネスを縮小し、投資銀行業務を強化した。ワインバーグ氏率いるゴールドマン・サックスは、1956年にフォード・モーター社のIPOでリードアドバイザーなどを務め、調査部門も立ち上げた。

ワインバーグ氏が亡くなった後の1969〜1976年は、トレーダー出身のガス・レビィ氏がトップを務めた。1970年には、当時全米第8位の大企業ペン・セントラル鉄道が破綻し、同社のCP発行幹事であったゴールドマン・サックスは、顧客に大きな損失を与えた。しかし、レビィ氏は危機を乗り越え、ブロック・トレード（同一銘柄を一度に大量に相対取引で売却または購入する取引）を導入し、貿易金融ビジネスを再開させた。また、ロンドンに海外オフィスを開設し、債券部門とプライベート・ウェルス部門を作った。

同社のM&Aアドバイザリー業務は「ホワイトナイト（敵対的買収を仕掛けられた企業側に立つ有力な支援者）」戦略を取っていたことからも評価が高かった。しかし同氏は、もともと心臓が弱く、仕事による過労も重なり、突然他界してしまう。

1976年には、「2人のジョン」が、共同シニアパートナーとして最高経営責任者になった。

ひとりは、シドニー・ワインバーグ氏の息子ジョン・S・ワインバーグ氏（任期1990年まで）で、もうひとりはジョン・C・ホワイトヘッド氏（任期1984年まで）である。

ホワイトヘッド氏の方が先輩で、2人は仲が良かったことから、トップの地位を争うことで会社が二分することを恐れた。ワインバーグ氏が、ハーバード大学ビジネススクール在学中、夏休みにインターンとしてゴールドマン・サックスで働いた際に、ホワイトヘッド氏が面倒をみた間柄であった。

1981年には、コモディティ・トレーディング企業（主にコーヒー、金）のJアロン社を買収し、債券部門に統合した（買収されたJアロン社に所属していたのが、2018年までゴールドマン・サックスのCEOであったロイド・ブランクファイン氏である）。

1986年には、アセット・マネジメント部門を作り、マイクロソフトのIPO引受業務も担当した。

また同年、パートナー制による資本拠出に限界があると判断し、住友銀行から約4・25億ドル（約12・5%、議決権のない有限責任）の出資を受けた。当時、住友銀行は、投資銀行業務を展開していく上で、マッキンゼーからゴールドマン・サックスへの投資を助言されたという。

FRBは、当初、住友銀行による投資を許可しなかったが、最終的に、送り込める研修生を制限すること、出資比率を約8分の1にとどめること、また議決権を持たないなど、厳しい制限をつけることで承認した。この投資は、ニューヨークに設立した住友銀行キャピタル・マーケット（住友銀行全額出資）を通じて、出資する形を取った。

住友銀行は、ゴールドマン・サックスが上場した後の２００２年に、株式を売却している。

ゴールドマン・サックス（２）
コーザイン氏のトップ就任と１９９９年の株式上場

１９９０年、ジョン・ワインバーグ氏は、共に弁護士で20年以上同社に勤めたキャリアを持つロバート・ルービン氏（後の米国財務長官）と、ステファン・フリードマン氏を、後継者である共同シニアパートナーに選んだ。

エリス氏の著書によると、ジョン・ワインバーグ氏が権力の頂点にいた頃のゴールドマン・サックスは、ブリッジローンを行わない、敵対的買収のアドバイザーにならない、ジャンク債を扱わないなど、リスクを回避する保守的な経営を行っていた。

しかし、ルービン氏とフリードマン氏は、世の中が急速に変わっていくなかで、組織や戦略の変更が必要と感じ、大胆にリスクを取って利益を拡大させる方向へと、同社を変革していった。両氏は、従業員の評価方法やパートナーシップのあり方などの組織改革を行ったほか、自己勘定取引に参入し、不動産投資も行った。

1992年末、クリントン政権に加わることになったルービン氏は会社を去り、フリードマン氏ひとりが残された。さらに残されたフリードマン氏においても、早期引退を考えていた。

ゴールドマン・サックスの業績は、1993年好調であったものの、翌年、非常に厳しいものとなる。

1994年、FRBのアラン・グリーンスパン元議長は、インフレ抑制を目的に利上げに転じた。これに伴い米国の長期金利は急上昇し、債券市場が大きく混乱、デリバティブ市場の不安からオレンジ・カウンティが破綻し、メキシコで通貨危機が起こった。この影響からゴールドマン・サックスも、債券トレーディング業務で巨額の損失を抱えて業績が悪化し、約1割の社員が解雇された。

結果的に、危機のなかで辞任することになったフリードマン氏は、ジョン・ワインバーグ氏から「敵前逃亡の卑怯者」(エリス氏著)と罵られた。フリードマン氏は、次の後継者候補を数名推薦したものの、特に誰を後任に指名することもなく、辞任した。

1994年、後任にジョン・コーザイン氏が就任した。同氏は、債券部門の共同本部長兼CFOで、凄腕の債券トレーダーでもあり、会社についても精通していた。

同氏は就任直後、まず財務の立て直しを行った。

そして1996年以降、ヤフー株式公開の主幹事、ドイツテレコムの巨大民営化におけるドイツ銀行との共同主幹事、クライスラーとダイムラー・ベンツ合併に絡むアドバイザリー業務などで業績を回復させ、NTTドコモによる約2兆円もの株式公開（1998年）でも共同主幹事を務めた。また、1999年には、マーケットメイキング業務で世界的に有名だったハル・トレーディング社を買収した。

コーザイン氏は、1995年頃から、ゴールドマン・サックスの株式公開を検討していたとされる。同社の株式公開については、前任のフリードマン氏も、自己勘定取引を始めた頃から考えていたが、実現しなかった。コーザイン氏は、債券トレーダー出身であったこともあり、株式を公開することで巨額の資金を調達し、自己勘定取引を拡大すれば、債券でより多額の利益を生み出せると考えていた。

米国の証券会社の多くは、もともとパートナーシップ制を取っていたが、70年代から80年代にかけて、ほとんど株式会社化されていた。

そのなかでゴールドマン・サックスは、パートナーシップ制度を堅持する唯一の大手証券会社だった。パートナーシップ制を取ることによって、①小人数で利益を分配でき、有能な人材を長期間雇用できたこと、②報酬が会社の業績と連動しており、会社全体の利益を追求する従業員のインセンティブに繋がっていたこと、などのメリットがあった。

しかし1990年代の業界再編によって、巨大な資産を持つライバルとの競争に晒された。1997年、モルガン・スタンレーは、リテールに強い証券会社ディーン・ウィッター・ディスカバーと合併。トラベラーズ傘下の投資銀行スミス・バーニーとソロモン・ブラザーズが合併し、翌年トラベラーズ・グループがシティコープと合併したことから、巨大なシティグループが誕生した。スイスでは、第2位と第3位にあったスイス・ユニオン銀行とスイス銀行コーポレーションが合併し、UBSとなった。これら競合他社の合併が巨大化するなか、買収資金の調達がしにくいパートナーシップ制の限界に晒されていた。

ゴールドマン・サックスのパートナーたちは、このような巨大な資産を持つライバルとの競争、IT技術が進展するなかでの巨額なシステム開発費用負担、自己勘定取引を行う十分な資金力の必要性、そして上場によってパートナー自身が得られる利益も大きく、最終的に株式公開を支持した。コーザイン氏は、シニアパートナーをCEOへ、パートナーをマネージング・ディレクターへ、役職名を変更した。

しかし、1998年秋、米国の大手ヘッジファンドLTCM（Long Term Capital Management）の経営危機が起こったことにより、ゴールドマン・サックスは株式公開を延期せざるを得なくなる。

LTCMは、1994年にソロモン・ブラザーズ出身のトレーダー、ジョン・メリウェザー氏が設立して、運用を開始した。オプション取引に欠かせない価格算定式であるブラック・ショールズ方程式を作り、1997年にノーベル経済学賞を受賞したマイロン・ショールズ氏とロバート・マートン氏を取締役に迎え、ドリームチームといわれていた。

しかし、アジア通貨危機（1997年）やロシア危機（1998年）の影響を受け、高レバレッジをかけてデリバティブ取引を行っていたLTCMは、破綻の危機に追い込まれる。FRBは、14の金融機関から資金を融通させることで、LTCMを継続させて資金を回収し、緩やかな清算によって金融不安を鎮静化させた。

この危機でゴールドマン・サックスは、損失を被った。そしてコーザイン氏は、独断で、LTCMに資金約3億ドルを投じる決定をしたこと、取締役会の承認を得ずに他行との合併を相談をしたことなどが非難され、株式公開直後に退任させられることとなる。

1999年5月にゴールドマン・サックスは、自社の株式を公開（約6900万株、約36・6億ドル）した。

公に売却したのは、全体の約12・6％に過ぎず、約48・3％は221人のパートナーに、約21・2％はそれ以外の従業員、残り約17・9％は退職した元パートナーと出資者（住友銀行、ハワイのカメハメハスクールの投資部門）に分けられた。

上場後、最初のＣＥＯになったのは、後の財務長官であるヘンリー・ポールソン氏であった。ポールソン氏がトップに就任した後、ゴールドマン・サックスとＪＰモルガンは、真剣に統合を検討したとされる。投資銀行が生き残るためには、大きな商業銀行との合併が必要だという見方も多かった。しかし、ポールソン氏は、巨大なＪＰモルガンとの合併は、飲み込まれるだけとして、最終的に取りやめた。結局その後、ＪＰモルガンは、チェース・マンハッタンと合併した。

ポールソン氏は、顧客の利益と相反するとの批判を抑え、自己勘定取引を拡大させた。また、敵対的買収を支援しないという伝統的な方針も変え、海外企業に限り、同買収の助言を可能とした。

２０００年9月には、ニューヨーク証券取引所のマーケット・メイカーとして4番目に大きいスピーア・リード&ケロッグ社を、約63億ドルで買収したが、同買収に対するメディアの評価は辛口だった。

ポールソン氏は２００６年、米国の財務長官に就任するため辞任し、ロイド・ブランクファイン氏が後任のＣＥＯに就任した。

ゴールドマン・サックス（3）
損失を抑えたものの批判に晒された
サブプライム危機

２００６年、ブランクファイン氏は、ゴールドマン・サックスのトップに就任した。同氏は、ハーバード大学を卒業し、ハーバード・ロースクール修了のエリートであった。しかし、ゴールドマン・サックスに就職できず、法律事務所に勤務した後、コモディティ・トレーディングのＪアロン社に転職した。そして１９８１年、ゴールドマン・サックスがＪアロン社を買収したことによって、同氏は念願の入社を果たす。

ブランクファイン氏がトップに就いた翌年の２００７年、ゴールドマン・サックスは、約１００億ドル以上の純利益を稼ぎ出した。同氏は、大手機関投資家から、仲介手数料の引き下げ圧力をかけられるなか、あまりコスト意識に縛られていなかったヘッジファンドの顧客を増やす努力をした。

ゴールドマン・サックスは、前任のポールソンＣＥＯ時代、住宅ローン担保証券に関わるビジネスに前向きであったとされる。しかし、慎重なブランクファイン氏は、2006年12月、デビッド・ビニアCFOから、サブプライムローンに対する否定的な見方を聞き、会社のポジションをヘッジするよう命じた。

2007年には、ゴールドマン・サックスの2人のトレーダーの判断によって、約100億ドルものCDOを処分し、サブプライムに関連する住宅ローン担保証券が下落すると予測し、ポジションを売却（ショート）して約40億ドルもの利益を上げた。

このような早めの対応もあり、ゴールドマン・サックスへの影響は、他社と比較して小さいものとなった。

そして、2008年9月のリーマン・ブラザーズ破綻後の動きである。

まず、ゴールドマン・サックスとモルガン・スタンレーは、FRBが預金取扱機関に対して直接資金を貸し出す連銀貸出（ディスカウント・ウィンドウ）を利用できるよう、「銀行持株会社法」に定められた銀行持株会社へ移行した。

さらにゴールドマン・サックスは、資本を拡充させるため、増資の引き受け先を探し、三井住友フィナンシャルグループに協力を求めた。これを受けて三井住友フィナンシャルグループは、即日、資産査定チームをニューヨークに派遣したものの、先にバークシャー・ハサウェイ社が、優先株約50億ドルの出資を決定した（同時に同社は、5年以内に50億ドルの普通株へ転換可能なワラント債の権利も取得）。

同年11月には、米国政府による不良資産救済プログラム（ＴＡＲＰ）から、約１００億ドルの支援も受けた。このＴＡＲＰからの借入は、翌２００９年4月の資金調達（増資50億ドル、社債発行20億ドル）を原資に返済している。

なお、バークシャー・ハサウェイ社による投資については、２０１１年にゴールドマン・サックスが優先株を買い戻し、２０１３年10月にバークシャー・ハサウェイ社がワラント債を普通株へ転換した。

サブプライム危機後、ゴールドマン・サックスは、米国内で強い批判に晒された。

多くの投資家が損失を被るなか、逆ポジションで儲けていたこと、銀行持株会社化を認めて救済する必要があったのか、ＡＩＧ救済がゴールドマン・サックスのためでなかったのか、などである。

ゴールドマン・サックスに対する監督権限は、同社が銀行持株会社化されたことにより、証券取引委員会（ＳＥＣ）から連邦準備制度理事会（ＦＲＢ）へと移った。これによって、銀行に対するバーゼルⅢ規制の枠組みに縛られることとなり、借入金を膨らませて、高い収益性を上げてきたハイ・レバレッジのビジネスモデルからの転換を余儀なくされた。

サブプライム危機で大きな損失を被った同社のヘッジファンド、グローバル・アルファは、投資家による資金引き揚げにより、預かり資産が2007年の約110億ドルから2011年に約17億ドルへと減少し、閉鎖されることになった。

そして、2016年、米司法省との間で、サブプライム危機の原因となった住宅ローン担保証券の販売に関し、制裁金約50・6億ドルを支払うことで合意した。

ゴールドマン・サックス(4)
2018年純利益が拡大したものの経営陣に危機感

2018年、ゴールドマン・サックスの業績は、好調だった。純収益は約366億ドルとなり、純利益は約99億ドルへと拡大し、金融危機前の業績近くにまで回復してきている。

ただし、2017年と2018年については、米国の税制改正の影響という特殊要因にも勘案する必要がある。2017年は、繰延税金資産の取り崩しに加えて、国外に保有していた利益を還流させたことから、一時的に税負担が増えた。そして2018年は、法人税引き下げによる影響に加えて、企業の資金調達が増えたこと、M&A助言や新規公開株式（IPO）の主幹事業務が好調に推移したことが、プラスに働いた。

2019年の第1四半期は、純収益が約88億ドル（前年同期比マイナス13%）、純利益が約22億ドル（同マイナス20%）に留まり、好調だった前年から減少した。トレーディング業務の低迷に加えて、M&Aなどの伝統的な投資銀行業務でも手数料収入が伸び悩んだ。

収益の約9割近くを、非金利収入が占めるという構造は、金融危機前と変わっていない。また、債券市場を含むトレーディング業務が、最大の収益部門である構成も変わりない。

しかし、他行と同じように金融危機以降、トレーディング業務からの収益を大幅に縮小させている。このため経営陣は、従来のビジネスモデルからの転換を迫られており、危機感を募らせている。

2019年第1四半期、同社は、役員・従業員への給与を、前年同期比で約2割削減したが、IT投資などにより経費率が上昇（2017年約64%→約67%）している。ブランクファイン前CEO体制下で、IT技術者の採用を大幅に増やしたことから、従業員数は増加しており、全従業員に占めるエンジニアの割合が全体の約3割に達している。

図表5-5　ゴールドマン・サックス：業績

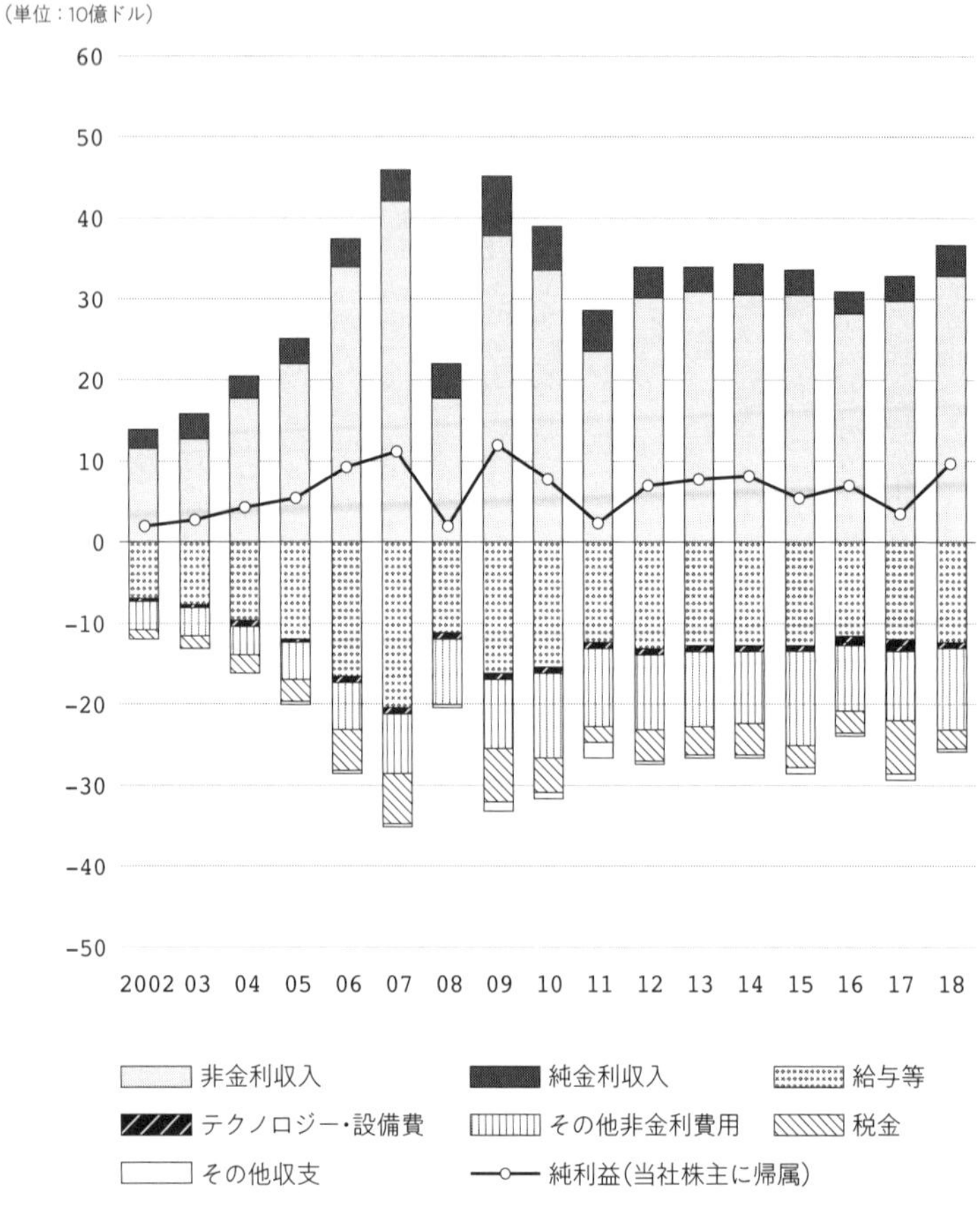

（出所）ゴールドマン・サックスの決算資料より作成

図表5-6 ゴールドマン・サックス：セグメント別純収益の推移

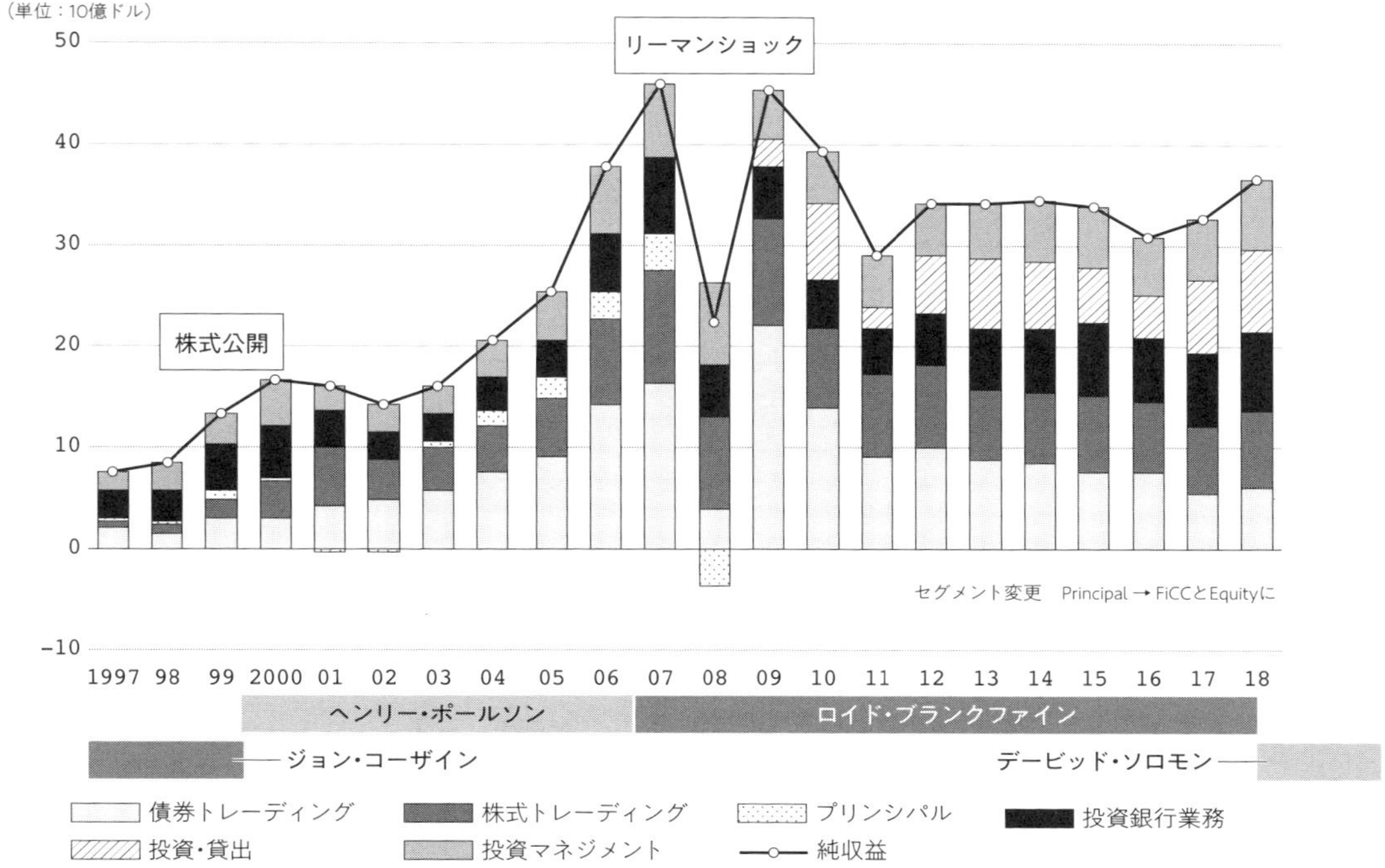

（出所）ゴールドマン・サックスの決算資料より作成

図表5-7　ゴールドマン・サックス：セグメント別純利益

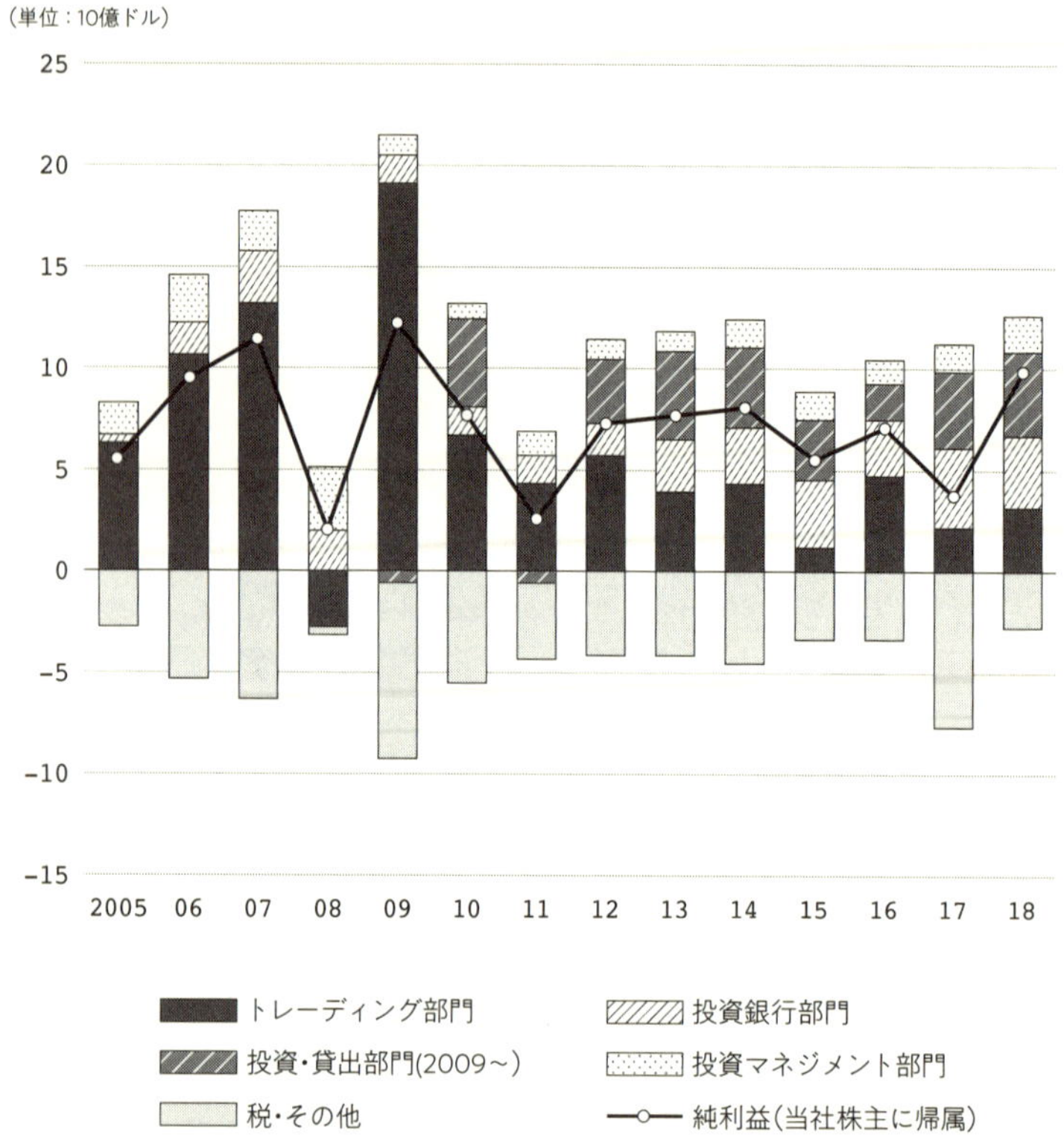

(出所)ゴールドマン・サックスの決算資料より作成　部門は税前ベース
※純利益(当社株主に帰属)ベースの為、積み上げ棒グラフ合計と若干異なる点に留意

ゴールドマン・サックス（5）
トレーディング部門とフィンテック

冒頭に書いたようにゴールドマン・サックスは、これまで富裕層以外の、一般的な個人顧客を相手にしたリテール部門がなく、ホールセール業務に大きく依存してきた。同社は、2016年にフィンテックを活用したリテール業務を開始したものの、まだ単独の部門に至るまで成長していない。

同社において、最も大きいのはトレーディング部門（Institutional Client Services）である。特に2000年代を通じ、トレーディング部門の成長は、目覚ましかった。純収益に占める同部門のシェアは、上場した1999年の約43％から、リーマンショック前年の2007年約68％まで拡大した。

しかし同シェアは、2018年、約37％にまで縮小している。金融危機後の主要国による超低金利政策の影響に加えて、銀行持株会社化によって厳しい金融規制が適用（証券化商品に対する取り扱いの厳格化、自己勘定取引の制限など）されたことも影響している。

トレーディング部門の純収益は、金額でみても、2007年の約312億ドルから2018

年約135億ドルまで減少した。市場のボラティリティの低さから、特に債券トレーディング業務の減少幅が大きく、2007年比で約3分の1の水準にまで落ち込んでいる。

2018年に就任したソロモン新CEOは、危機感を強めるなか、抜本的なトレーディング業務の事業見直しを含め、新たに包括的な事業戦略を公表するとしている。

金融機関のトレーディング業務において、フィンテック技術の活用は急速に拡大しており、ゴールドマン・サックスも例外ではない。

2017年1月に行われたハーバード大学の応用コンピューターサイエンスのシンポジウムで、当時同社のCFOだったマーティン・チャベス氏は、「ゴールドマン・サックスでは、株式売買の自動化が加速し、2000年当時、ニューヨークの株取引部門で約600人のトレーダーが株を売買していたが、現在たった2人しかいない」と発言した（MITテクノロジーレビュー）。

チャベス氏は、CIO（最高情報責任者、IT技術専門トップ）から、CFO（最高財務責任者、2017〜2018年）に抜擢された異色の存在であった。それだけブランクファイン前CEOは、チャベス氏を信頼し、IT投資を真剣に考えていたといえる。

英国の調査会社コアリーションによると、金融取引の約45％の電子化が済んでおり、以前はより予想が容易な取引のみであったものが、ここ数年でより複雑な取引の自動化が進んでいるという。従来のトレーディング業務は、機械学習機能を備えた複雑な取引アルゴリズムに置き換えられ、人間のトレーダーを真似るよう設計されている。

ゴールドマン・サックスは、コモディティ・為替取引の自動化も進めており、チャベス氏は「4人のトレーダーを1人のコンピューターエンジニアに置き換えられる。年収の高い従業員の削減は、大きなコスト削減に繋がっている」と話している。

ゴールドマン・サックスのトレーディング業務について、面白い話を聞いたことがある。

ある日、トレーディングルームに、特に理由も告げられず、インド出身のエンジニアたちが送られてきたという。彼らは、トレーダーの横にぴったりついて、日々トレーディング業務の操作記録を細かくチェックしていた。

そして大量のデータが蓄積され、インド出身のエンジニアたちが去った後、しばらくして、トレーダーがひとり、またひとりと解雇されていったという。

ゴールドマン・サックス（6）

収益が好調な投資銀行部門

ゴールドマン・サックスは、このようにトレーディング部門での収益が先細るなか、投資銀行部門（Investment Banking）で攻勢を強めている。これは、同社が伝統的に圧倒的な強みを有するM&Aアドバイザリー業務に加えて、株・債券の引受業務などであり、収益も好調に推移している。

ゴールドマン・サックスは、M&Aアドバイザリー業務のリーグテーブルで例年トップにある（次いでJPモルガン・チェース、モルガン・スタンレー）。

預金預入機関でなかった同社にとって、バランスシートを使わないM&Aアドバイザリー業務は、重要なコアビジネスと位置づけられてきた。これまで同社のM&Aアドバイザリー業務は、

① 一定金額以上の手数料が受け取れる案件のみを引き受ける
② 手数料のディスカウントを行わない
③ 成功率の高いセルサイドの案件獲得により注力する

④　高い報酬に基づく優秀な人材を獲得する

などによって、大型M&A案件でつねに高いシェアを獲得し、リーグテーブルのトップを独占してきた。

しかし最近同社は、PEファンド（プライベート・エクイティ）との連携も強化し、規模の小さい中型M&A案件も拾い上げ、件数を伸ばしている。

非上場企業のM&Aは、株式市況に左右されず手数料収入が安定し、株主構成もシンプルで調整し易い。2019年、大型の買収案件が頭打ちとなるなか、ソロモンCEOは、これまであまりサービスを提供してこなかった30億ドル以下の企業に対しても、顧客層を広げていく考えを示している。

債券引受業務において、同社は、大型のM&A案件に対して積極的に資金を提供する形で、シェアを拡大させており、モルガン・スタンレーやドイツ銀行を抜いて業界第4位に躍り出ている。

長年にわたり債券引受業務は、企業融資を行ってきた商業銀行を母体とする金融機関（JPモルガン・チェース、バンク・オブ・アメリカ、シティグループなど）の方が、強みを有していた。

しかしここ数年、ゴールドマン・サックスは、高い競争力を有するM&Aアドバイザリー業務と、債券引受業務をセットにし、シェア拡大を図っている。たとえば、買収資金のための社債発行業務や、つなぎ融資などを積極的に提供する形によって顧客を取り込み、欧州の金融機関からもシェアを奪っている。

たとえば2016年、半導体業界で過去最大の合意になったクアルコム社によるNXPセミコンダクターズ買収（約470億ドル）において、同社はM&Aアドバイザリーだけでなく、買収資金の社債発行業務でも共同主幹事を務めた。また同年に発表されたマイクロソフトによるリンクトイン買収（約260億ドル）においても、買収資金の社債発行業務で共同主幹事を務めている。2017年に発表されたアマゾンのホールフーズ・マーケット買収（約137億ドル）においても、M&Aアドバイザリー業務だけでなく、買収資金の社債発行業務で、バンク・オブ・アメリカと共同主幹事を務めた。

株式引受業務において、同社は、JPモルガン・チェースやモルガン・スタンレーと競っている。2017年、スマホで写真を共有するアプリ「スナップチャット」を運営する米スナップ社は、無議決権の種類株式で上場して約34億ドル調達したが、同社は7行と共に共同主幹事を務めた。また同年、日本郵政株式会社の政府保有株式売却（総額約1・31兆円）を統括するグローバルコーディネーターに大和証券、野村證券と共に選ばれた。さらに、経営再建中の東芝の第三者割当増資（約6000億円）で単独主幹事を務め、約200億円の手数料収入を受け取ったとされている。同割当増資の際にゴールドマン・サックスは、海外ファンドやアクティビスト約60社と個別に交渉し、投資家を確保した。また東芝のメモリー事業売却でもアドバイザーを務めている。

特にIT業界は、アップルやツイッターなど、近年大型案件が多く、同業界に強いライバルのモルガン・スタンレーに対抗し、ゴールドマン・サックスも力を入れている。

ゴールドマン・サックス（7）

投資・貸出部門
消費者金融サービス「マーカス」導入

2018年、投資・貸出部門（Investing and lending, Investment Management）は、純収益の約23%のシェアを占めた。同部門は、長期的な株式投資に加えて、これまで取り扱ってこなかった個人向け消費者ローン業務を開始したことで注目されている。

2014年夏、ある週末に幹部たちが、ニューヨーク州ハンプトンズの別荘に集まり、個人向け消費者ローンを開始することが話し合われたという。

これまで同社は、大企業、そして1000万ドル以上を有する超富裕層を相手にしてきた。リテール業務への進出は、これまで取るに足らない分野と考えられてきたのである。

しかし、金融危機後、新たな収入源を模索するなか、個人向け消費者ローン業務において、大手商業銀行などと異なり、維持費のかかる支店や古いバンキングシステムを有していない点で、勝機を見いだしたという。

そして2016年10月、同社は、個人向け消費者ローンのオンライン・プラットフォーム「マーカス」を導入した。マーカスという名前は、ゴールドマン・サックス創始者の一人、マーカス・ゴールドマンの名前から採用された。

統括したチャベス氏によると「マーカス」は、消費者の立場に立った商品を開発・提供することを目的に、何千人もの消費者から聞き取り調査を行い、僅か1年で、約5億ドルの投資費用をかけて開発された。このプロジェクトには、多数の外部人材を登用しており、クレジットカード会社ディスカバー・ファイナンシャル・サービシズ出身者をリーダーに、電子決済ペイパル出身者がシステム開発を、食品・飲料大手ペプシコ出身者がマーケティングを担当している。

「マーカス」の業務は、すべてオンラインで運用され、人間の従業員を全く介さない。

預金口座は1ドルから開設でき、消費者ローンは固定金利で提供されている（クレジットスコア640以上の個人に限定。返済期間2〜6年。下限3500ドル〜上限3万ドル。固定金利5・99〜22・99

％）。借入に際し、所得証明書などが必要で、審査に約１週間かかる。

ゴールドマン・サックスが行った聞き取り調査によると、消費者は、クレジットカードローンの手数料（０・５～５％）や金利変動に大きな負担を感じているという。このため「マーカス」では、固定金利のみで、手数料を受け取らないシンプルな形にした。消費者側は、返済時期を自由に選択でき、電話で相談もできる。マーカスは、ソルトレークシティ・ニューヨーク・ダラスに約７００人のスタッフを擁し、カスタマーサービスを設置し、個別の借入相談にも応じている。


今後、「マーカス」を通じて、預金や消費者ローン以外にも、さまざまなサービスを投入していく予定と報道されている。店舗やオンラインでの買い物に小口ローンを提供するＰＯＳ（販売時点情報管理）クレジット、アップル社製品購入時のローン提供、家計簿管理、低い手数料で株や債券の売買ができる個人向け資産運用管理アプリケーション、保険の提供、自動車や住宅ローンなどといったサービスである。

２０１８年夏以降、英国など海外においても、「マーカス」を通じたリテール業務に進出した。同年末、「マーカス」は、預金残高が約３６０億ドル、貸出が約50億ドルに達し、預金口座や消費者ローンを持つ顧客が約３百万人を超えた。２０２０年までの中期経営計画では、

「マーカス」を収益の柱に育てていく計画としている。

また2018年4月、クラリティ・マネーを買収し、「マーカス」と統合して、両社間でエンジニア、デザイナーを補完し合うこととなった。同社は、約1000万人の顧客を有し、消費者が賢くお金を管理できるアプリケーションを提供している。

クラリティ・マネーの代表は、デル・コンピューターの創業者マイケル・デル氏の兄弟アダム・デル氏である。同氏は、クラリティ・マネーのCEOに加えて、「マーカス」のマネジメントチーム、そしてゴールドマン・サックスのパートナーにも加わった。

2019年3月にゴールドマン・サックスは、アップル社と共同で、クレジットカード事業に参入することを発表した。

アップル社は、2019年夏から自社ブランド「アップルカード」の新サービスを開始する予定で、ゴールドマン・サックスが発行会社になる。クレジットカード事業においては、すでにJPモルガン・チェースやシティグループが強力な顧客基盤を有しており、後発の参入になるゴールドマン・サックスの行方が注目される。

ゴールドマン・サックス（8）
投資マネジメント部門

同社の投資マネジメント部門（Investment Management）は、機関投資家と富裕層、両方の資産運用・管理業務を行っており、アセット・マネジメントとウェルス・マネジメント両方が含まれる。

預かり資産（2018年末時点）は、約1・54兆ドルで、機関投資家、富裕層の個人、その他で約3分の1ずつとなっている。英国IPEによる調査では、アセット・マネジメント業務において同社は、世界第12位（2018年）である。

ここ数年、同社はいくつかの資産運用会社を買収した。

2012年にドワイト・アセット・マネジメント、2013年にドイツ銀行アセット&ウェルス・マネジメントの一部資産、そしてRBSアセット・マネジメントのグローバル・トレジャリー・ファンドを買収し、預かり資産を拡大させた。

新任のソロモンCEOは、これまで投資・貸出部門に含めていた「マーカス」ビジネスを、投資マネジメント部門へ移すとしている。同氏は、「マーカス」を活用した新規の顧客開拓を通じて、プライベート・ウェルス・マネジメント業務を拡大させていきたい考えを示している。

投資マネジメント部門では、フィンテックベンチャー、ケンショー・テクノロジーズのシステムが使われていると報道されている。

ケンショー・テクノロジーズとは、人工知能関連のベンチャー企業で、ゴールドマン・サックスだけでなく、JPモルガン・チェース、モルガン・スタンレー、バンク・オブ・アメリカ、シティグループ、グーグル、CNBC、そして米CIA関連企業も出資している企業である。

ケンショー・テクノロジーズは、2013年にカナダ人でハーバード大学出身のダニエル・ナドラー氏が起業した会社で、ハーバード・スクエアにオフィスがある。

ケンショーという社名は、ナドラー氏が来日した際、お寺巡りで経験した禅の「見性」という悟りから取られた。同社のAIシステム「ウォーレン」は、投資家ウォーレン・バフェット氏に由来する。

2014年夏、ナドラー氏は、ゴールドマン・サックスのチャベス氏と会い、同氏の支持を得てゴールドマン・サックスの膨大な取引データの提供を受け、トレーダーのための開発を続けた。

ゴールドマン・サックスは、同社の技術を、直観的なプラットフォームと洗練されたアルゴリズムと高く評価している。

「ウォーレン」は、ビッグデータを活用したＡＩ技術によって、世界のさまざまなニュース（中央銀行の発表・経済情勢・政治情勢など）が金融市場に及ぼす影響を自動的、かつ瞬時に分析できる技術を有するという。利用する投資家側は、投資資産の相互依存関係を把握したり、ＡＩで作成されたレポートを読むこともできる。

２０１８年4月、ケンショー・テクノロジーズは、Ｓ＆Ｐグローバル社に買収された（約5・5億ドル）。ケンショー側は、フィンテックベンチャーに積極的に出資しているＳ＆Ｐグローバル社の傘下に入ることで、膨大なデータを活用できるとしている。

ナドラー氏は、フィンテックを活用することによって、今後10年間にゴールドマン・サックスの従業員数が大幅に削減されると予想している。

ゴールドマン・サックス（9）

ソロモン新ＣＥＯの聖域なき見直し・起業家精神

２０１８年10月、ゴールドマン・サックスは、ロイド・ブランクファイン氏の引退と、デイビッド・ソロモン氏の新CEO就任を発表した。

前任のブランクファイン氏は、2006年から長らくCEOを務め、JPモルガン・チェースのジェイミー・ダイモンCEOと同様、リーマン危機を乗り越え、なおトップを務めてきた。なお、当初次期CEOの最有力候補と言われていたゲイリー・コーン元COO（最高執行責任者）は、2017年にトランプ政権に加わる決断をしている。

後任のソロモン氏は、ベアー・スターンズなどを経て、1999年にゴールドマン・サックスに入社し、事業を構築する能力や、伝統的な投資銀行部門をまとめ上げた実績、また人材を生かす能力が高く評価された。プライベートではD-Solという名のDJとしても活動しており、「Don't Stop」というファースト・シングルをリリースしているユニークな経歴の持ち主でもある。

ブランクファイン前CEOは、トレーディング部門出身であった。それに対して、ソロモン新CEOは、伝統的な投資銀行部門出身である。

2000年代を通じて拡大してきたトレーディング業務は、収益の頭打ちが避けられない状況となっており、M&Aアドバイザリーなどの伝統的な投資銀行業務への回帰が強まっている。

そのようななか、ソロモン氏の新CEO就任は、トレーディング依存型経営モデルからの脱却を象徴していると報道された。

さらに新COO（最高執行責任者）にM&Aアドバイザリー業務出身者、新CFO（最高財務責任者）にリテール業務出身者が就任しており、トレーディング業務の影が薄くなり、リテール業務への本気度がうかがえる人事となった。

同社の「マーカス」を通じたリテール部門への挑戦は、未知数である。

あるアナリストは言う、「ゴールドマン・サックスが、これまで金融専門家や超富裕層向けに提供してきた高度な金融サービスを、一般消費者向けへ拡大するということは、キャビアを給仕するビジネスから、チーズバーガーを提供するビジネスへとシフトしているようだ」と。

このようなブランクファイン氏が道筋をつけた新たな事業戦略に、ソロモン新CEOがどのように挑むか注目されている。2019年にゴールドマン・サックスは、創立150周年を迎える。

モルガン・スタンレー（1）
ゴーマン体制発足まで

モルガン・スタンレーは、グラス・スティーガル法（1933年）によって銀証分離が定められたことを背景に、JPモルガンより証券引受業務を行う投資銀行部門として分離独立し、1935年、ニューヨークに設立された。社名は、JPモルガンの孫ヘンリー・S・モルガンと、ハロルド・スタンレーに由来する。

このような設立経緯から、モルガン・スタンレーは、JPモルガンの優良顧客基盤をそのまま引き継ぐことができたため、設立当初より格の高さで突出し、長らくトップを独占していた。

しかし、1960年代以降、引受業務において競争入札を促す市場整備も進み、競争が激しくなった。資金需要が活発化し、発行額が増大するなか、一般の個人顧客に対しても高い販売力を有する証券会社が有利になったのである。ファースト・ボストン、リーマン・ブラザーズ、メリルリンチ、ゴールドマン・サックスなどの競合他社が台頭し、引受上位を争った。

それまでモルガン・スタンレーは、地方の証券業界との連携を保つことで、自ら販売網を持たずとも、プライマリー業務で圧倒的な強さを発揮してきた。しかし、機関投資家とのビジネスを拡大する上でも、セールス&トレーディングなど、セカンダリー業務への拡大が必須となっていった。

モルガン・スタンレーは、1969年に不動産業務、1971年にセールス&トレーディング業務、M&Aアドバイザリー業務、1975年に機関投資家向け資産運用業務を開始し、業容を拡大していった。

1980年代には、セールス&トレーディング業務、M&Aアドバイザリー業務などからの収益が大きなシェアを占めるに至り、今日のモルガン・スタンレーの収益基盤の一翼を担う土台が形成されていったのである。

1997年には、自社より規模の大きかった証券会社ディーン・ウィッター・ディスカバーと合併し、モルガン・スタンレー・ディーン・ウィッター・ディスカバー・アンド・カンパニーになった。

モルガン・スタンレーが、政府・国際機関・法人顧客向けにグローバル展開していたのに対し、ディーン・ウィッターは、米国を中心にした個人顧客向け証券業務・資産運用業務に強みを有していた。両社合併により、法人及び個人両方に強みを持つ投資銀行に生まれ変わった。

もともと両社のトップは、20年来の知り合いであったほか、モルガン・スタンレー側がディーン・ウィッターの株式公開業務を引き受けるなど、関係が深かった。

新会社は、トップのメリルリンチに次ぐ業界第2位の規模へと躍り出た。

社名は、合併翌年の1998年にモルガン・スタンレー・ディーン・ウィッター・アンド・カンパニーへ短縮され、さらに2001年にディーン・ウィッターが外れ、現社名モルガン・スタンレーへと変更された。新会社のCEOには、ディーン・ウィッター側のトップで、マッキンゼー出身のフィリップ・パーセル氏が就任した。

しかし2005年、シニアバンカーの流出、業績不振、株価低迷を受けてパーセル氏は辞任に追い込まれ、モルガン・スタンレー側のジョン・マック氏がCEOに就任した。

マック氏は、モルガン・スタンレーに約30年近く勤務してきた生え抜きで、1997年にディーン・ウィッターと合併した直後、ナンバー2のCOOに就任していた。しかし、前任のパーセル氏との権力闘争に敗れ、2001~2004年までクレディ・スイスのCEOを務めていたのである。

2008年のリーマンショックの際に、マックCEOは、金融監督当局より、モルガン・スタンレーをJPモルガン・チェースなどへ売却するよう、圧力を受けたという。

同社は、中国の政府系ファンド中国投資有限責任公司（CIC）や、三菱UFJフィナンシャル・グループより出資を受け、さらに、銀行持株会社に転換することで乗り切った。

同氏は、リーマンショック翌年の2009年末までCEOを、2012年まで会長職を務めた。

2010年1月に新CEOに就任し、2012年以降、会長職も兼務しているのは、ジェームズ・ゴーマン氏である。

同氏は、オーストラリア出身で、渡米後にマッキンゼーでシニアパートナーを、2001～2005年にメリルリンチで役員を務めた。モルガン・スタンレーには、2006年に入社し、ウェルス・マネジメント部門でプレジデント&COOを務めた。

同氏がCEOに抜擢された理由は、ウェルス・マネジメント部門を率いていた当時、シティグループ傘下にあったスミス・バーニーを買収し、同部門を主力ビジネスへと飛躍させた功績が高く評価されたからである。

2009年にモルガン・スタンレーは、金融危機で経営が悪化したシティグループから、スミス・バーニーの株式約51%を買収した。残りの株式については、段階的にモルガン・スタンレーが買収する枠組みで決まっていたが、株式を手放すシティグループが約220億ドル強の価値を主張したのに対して、買収する側のモルガン・スタンレーが約90億ドル強を主張し、なかなか折り合いがつかなかった。最終的に2012年、約135億ドルの評価で決着し、モルガン・スタンレーは、2015年6月までにスミス・バーニーの全株を買い取ることで合意した。

スミス・バーニーを得たことにより、モルガン・スタンレーは、富裕層向けビジネスを強化させた。またゴーマン氏の、伝統的な投資銀行モデルに拘らない経営スタイルは、高く評価されている。

モルガン・スタンレー（2）
危機を救った三菱UFJフィナンシャル・グループとの関係

リーマン・ブラザーズ破綻直後の2008年9月22日、モルガン・スタンレーは、筆頭株主として三菱UFJフィナンシャル・グループ（以下MUFG）から約90億ドルの出資（議決権約21%）を受け入れた。同時に、MUFGから取締役を受け入れること、今後もMUFGの出資比率20%を維持することを発表した。

2009年6月、MUFGは、モルガン・スタンレーが約22億ドルの普通株公募増資を決めた際、出資比率の20%を維持するため、約4・4億ドルの追加出資を行った。結果、MUFGは、発行済流通普通株式の約22・62%に相当する普通株・転換型優先株式（配当利回り10%）を取得した。

同優先株式については、2011年4月に普通株式へ転換している。普通株式への転換に伴い、モルガン・スタンレー側の配当負担額が減り、MUFG側の影響力が強化された。なお、配当利回りは、バフェット氏によるゴールドマン・サックスへの出資を参考にしたと報道されている。

MUFGは、モルガン・スタンレーを持分法適用会社とし、取締役派遣も1人から2人へ増員した。その後、モルガン・スタンレーが自社株の取得を進めた結果、MUFGの実質保有比率が約24・53%（2018年4月時点）へ上昇した。

2008年にMUFGがモルガン・スタンレーに出資した際、米国連邦準備制度理事会に対して行った誓約事項により、実質保有比率を24・9%未満にすることが求められており、超える場合は売却するとしている。なお、MUFG側が、発行済み株式の20%以上に拘ったのは、業務提携面と、経営への影響力を維持したい考えが背景にあった。

２０１０年５月、日本での業務提携については、当初発表された証券会社を１社へ全面統合する案から後退し、２社を母体にそれぞれ存続させる形になった。

「三菱ＵＦＪモルガン・スタンレー証券（ＭＵＦＧ60％、モルガン・スタンレー40％）」は、モルガン・スタンレーの投資銀行部門約１００人強が合流し、投資銀行業務と個人向け業務を行う。「モルガン・スタンレーＭＵＦＧ証券（モルガン・スタンレー51％、ＭＵＦＧ49％）」は、機関投資家向けの業務が中心になっている。モルガン・スタンレーは、ＭＵＦＧとの結びつき強化により、三菱グループからの案件も増えたといわれている。

しかし、支援から約10年を経過した今、両行の関係を再考すべき節目を迎えている。

というのもＭＵＦＧによる出資は、危機対応の特例措置として約10年間、自己資本への参入が認められたものの、今後、控除されるためである。金融システムの安定性を保つため、金融機関同士の出資は、自己資本から差し引かれる。このため、２０１９年３月以降、毎年20％ずつ控除され、５年間で約90億ドル全額が控除されてしまうことになる。

モルガン・スタンレー（3）

順調に推移する収益

金融危機前は、業績面でゴールドマン・サックスの方が、やや上回っていた。しかしここ数年、年によりややばらつきのみられるゴールドマン・サックスの純利益に対して、モルガン・スタンレーの純利益は、安定的に伸びてきている（図表5―2）。

非金利収入が純収益の約9割を占め、投資銀行・トレーディング部門からの利益が最大であるという点は、ゴールドマン・サックスと同じである。

ただし、モルガン・スタンレーにおいては、投資銀行・トレーディング部門収益が、ここ数年順調であることに加えて、スミス・バーニー買収によって、ウェルス・マネジメント部門も純収益の約4割を占めるまでに成長している点に特徴がある。

一方、経費率は約72％（2018年）あり、ゴールドマン・サックスや他行と比較して、高めの水準にある。

図表5-8　モルガン・スタンレー：業績

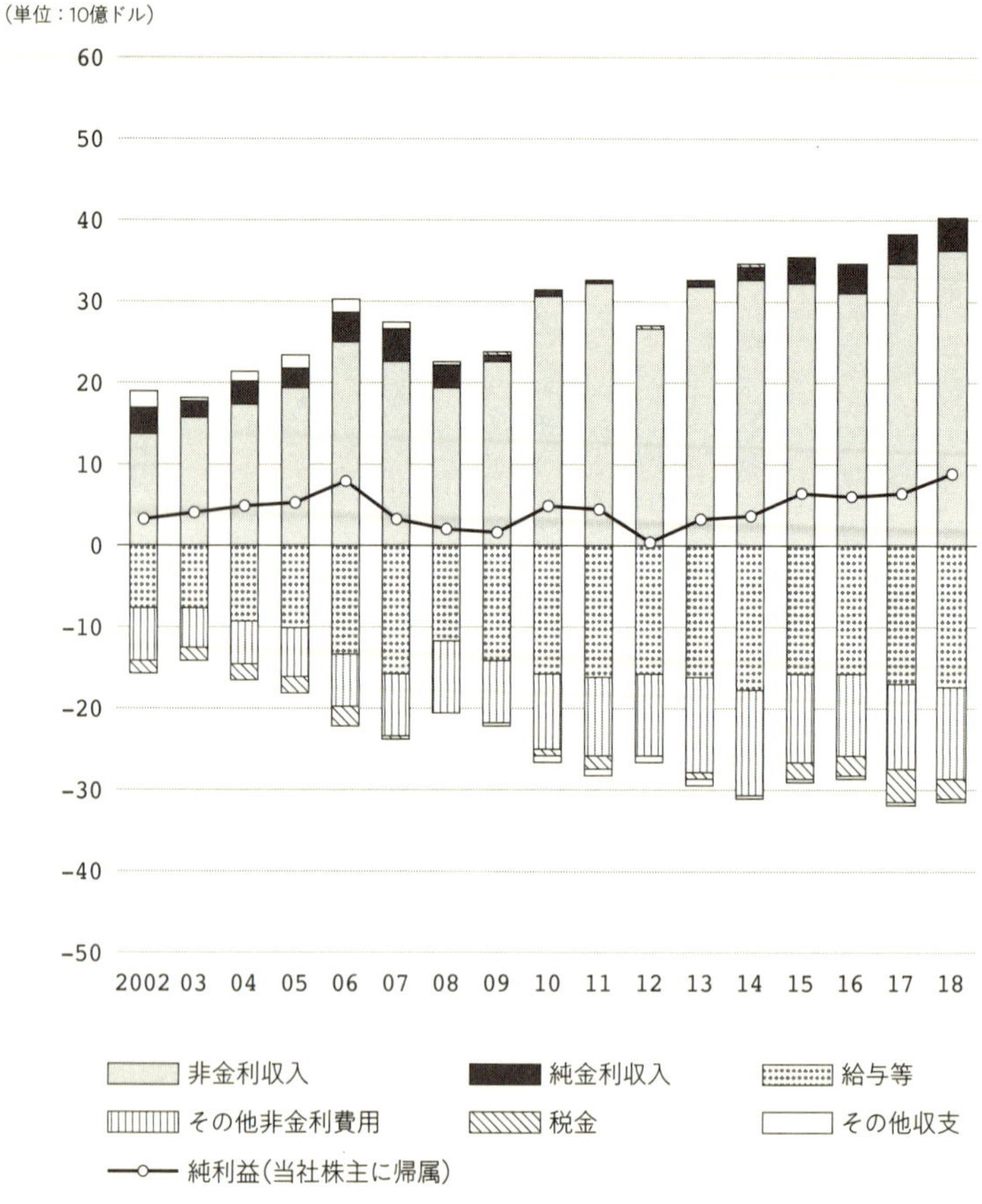

(出所)モルガン・スタンレーの決算資料より作成

図表5-9　モルガン・スタンレー：セグメント別純利益*

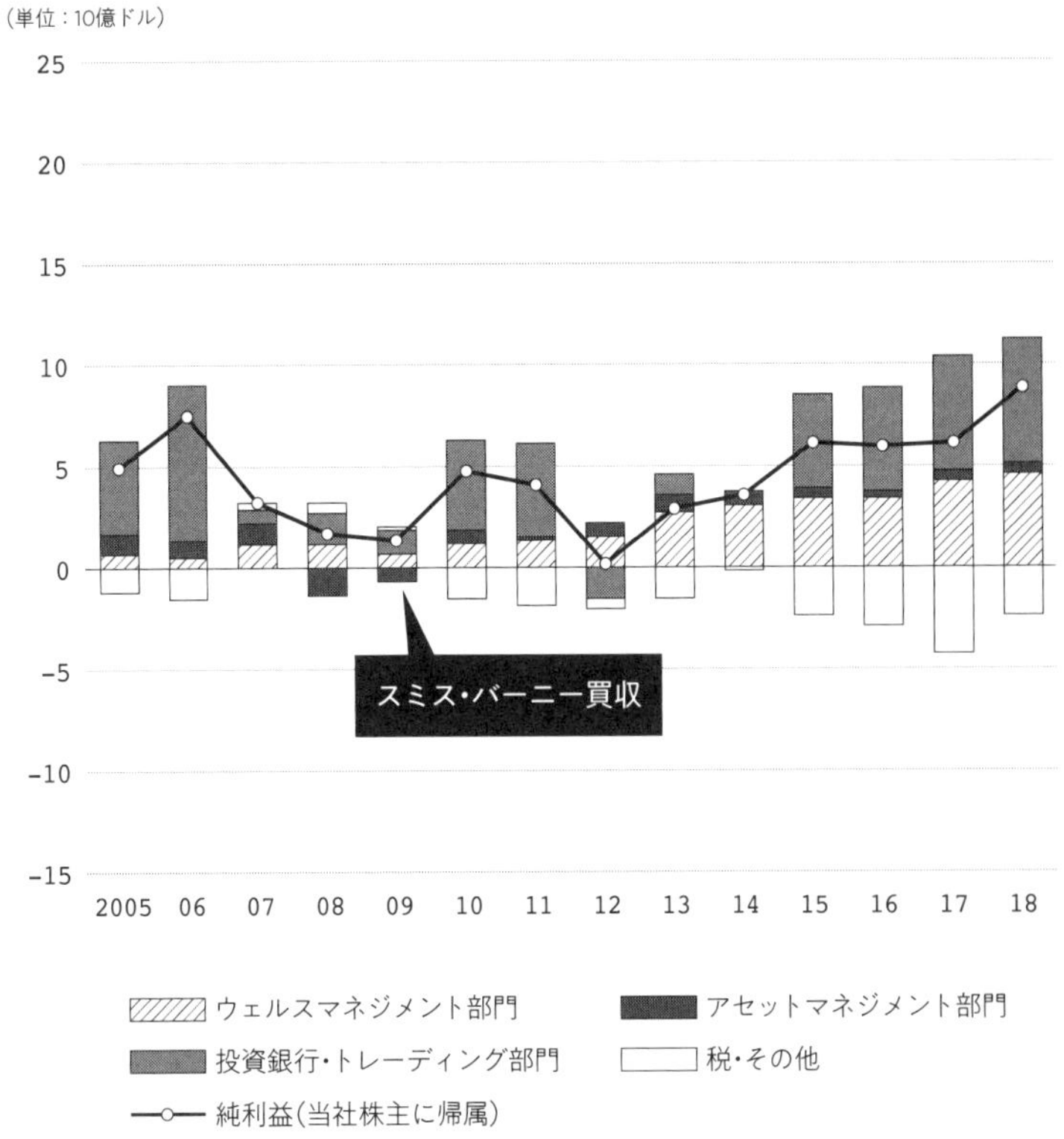

(出所)モルガン・スタンレーの決算資料より作成。部門は税前ベース
※純利益(当社株主に帰属)ベースの為、積み上げ棒グラフ合計と若干異なる点に留意

モルガン・スタンレー（4）

約5割を占める投資銀行・トレーディング部門

同社最大の部門は、投資銀行・トレーディング部門（Institutional Securities）で、純収益の約5割を占める（2018年）。2018年の純収益は、約206億ドルになった。

最大の稼ぎ頭は、セールス＆トレーディング業務で、その約半分を占める。

同社は、株式トレーディング業務に強みを有し、主力ビジネスであるプライム・ブローカレッジ業務において、ゴールドマン・サックスやJPモルガン・チェースとトップを競っている。

プライム・ブローカレッジ業務では、ヘッジファンドなどの顧客に対し、マージン取引、エクイティ・スワップ、貸株取引、キャッシュマネジメント、テクノロジーサポートなどのサービスを提供している。前章で述べた通り、JPモルガン・チェースは、プライム・ブローカレッジ業務に強かったベアー・スターンズ買収によって、本格参入した。

レバレッジ・レシオの厳格化など、金融規制が大幅に強化されるなか、ドイツ銀行やUBSなど欧州の金融機関は、金融危機前より利幅が薄くなったプライム・ブローカレッジ業務を、相次いで縮小させている。他方、米国勢は攻勢を緩めておらず、ゴールドマン・サックスは北米地域でシェアが高く、モルガン・スタンレーは欧州やアジア地域でシェアを伸ばしている。

債券トレーディング業務については、繰り返し述べたように、いずれの欧米金融機関も苦戦しており、モルガン・スタンレーも例外ではない。同社は2015年、債券トレーディング業務に絡み、約4分の1もの人員削減を行った。このようなリストラクチャリングの成果もあり、ここ数年堅調に推移し、回復傾向をみせている。

伝統的な投資銀行業務に目を向けると、M&Aアドバイザリー業務は、ゴールドマン・サックス、JPモルガン・チェース、モルガン・スタンレー3行のトップ争いになっている。モルガン・スタンレーは、単にM&Aアドバイザリー手数料を得るだけでなく、企業の経営者から、高く信頼されるような関係を構築することを最重視している。

たとえば、クラフト・ハインツによるユニリーバ、カナディアン・パシフィックによるノーフォーク・サザン買収攻勢などにおいては、買収を阻止するアドバイザーになった。

また、顧客であるEMC（世界最大のストレージ機器開発企業）に対しては、コンピューター大手デルによる買収を持ちかけることで、巨額のM&Aを成功させた例もある（約670億ドル）。

マイクロソフトによるリンクトイン買収（約260億ドル）、リバティィメディアによるフォーミュラワン買収（約80億ドル）でも、アドバイザーを務めた。

２０１８年は、米医療保険会社シグナのエクスプレス・スクリプツ買収（約５２０億ドル）などの案件も手掛けている。

株式引受業務においては、２０１７年3月にアプリ「スナップチャット」を運営する米スナップ社の上場（約34億ドル調達）に際し、ゴールドマン・サックスやＪＰモルガン・チェースを含む7行と共同主幹事を務めた。また中国郵政儲蓄銀行の上場に際しても、ゴールドマン・サックスやバンク・オブ・アメリカと共同主幹事を務めている。

モルガン・スタンレー（5）

主力ビジネスに成長したウェルス・マネジメント部門

ウェルス・マネジメント部門（Wealth Management）は、ゴーマン会長兼ＣＥＯが、２００６年以降、直接率いてきた部門である。前述の通り同部門は、純収益の約4割を占め、主力ビジネスへと大きく成長し、グループを牽引している。２０１８年の純収益は、約１７２億ドルとなった。

同部門の顧客預かり資産は、スミス・バーニー買収によって築かれた面が大きい。前述の通り同社は2009年、シティグループ傘下にあったスミス・バーニーの株式約51%を買収し、段階的に残りの株式も取得した。同買収によって、同社のウェルス・マネジメント部門の顧客預かり資産は、2008年末の約5500億ドルから2009年末約1・56兆ドルへと約3倍に拡大し、2018年末時点で約2・3兆ドルに達した。

ウェルス・マネジメント業務で比較されるのは、UBSやバンク・オブ・アメリカである。英国のスコーピオ・パートナーシップの発表（各行の財務報告書からの推計値）によれば、2017年のランキングは、1位UBS、2位モルガン・スタンレー、3位バンク・オブ・アメリカ（AUMベース）となっている。各行共に集計の基準が若干異なるものの、トップ3行の顧客預かり資産は、いずれも2兆ドルを超えており、他行と比較して突出した規模となっている。

同社のウェルス・マネジメント部門は、富裕層及び中小企業に対して、証券業務の提供、資産運用アドバイス、融資などを行っている。

図表5-10　ウェルス・マネジメント顧客預かり資産残高

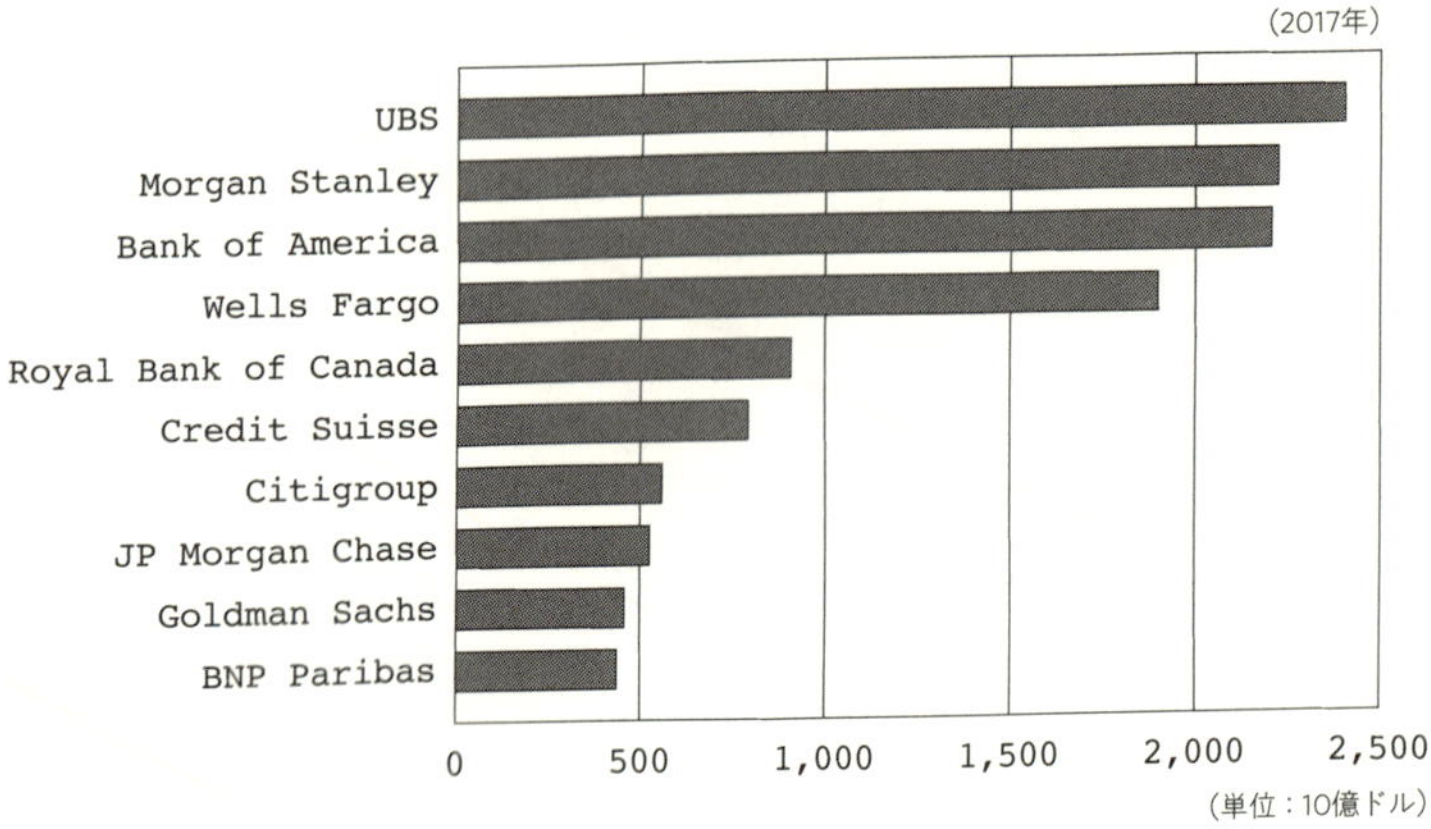

(出所)スコーピオ・パートナーシップの資料より作成　＊バンク・オブ・アメリカは、AUMベース

また資産を預かる顧客に対して、手数料（年間250ドル〜）を得て、資産運用や投資のサポート及びコンサルティング業務を行う「管理手数料型サービス」も提供しており、力を入れている。このような「管理手数料型サービス」を利用する顧客の預かり資産残高は、2018年末で約1兆ドルに達し、全預かり資産の約45%を占める。

同社には、約1・6万人のファイナンシャル・アドバイザーがおり、顧客に対して対面や電話などで資産運用のアドバイスを行ってきた。しかし、このような伝統的なサービスは、労働集約型である上、商品の種類も多く、投資オプションも多岐にわたる。

このため、より低コストで効率的にアドバイスが行えるよう、2017年12月より、オンライン投資プラットフォーム、「モルガン・スタンレー・アクセス・インベスティング」を導入している。同システムは、投資オプションを提示するだけでなく、AIの機械学習によって顧客の好みにも柔軟に対応できるシステムになっており、ロボアドバイザーともいわれている。

同システムを利用するための最小投資額は、5000ドルである（資産管理手数料0・35%）。

また同社は、米資産運用会社ブラックロックの「アラディン」システムとの統合も進めており、同システムを活用して顧客に対し、リスク管理のプラットフォームを提供する計画との報道もされている。なお、競合他社のバンク・オブ・アメリカは、2017年に「メリル・エッジ」を導入している。

米資産運用会社ブラックロックの「アラディン」

米資産運用会社ブラックロックの「アラディン」システムは、Asset Liability and Debt and Derivatives Investment Networkの略称である。報道（2017年9月末時点）によれば、85の資産運用会社が顧客になっており、約18兆ドルもの資産を扱っている。

当初、ブラックロック社内のリスク管理用に導入されたシステムであったが、開発が進むにつれて、その他大手の資産運用会社にもライセンス提供されるようになった。具体的な例としては、ドイチェ・アセット・マネジメント、シュローダー、カルパースなどの名前がよく挙がっており、2019年3月に第一生命が導入を決めたと報道されている。

ブラックロック社内で利用されているのはもちろんのこと、ライバルのバンガード・グループも、補助システムとして活用しているという。クレディ・スイスの試算によると、資産運用会社トップ250の約9%、保険業界の約15%のシェアを有するとのことである。

「アラディン」は、アセット・アロケーション、ポートフォリオ分析、リスク・リターン分析など、資産運用業務全体のプロセスを、統合的にサポートするシステムを提供している。通常の資産クラス（債券、株式、為替、デリバティブ）に加えて、証券化商品、私募債など、さまざまな金融商品の分析に対応している。

これまで主に大手機関投資家向けに、資産運用会社で利用されてきた同システムであるが、機能を限定したウェルス・マネジメント用も、開発している。2017年には、UBSがウェルス・マネジメント業務で最初の顧客になったと報道されている。また2019年3月、HSBCもウェルス・マネジメント業務で契約した。

「アラディン」のライバルには、シムコープ（コペンハーゲン）の「ディメンション」があり、運用会社によっては、両方使っているケースもあるという。

モルガン・スタンレー（6）比較的小さい資産運用部門

同社の資産運用部門（Investment Management）は最も小さく、純収益に占める割合も約7％程度である。同部門では、政府・企業・保険会社、ファンドなどの機関投資家向けに投資戦略を提案し、運用を行っている。同社の預かり運用資産額は増えているものの、2018年末時点で約5000億ドル弱であり、1兆ドルを超えるゴールドマン・サックスと比較して小さい。

ゴーマン会長兼CEOは、資産運用部門の運用資産額を1兆ドル以上へ増やしたい考えであり、そのためには新たな買収が必要と言われている。

モルガン・スタンレー（7）安定的な収益基盤の維持とMUFGとの関係

モルガン・スタンレーは、トレーディング業務や投資銀行業務において、これまで通り強みを維持しつつも、ウェルス・マネジメント部門という安定的な収益基盤を得たことで、バランスの取れた収益構造を構築しつつある。

今後は、如何にして資産規模を拡大していくかが焦点となる。

ゴーマン会長兼CEOは、今後も「管理手数料型サービス」を拡充し、フィンテックを活用することによって、ウェルス・マネジメント部門の収益力強化を図っていく考えを明らかにしている。

投資銀行業務においては、高い競争力を有する株式セールス&トレーディング業務、株式引受業務、M&Aアドバイザリー業務を中心に、これまで通り高いシェアを維持し、業界をリードしていく役割を担うとしている。また経費率を下げて効率化を図ると共に、ROE10〜13%を目標にしている（2018年ROE約11・5%）。

注目されるのは、MUFGとの関係である。

前述の通りMUFGによる出資は、危機対応の特例措置として10年間、自己資本への参入が認められたものの、今後、控除されることになる。MUFG側は、これまでの良好な関係に満足しているとみられるものの、現状維持のままでいくのか注目される。

第6章

新たなビジネスモデルを模索する欧米金融機関

レバレッジド・ローンとローン担保証券「CLO」発行の拡大

主要国において、歴史的な金融緩和政策が継続されるなか、少しでも高いリターンを得られる金融商品に対するニーズは高い。そんななか、金融危機後、レバレッジド・ローンやローン担保証券「CLO」市場が急拡大しており、金融監督当局は、警戒感を強めている。

米S&Pグローバル・マーケット・インテリジェンスによると、レバレッジド・ローン市場は、この10年で約2倍の約1・2兆ドルへ拡大したとされる（フィナンシャルタイムズ紙、2019年1月23日）。他方、イングランド銀行は、レバレッジド・ローン市場の明確な定義がないことから、市場規模を試算することが難しいとしつつも、より広範に推定すれば、その額は約2・2兆ドルに達するとしている（イングランド銀行「フィナンシャル・スタビリティ・レポート」2018年11月）。

レバレッジド・ローンは、シンジケート・ローン（複数の金融機関による協調融資）の内、信用格付けが「投機的格付け」を意味するダブルB格以下の企業（或いは発行時の金利がある一定水準を超えるもの）に対する貸付を指す。つまり、レバレッジド・ローンは、低格付け企業向け融資のため、相対的に金利が高く設定される。

活用事例としては、リファイナンスやM&A目的が多く、たとえば、レバレッジド・バイアウト（以下LBO）を行うPEファンドによる借入も積極的である。LBOは、買収対象となる企業の資産や事業などを担保に、借入を行う。これらレバレッジド・ローンを取引する市場は、バンク・ローン市場といわれ、新規発行市場と流通市場が存在する。

社債市場のハイ・イールド債（ジャンク債）と比較して、レバレッジド・ローンは、デフォルト時の弁済順位が高く、担保があり、コベナンツ（財務制限条項）が付され、安全性が高いとみられていることから、投資家の人気が高い。また変動金利であることから、利上げ局面で、より魅力的な金融商品となっている。

そして、このレバレッジド・ローン市場が拡大し続ける最大の理由は、数百社分のローンを束ねて特定目的会社に移管し、ローン担保証券「CLO（Collateralized Loan Obligation）」化して、投資家に販売することができる点にある。

アレンジャーである金融機関側の立場でみれば、リスク管理面で、ローンとして自身のバランスシートに抱え込むことなく、手数料収入を獲得できる点でメリットが大きい。そして、世界的な金融緩和政策下において、生み出される過剰流動性により供給される投資資金は、一部、ミューチュアルファンドなどを通じて、これら「ＣＬＯ」投資に向かっている。「ＣＬＯ」の発行残高は、２０１８年末時点で約６０００億ドルと報道されている。

しかし、「ＣＬＯ」はサブプライム危機を引き起こしたのと同様に、いわゆる証券化商品であり、ＦＲＢやＩＭＦなどは、経済全体へのリスクになりかねないとして、警戒感を強めている。

まず、これらローンの特徴として、低格付け企業向け融資であることから、相対的にみればデフォルトリスクが高い。この点について過去の実績値から、デフォルト確率が高くないとするデータは、発表されている。

しかし、変動金利であるということは、金利が上昇すれば借り手側の負担も増大する。また、全体的なデフォルト確率が低いと言っても、下位トランシェを掴まされた場合は、もちろんその限りではない。さらに、現在のように投資家の需要が高く、貸出競争が激化し、借り手側が有利になっている環境下において、アレンジャー側が手数料収入を得ることに目を奪われて、融資の質が低下していないか、不安が残る。

最近、問題視されているのは、コベナンツ・ライトと呼ばれる融資の拡大で、市場の約8割超を占め、主流になっている点である。

通常のコベナンツは、投資先企業のレバレッジ比率などの財務指標を、四半期毎にモニターしている。そして財務が悪化した場合、投資家は、早期に回収することが可能となる。他方、コベナンツ・ライトは、投資先企業が追加の借入などを行わない限り、財務制限をかけることがないという（「週刊金融財政事情」2019年5月13日号）。

このような「CLO」市場の急速な拡大に対し、各国の金融監督当局は、リスク・リテンション規制を厳格化している。

リスク・リテンション規制とは、証券化する主体者が、リスクの一定割合を保有することにより、無責任なリスクの移転を防止することを企図している。米国のドッド＝フランク法では、2016年12月より、組成して販売する譲渡人は、証券化した「CLO」の信用リスクを5％以上保有することを義務づけた。ただし、2018年2月に行われた裁判によって、オープンマーケット「CLO」については、この5％ルールが適用されないことになった。

日本の金融庁においては、2019年3月より、担保資産の当初債権者が、信用リスクの5％以上保有していると確認できない「CLO」について、通常の3倍ものリスクウェイトを課すと厳格化した。ただし、厳格な分析によって、不適切な原資産の組成がなされていないと判断できれば、3倍のリスクウェイトは適用されない。

IMFは、金融機関の「CLO」保有について、邦銀が突出していると指摘しており、農林中央金庫などの保有額が大きい。

新規「CLO」発行のアレンジャー上位には、シティグループ、バンク・オブ・アメリカ、モルガン・スタンレー、ウェルズ・ファーゴ、JPモルガン・チェースなどが名を連ねる。

特にトップのシティグループは、新規「CLO」の発行で全体の約17%のシェア（2017年）を有し、積極的に関わっている様子がうかがえる。その額は、2012年と比較して約5倍に拡大している。

シティグループのアニュアルレポートをみると、連結対象外の特別目的会社（SPE）を通じて、これら「CLO」を保有している。ただし、金融危機当時と比較して、SPEの規模そのものは、約4分の1の水準に留まっている。

今のところ「CLO」のデフォルト確率は高くないと試算されているものの、今後、融資の質の低下や、各行におけるこれら資産の保有残高が膨張しないか、注意深く見守る必要がある。

新たなビジネスモデルを模索する欧米金融機関

欧米の金融機関は、リーマンショック以降、大きな環境変化に見舞われた。

金融危機の影響を大きく受けた欧米の金融機関は、経営体制の立て直しを余儀なくされ、バランスシート調整を行ってきた。また、金融規制が大幅に強化（より厳しい自己資本の積み上げ、自己勘定取引の制限など）されたことにより、欧米金融機関は、2000年代を通じて急拡大させてきたトレーディング業務を縮小し、商業銀行業務や伝統的な投資銀行業務などへの回帰を迫られている。

金融危機から10年を経た今日、欧米金融機関が志向するビジネスモデルは、大きく2つに分けられる。①金融危機後もユニバーサル・バンク体制を維持する金融機関、そして、②専門性の高い事業（投資銀行業務や資産運用業務など）に特化する金融機関である。

①のカテゴリーに分類されるのは、四大米銀（JPモルガン・チェース、バンク・オブ・アメリカ、シティグループ、ウェルズ・ファーゴ）、欧州のドイツ銀行やBNPパリバなどである。そして、②のカテゴリーに分類されるのは、米国においてゴールドマン・サックスやモルガン・スタンレー、欧州においてUBSなどである。

欧米金融機関のセグメント別収益を概観することで、ビジネスモデルを比較してみたい。

金融機関の業務は多岐にわたるが、主に「リテール業務」「法人営業（商業銀行業務）」「投資銀行業務」「アセット・マネジメント業務」「ウェルス・マネジメント業務」に大別される。しかし、残念ながら金融機関によっては、財務報告書から同分類に分けられないケースがある。このため、より容易に比較可能な、①「リテール業務」②「法人営業（商業銀行）・投資銀行業務」③「資産運用・管理業務（アセット・マネジメント・ウェルス・マネジメント）」という3分類で概観したい。

図表6―1～5の三角ダイアグラムは、前述3分類セグメントについて、純収益を総資産額で割った比率を示している。各金融機関の資産規模が異なるため、総資産額で割ることによって、比較可能にしている。

ただし、米国とEUでは、採用する会計基準が異なるほか、各社のセグメント分類や集計方法にも違いがある。たとえば、ゴールドマン・サックスは、開始したリテール業務「マーカス」が、未だ「法人営業・投資銀行業務」に含まれてしまっている。このように、各行におけるセグメント分類は、あくまでも概観を掴むための参考程度という点に留意されたい。

【金融危機後もユニバーサル・バンク体制を維持する金融機関（米国のケース）】

ＪＰモルガン・チェース、バンク・オブ・アメリカ、ウェルズ・ファーゴを比較すると、収益構造が非常に似通っている。

3社共に「リテール業務」、「法人営業・投資銀行業務」、「資産運用・管理業務」、3方向すべての機能を持つユニバーサル・バンクとして、事業展開を進めていく方向にある。なお、シティグループは、スミス・バーニーを売却したため、独立した資産運用・管理部門が存在しない。

「リテール業務」は、4社共にライバルとして鎬を削っている。

クレジットカード事業は、ＪＰモルガン・チェースとシティグループが激しいシェア争いを繰り広げており、それをバンク・オブ・アメリカが追う構図になっている。ウェルズ・ファーゴもそれなりにカード事業を行っているものの、ほか3社と比較すると小さい。特に足下、ウェルズ・ファーゴにおいては、一連の不正営業疑惑による影響も足枷となっている。

「法人営業・投資銀行業務」においては、網羅的にＪＰモルガン・チェースが強い。

ＪＰモルガン・チェースは、シティグループと債券トレーディング業務で、バンク・オブ・アメリカと債券引受業務で、トップの座を競っている。

また、M&Aアドバイザリー業務や株式引受業務などにおいては、ゴールドマン・サックスやモルガン・スタンレーと鎬を削っている。

「資産運用・管理業務」は、ウェルス・マネジメント業務において、メリルリンチを買収したバンク・オブ・アメリカが、主力ビジネスへと大きく成長させた。バンク・オブ・アメリカは、同業務においてライバルであるUBSやモルガン・スタンレーに対抗するべく、他の業務との連携や、フィンテックを活用した預かり資産の拡大・効率化による収益性向上を図る方針である。

アセット・マネジメント業務については、JPモルガン・アセット・マネジメントが、資産運用額で世界第7位となっている（IPE、2018年）。

【金融危機後もユニバーサル・バンク体制を維持する金融機関（欧州のケース）】

BNPパリバとドイツ銀行は、引き続きユニバーサル・バンク体制を維持しているものの、BNPパリバがリテール業務を主体とし、ドイツ銀行が投資銀行業務を主体としている。会計基準が異なる事情があるものの、米銀と比較した場合、共に資産規模に対する収益性が低い。

欧州と米国とでは、市場の大きさや、景気や資金需要といったマクロ的な経済環境が異なるものの、たとえば単純に経費率を比較しても、ＪＰモルガン・チェースの約58％に対して、ＢＮＰパリバが約72％、ドイツ銀行が約93％あり、米銀よりコスト面での負担が高い。

この点、ＢＮＰパリバも、フィンテックの活用や、小売業者などと提携し、積極的に消費者金融や自動車ローンなどを展開することで業容範囲を拡大し、利鞘を確保する努力をしている。

ドイツ銀行については、中核である法人営業・投資銀行業務について、残念ながらバランスシート調整が不十分である。トレーディング業務への依存を脱し、高い経費率を引き下げる必要があるものの、リストラクチャリングにはコストもかかることから、業績が低迷するなかで厳しい運営が求められている。ドイツ銀行においては、法人営業・投資銀行業務でいかに収益力を上げていくか、買収したポストバンクとの相乗効果をいかに生み出していくかに加え、安定的な収益源の確保が大きな課題である。

【専門性の高い分野に事業を特化させている金融機関】

ゴールドマン・サックスとモルガン・スタンレーは、これまでの投資銀行としての歴史もあり、専門性の高い分野に事業を特化させている金融機関といえる。共に投資銀行業務において、非常に高い競争力と収益性を有している。しかし、トレーディング業務収益に過度に依存するビジネスモデルは、維持困難になっており、伝統的な投資銀行業務への回帰がみられるものの、ＪＰモルガン・チェースをはじめとする大手米銀と、厳しい競争に晒されている。

２０１８年11月に米司法省は、マレーシアの政府系ファンド１ＭＤＢを巡る巨額の資金流用問題に、ゴールドマン・サックスの元行員２人が関与したとして、海外腐敗行為防止法違反の罪で起訴した。ゴールドマン・サックスは、２０１３年までの１年間に約60億ドルを超える１ＭＤＢの債券発行を引き受け、手数料を得ていたが、案件を獲得する目的で政府高官に賄賂を渡していたと報道されている。このようなゴールドマン・サックスの事件は、熾烈な競争から生じた歪みのようにも感じられる。

前述の通りゴールドマン・サックスは、リテール業務について、フィンテックを活用した「マーカス」ビジネスを展開しており、同オンライン・プラットフォームを通じて、個人への預金や貸出を着実に増やしている。現在は、投資・貸出部門として法人営業・投資銀行業務のなかに含まれてしまっているものの、今後は投資マネジメント部門へ移管し、ウェルス・マネジメント業務の一環として拡大させていきたい考えである。とはいえ、収益の柱に育てられるかは、未知数である。

モルガン・スタンレーは、スミス・バーニー買収によって、法人営業・投資銀行業務だけでなく、強力なウェルス・マネジメント業務を有することになった。同業務においても、フィンテック（「モルガン・スタンレー・アクセス・インベスティング」「アラディン」）を活用し、強化を図っていく方向とみられる。

また、同社においては、引き続きMUFGとの関係にも注目される。

欧州での代表例は、UBSである。

第2章で述べた通りUBSは、リーマンショック以降、それまで中核業務であった投資銀行部門を大幅に縮小し、リスク資産を減少させてバランスシート調整を進め、ウェルス・マネジメント事業を強化した。ただし、世界的なオフショア預金に対する監督が厳格化され、また税制改正の影響から米国への資金還流の動きもみられるなか、これらスイスの金融機関が、引き続きウェルス・マネジメント業務で収益を確保する手腕に注目される。

現在、専門性の高い分野に事業を特化させている金融機関においても、まず収益性を改善させるために、やむを得ずそのような形を取っているケースが多い。一部の金融機関は、競争力を有する事業領域・地域を特定し、適応しない業務・地域の縮小、撤退を迫られている。

図表6-1　**業務別純収益/総資産**

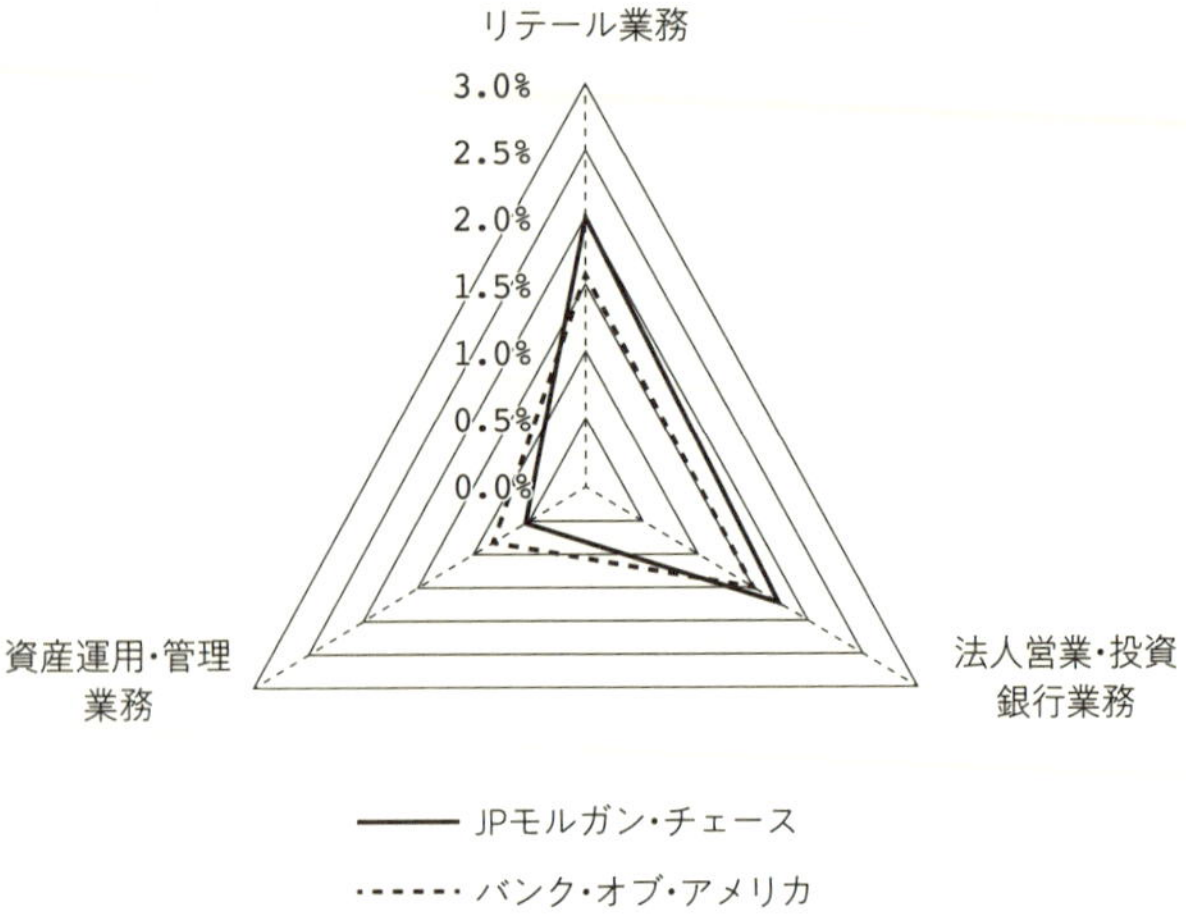

図表6-2　**業務別純収益/総資産**

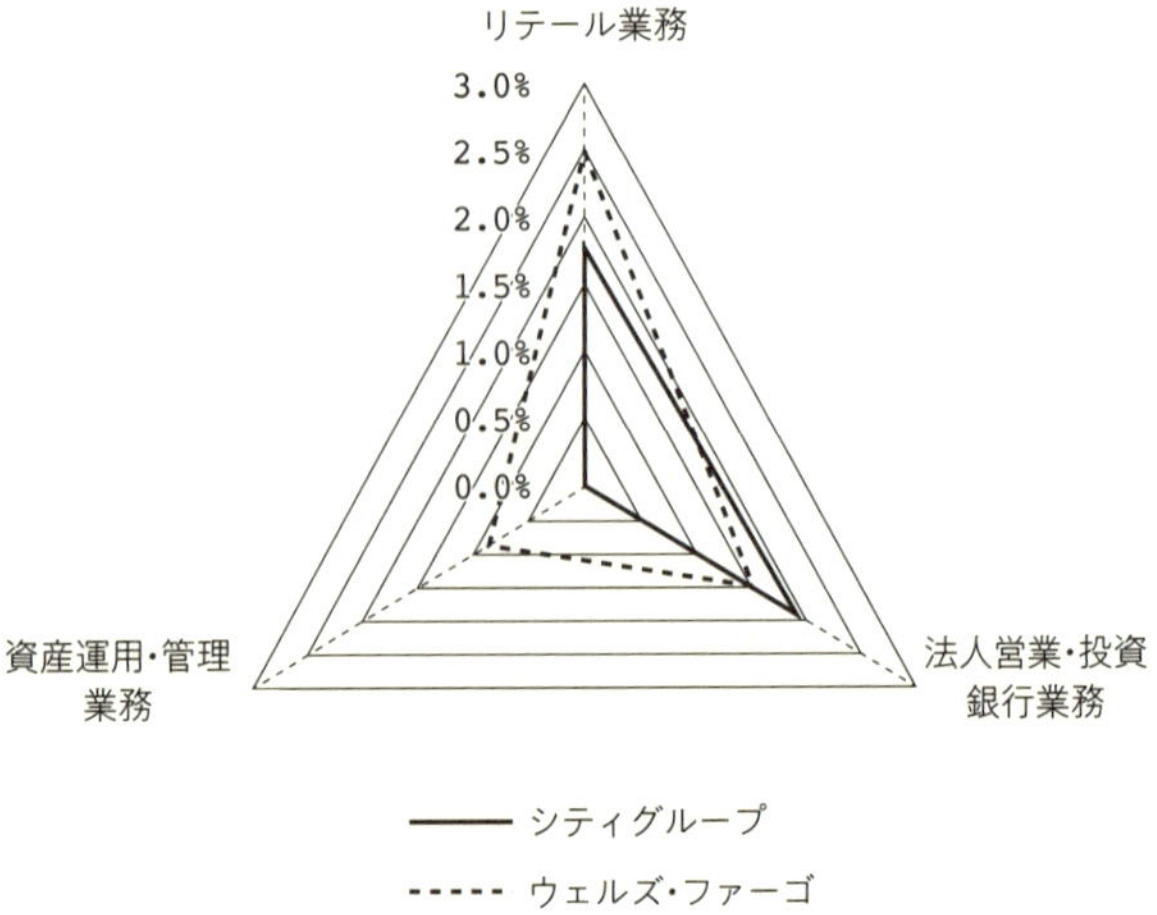

図表6-3　業務別純収益/総資産

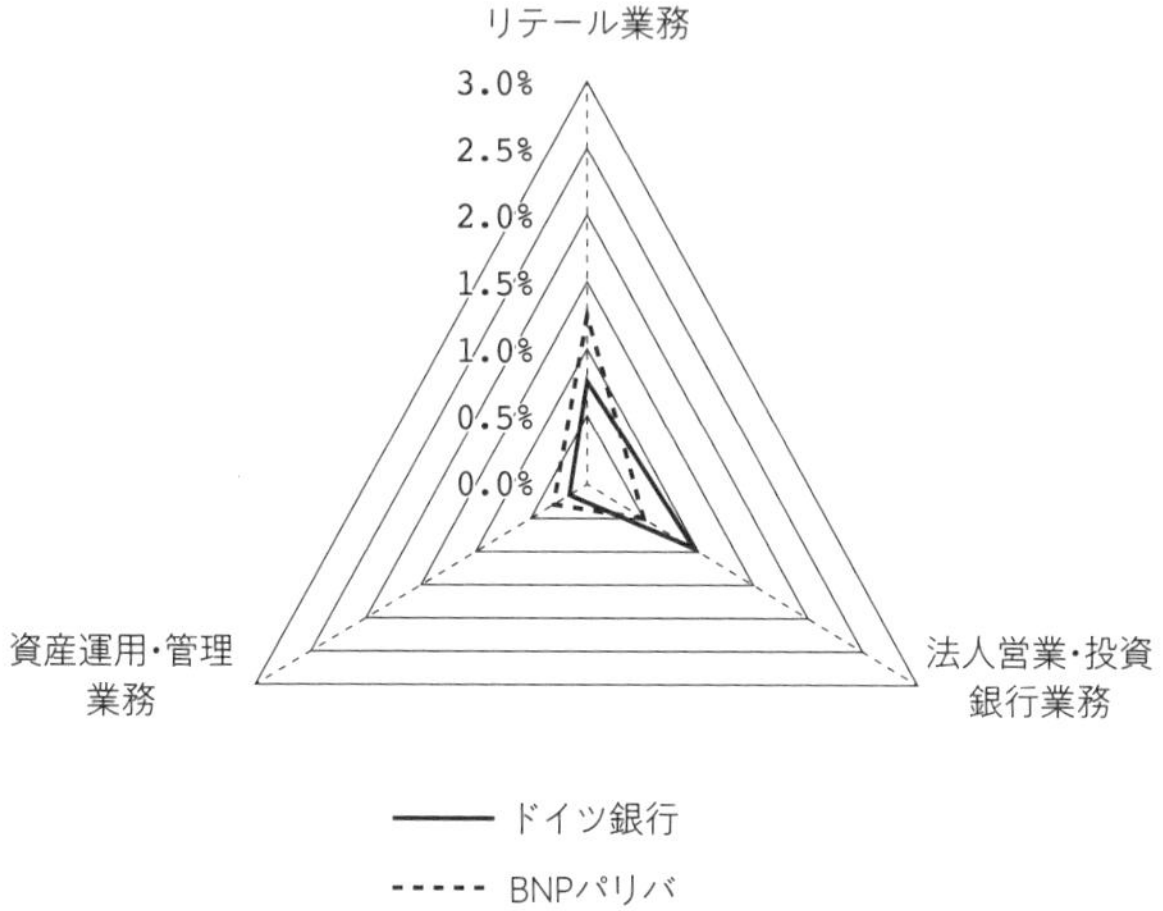

図表6-4　業務別純収益/総資産

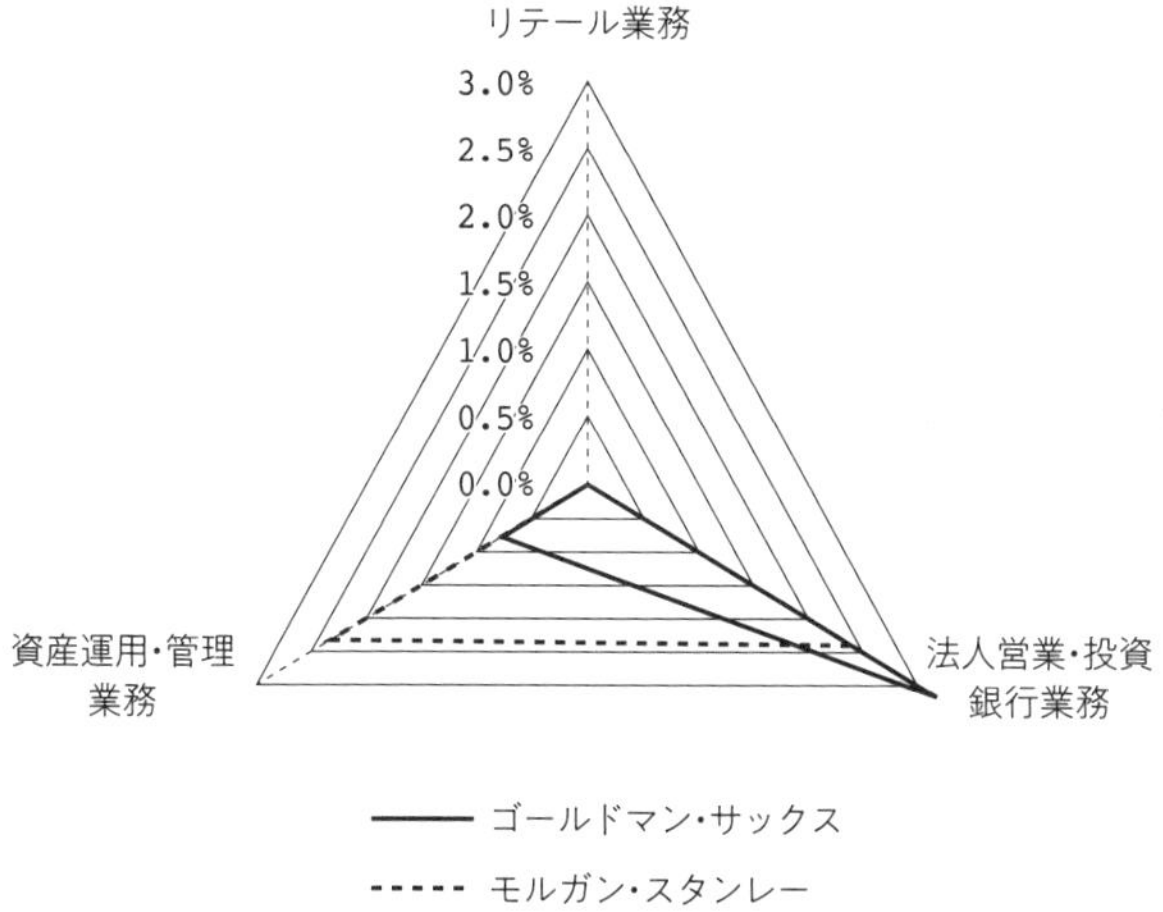

図表6-5　業務別純収益/総資産

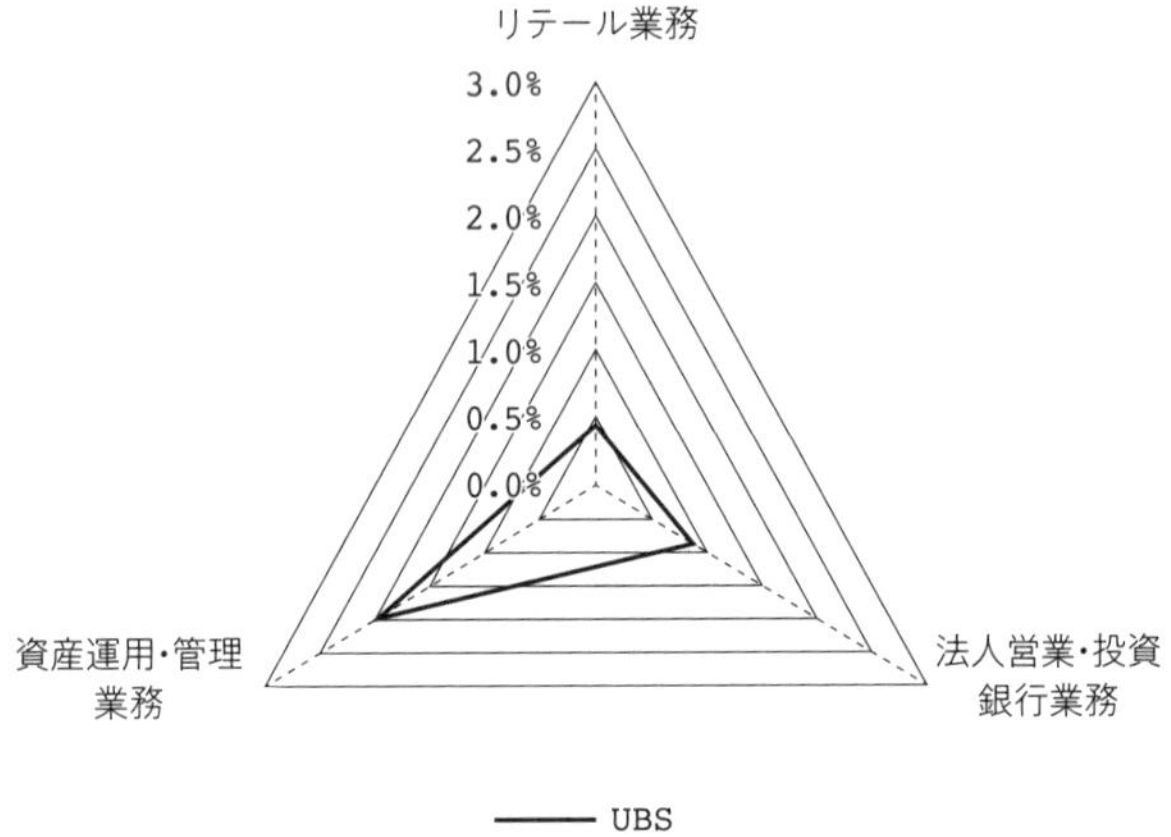

大きすぎて潰せない銀行（Too Big To Fail）の存在を避けたい政府や金融監督当局側の思惑とは裏腹に、金融機関側の立場に立ってみれば、多角的に業容を展開することで、リスクを分散し、安定的にその資産規模を拡大させていく形が望ましいことに変わりない。企業側からみても、あらゆるニーズに応えてくれる金融サービスを求めている。

さらに、大幅に強化された金融規制への対策費用や、莫大なフィンテックへの投資コストに対応するためには、それに見合うだけの資産規模も必要になる。各金融機関は、このような環境変化にどのように対応・変化していけるのか、その手腕にかかっている。

売り圧力に晒されるドイツ銀行とコンプライアンス

最後にドイツ銀行について、改めて最新情報を含め、確認してみたい。

《ダンスケ銀行を巡る疑惑》

ここ数年、ドイツ銀行においては、第4四半期に悪材料が浮上していた。

この件に関し、2018年10月末、ドイツ銀行のジェームズ・フォン・モルトケCFOは、「今年の第4四半期にはサプライズがないよう努力している」と語っていた（ブルームバーグ）。

しかし2018年11月、デンマーク最大手のダンスケ銀行を巡るマネーロンダリング疑惑が大々的に報じられたほか、タックスヘイブン（租税回避地）の実態を暴露したパナマ文書に絡み、ドイツ銀行本店と他の5か所の関係先に警察の捜査が入ったというニュースによって、ドイツ銀行の株価が史上最安値を更新した。

ダンスケ銀行については、ロシア、アゼルバイジャン、モルドバ3か国の資金（2007〜2015年計約2340億ドル）が、同社のエストニア支店経由で資金洗浄されていたとの報道がある。

この責任を取り2018年9月、ダンスケ銀行のトーマス・ボルゲンCEOは辞任し、同社は87頁に及ぶ調査報告書を公表した。公には、ダンスケ銀行以外、この資金洗浄疑惑に関わった金融機関の名前は公表されていない。しかし、内部告発者の情報として、資金洗浄の約半分がドイツ銀行の米国部門を経由したと報道された。

ドイツ銀行は、2007年以降、ダンスケ銀行エストニア支店のコルレス銀行という立場にあったものの、不審に思い2015年9月に取引を中止した。またドイツ銀行以外にも、バンク・オブ・アメリカとJPモルガン・チェースの名前が挙がっている（JPモルガン・チェースは2013年に取引中止。バンク・オブ・アメリカは2013～2015年の間取引したとの報道）。

ドイツ銀行は、直接顧客をチェックする立場になかったと語っている。

もちろん、このような事件はドイツ銀行に限らない。先に述べた通り2018年11月には、マレーシアの政府系ファンド1MDBを巡り、海外腐敗行為防止法違反の罪でゴールドマン・サックスの元行員2人が起訴されている。

近年、米司法当局は、金融機関に対して、マネーロンダリング、金融制裁対象国との取引、脱税ほう助、違法な外国為替取引などを行った場合、非常に厳しい制裁措置を取っており、巨額の罰金を課している。つまり、不正取引への疑惑は、巨額の制裁金が課され、金融機関の収益を大きく下押しする可能性があり、投資家は敏感にならざるを得ない。

《2019年7月に発表された大規模な経営再建計画》

2019年7月7日、ドイツ銀行は、大規模な経営再建計画を発表した。

そのなかでドイツ銀行が最も強調したのは、「法人営業部門（コーポレートバンク）」を単独の部門として切り離し、今後、中核事業に据えるということである。

第1章で述べた通り、現在ドイツ銀行の「法人営業・投資銀行部門（CIB）」は、トレーディング業務が最大である。そして、債券及び株式のトレーディング業務に次いで、3番目のシェアを有する「決済ビジネス（グローバルトランザクション）」を、今回、「法人営業部門（コーポレートバンク）」として独立させるということである。これにより同社は、今後、トレーディング業務や投資銀行業務よりも、法人営業を最重視するとの立場を明確にした。

ただし、競争力を有する投資銀行業務（債券業務や為替業務など）や、収益面で依存が高い米国市場などは維持し、引き続き「グローバルプレーヤーであり続ける」方針である。

他方、「資源をよりフォーカスする」ため、株式トレーディング業務からの撤退（BNPパリバに引き継ぐ予定）に加えて、債券トレーディング業務も大幅な縮小を発表した。そのなかで、資産約740億ユーロ（2018年末時点）をキャピタル・リリース・ユニット（CRU）に移管し、資産を圧縮するという計画も示した。

さらに次のような計画を発表した。

リテール部門においては、ドイツ銀行とポストバンクとの統合を加速し、２０２２年までに約14億ユーロのコスト削減を実現する。またアジアを中心に、ウェルス・マネジメント業務を強化する。すでにウェルス・マネジメント業務強化のため、クレディ・スイスから十数人の従業員を引き抜き、最大約40％の報酬増を約束したと報道されている。

アセット・マネジメント部門（ＤＷＳ）は、引き続き重要な業務と位置づけ、グローバルベースでトップ10入りを目指す（２０１８年第20位）。

２０２２年までに従業員数は、株式トレーディング業務の人員削減を含め、約１・８万人削減し、計約７万４０００人とする。同時に、経費率を約70％に抑える。

これらリストラクチャリングに関連する費用として、２０２２年までに約74億ユーロを計上する（内２０１９年に約51億ユーロを計上）。この影響から、２０１９年４～６月期の純利益は、約28億ユーロの赤字となる。さらに、２０２２年までにフィンテック投資約

130億ユーロを実行し、コンプライアンス費用も約40億ユーロ計上する。

これらリストラクチャリング費用が見込まれるものの、追加的な増資は行わず、CET1比率約12・5%以上を維持する。また株主に対して2022年以降、約50億ユーロを返還。レバレッジ比率は、2020年4・5%、2022年5%へ引き上げる。

今回の経営再建計画は、これまでにない大掛かりな内容となった。

特に、ヘッジファンド向けのプライム・ブローカレッジ業務（約1500億ユーロ）からの撤退は、これまで同行が主力にしてきたヘッジファンドとの歴史的な関係に、終止符を打つことを意味する。

他方、同業務を引き継ぐことになったBNPパリバは、JPモルガン・チェースに近づく大きな足掛かりを得たようにみえる。

ドイツ銀行は、これまで収益の要であった投資銀行業務に大きなメスを入れ、約20年超の長きにわたり掲げてきた「投資銀行業務を中核にしてグローバルに拡大し続ける」戦略に、完全に終止符を打った。

このような大規模な経営再建計画による償却費用を、果たしてドイツ銀行は、政府の支援や新たな増資を行わずして、捻出できるのかという不安が残る。また、このような大規模なリストラクチャリングは、実施直後から収益の落ち込みが見込まれるのに対して、経費削減に時間が掛かり、好転するまでに状況が悪化するリスクもある。

ブルームバーグは、これらリストラクチャリングによる業務縮小によって、さらに顧客離れが進む可能性も指摘している。

ドイツ銀行は、低い収益性に加えて、何か問題を抱えているのではないかという市場の不安を、なかなか払拭できない「悪循環」に陥っていた。

今回の大規模な経営再建計画によって、ドイツ銀行は、かつて輝いていた頃のように、ドイツをはじめとする内外企業のサポート役に回帰し、さまざまな金融サービスを提供する中心的な担い手となる強い決意を示した。

多くの課題を抱えるなか、険しい道のりが予想される。

ドイツ銀行が、一日でも早く、憂鬱な気分から解放され、輝かしい名声を取り戻せることを、願わずにはいられない。

本書で紹介した主なタイムライン

1996	1995	1994	1993	1992	1991	1990	1989	1988	1987	1986	
		★メキシコ通貨危機								★英国証券市場の改革（金融ビッグバン）	世界全体の動き
★ケミカル銀行がチェース・マンハッタン銀行を買収。総資産額全米トップに											JP モルガン・チェース
											バンク・オブ・アメリカ
			★トラベラーズグループ誕生								シティグループ
★ファースト・インターステート・バンコープ買収											ウェルズ・ファーゴ
											ゴールドマン・サックス
											モルガン・スタンレー
			★バンカ・ポピュラー・デ・レッコ（イタリア）買収					★モルガン・グレンフェル（英国）買収			ドイツ銀行
			★BNP民営化						★パリバ民営化		BNP パリバ

2002	2001	2000	1999	1998	1997
★アルゼンチン危機	★同時多発テロ		★グラム・リーチ・ブライリー法成立	★ロシア危機 ★LTCM破綻の危機	★アジア通貨危機
		★JPモルガン・チェース誕生（チェース・マンハッタンとJPモルガン合併）	★ハンブレクト&クイスト買収（チェース・マンハッタン）		
				★ネーションズバンクがバンク・オブ・アメリカを買収	
★ゴールデン・ステート・バンコープ買収	★バナメックス（メキシコ）買収			★シティグループ誕生（シティコープとトラベラーズ・グループ合併）	★ソロモン・ブラザーズ買収
		★ナショナル・バンク・オブ・アラスカ買収		★ノーウエスト社と合併	
		★スピーア・リード&ケロッグ買収	★株式公開 ★ハル・トレーディング買収		
					★ディーン・ウィッターと合併
			★バンカース・トラスト（米国）買収		
	★バンクウェスト（米国）買収	★BNPパリバ誕生（BNPとパリバ合併）			

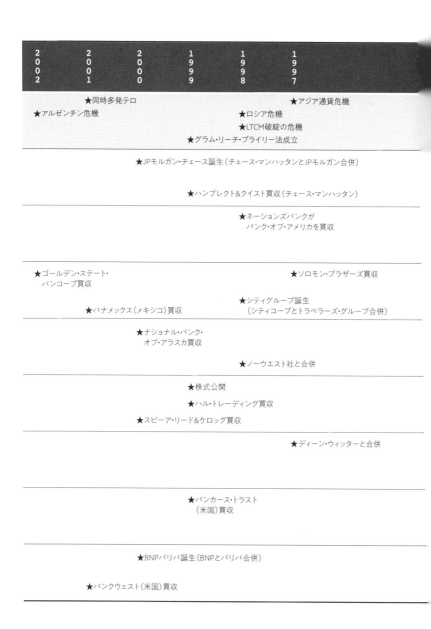

	2008	2007	2006	2005	2004	2003
世界全体の動き	★リーマン・ブラザーズ破綻 ★サブプライム危機 ↘株価暴落					
JPモルガン・チェース	★ベアスターンズ、ワシントン・ミューチュアル買収				★バンク・ワンと合併	
バンク・オブ・アメリカ	★メリルリンチ、カントリーワイド買収	★USトラスト、ラサール銀行買収			★フリートボストン買収。総資産額全米第2位に	
シティグループ	★政府:巨額の支援策発表					
ウェルズ・ファーゴ	★ワコビア買収					
ゴールドマン・サックス	★銀行持株会社に					
モルガン・スタンレー	★銀行持株会社に					
ドイツ銀行	(コメルツ銀行:ドレスナー銀行買収を発表) ★ポストバンク買収を発表					
BNPパリバ		★パリバショック	★ラヴォロ銀行(イタリア)買収	★TEB(トルコ)買収		

2019	2018	2017	2016	2015	2014	2013	2012	2011	2010	2009
★バーゼルIII全面適用									★欧州債務危機 ★バーゼルIII公表 ★ドッド・フランク法成立	
							★「ロンドンの鯨」事件			
								★バークシャー・ハサウェイ出資 ↘株価暴落		★政府:巨額の支援策発表
										★組織を2分割にする大規模な事業再編計画を発表
			★「マーカス」導入							
										★スミス・バーニー買収
★経営再建策発表			↘株価暴落 ★ドイツ銀行ショック(CoCo債、制裁金)							(コメルツ銀行:政府が救済)
	★ライファイゼンのポーランド事業買収									★フォルティス(ベルギー、ルクセンブルク)買収

参考文献

"$9.4 Billion Write-Down at Morgan Stanley", The New York Times [2007] December 20

"2008 Q2-Liquidity Position", Lehman Brothers [2008]

"2017 CLO league tables", Creditflux

"2018 Global M&A Outlook", JPMorgan Chase

"2018 list of global systemically important banks (G-SIBs)", The Financial Stability Board [2018] November 16

"2019 Global M&A Outlook", JP Morgan Chase

"Agreement to sell Wealth and Investment Management, Americas, Franchise to Stifel", Barclays [2015] June 8

"AIG - Summary of Drivers of Potential Earnings, Capital and Liquidity Issues", FCIC [2008] August 14

"AIG capital raising adds $20 billion ; shares fall", Reuters [2008] May 20

"AIG Discloses Counterparties to CDS, GIA and Securities Lending Transactions", AIG [2009] March 15

"AIG Meeting Notes", [2008] September 12

"Aktuelle Positionen zur Banken- und Finanzmarktregulierung", [2018] May

"Aladdin: The genie in BlackRock's money machine", The Financial Times [2017] September 25

"American International Group, Maiden Lane ll And lll", FRB

"As Goldman Embraces Automation, Even the Masters of the Universe Are Threatened", MIT Technology Review [2017] February 7

"Banca MPS:2017 Draft Financial Statements Approved", Monte Dei Paschi Di Siena [2018] March 1

"Bank of America : Term Sheet", Board of Governors of the Federal Reserve System" [2009] January 15

"Bank of America completes Merrill Lynch Purchase", Bank of America [2009] Jan 1

"Bank of America Near $16 Billion to $17 Billion Settlement", The Wall Street Journal [2014] August 6

"Bank of America Raises $19 Billion in New Equity", The New York Times [2009] December 4

"Bank of America Settles Suit Over Merrill for $2.43 Billion", The New York Times [2012] September 28

"Bank of America to Buy Countrywide for $4 Billion", Reuters [2008] January 12

"Bank of America to Pay $16.65 Billion in Historic Justice Department Settlement for Financial Fraud Leading up to and During the Financial Crisis", Department of Justice [2014] August 21

"Bank of America to sell much of BlackRock stake", Reuters [2010] November 4

"Bank of America-Merrill Lynch Merger Investigation", State of New York Office of the Attorney General [2009] April 23

"Barclays agrees $1.75bn deal for core Lehman Brothers business", The Guardian [2008] September 17

"Barclays buys Lehman Brothers, sort of", [2008] September 16

"Barclays to create bad bank in bid to transform investment operation", [2014] April 30

"Basel III leverage ratio framework and disclosure requirements", BCBS [2014] January

"Basel III: global regulatory framework for more resilient banks and banking systems", BCBS [2011] June

"Basel III: International framework for liquidity risk measurement, standards and monitoring", BCBS [2010] December

"Basel III: The Liquidity Coverage Ratio and liquidity risk monitoring tools", BCBS [2013] January

"Bayerische Landesbank", Moody's [2017] September 19

"Bear Stearns High-Grade Structured Credit Strategies Master Fund, LTD.", US Bankruptcy Court Southern District of New York [2007] August 30

"Bear Stearns, JP Morgan Chase, And Maiden Lane LLC", Board of Governors of the Federal Reserve System

"Bernanke: Subprime hit could top $100B", CNN Money [2007] July 19

"BGL BNP Paribas completes acquisition of ABN AMRO Bank (Luxembourg)", NS Banking [2018] September 5

"BlackRock bets on Aladdin as genie of growth", The Financial Times [2017] May 18

"BlackRock woos wealth managers with Aladdin risk 'X-ray'", Bloomberg [2018] June 12

"BlackRock's $1 Trillion JPMorgan Move Shows Cost Strategy", Bloomberg [2017] January 25

"BNP Could Rise as Top Prime Broker in Asia on Deutsche Bank Deal", Bloomberg [2019] July

"BNP Paribas and Janus Henderson complete transaction transferring Janus Henderson's US middle and back-office operations to

BNP Paribas", BNP Paribas [2018] April 3
"BNP Paribas announces the successful completion of its EUR 5.5billion capital increase with preferential subscription rights", BNP Paribas [2006] March 29
"BNP Paribas completes acquisition of 50% of TEB", BNP Paribas [2005] November 2
"BNP Paribas completes the acquisition of Fortis Bank and forms a strategic partnership in insurance with Fortis", BNP Paribas [2009] May 12
"BNP Paribas Freezes Security Funds", The Associated Press [2007] August 9
"BNP Paribas Group to acquire the core banking operations of Raiffeisen Bank Polska and strengthen its subsidiary BGZ BNP Paribas", BNP Paribas [2018] October 4
"BNP Paribas launches the €5.5billion rights issue which will finance in part its acquisition of Banca Nazionale del Lavoro ("BNL")", BNP Paribas [2006] March 3
"BNP Paribas sees limited impact from credit crisis", The Financial Times [2007] October 15
"Board of Governors of the Federal Reserve System", website
"BofA selling all its BlackRock shares to BlackRock", Reuters [2011] May 19
"Chase buying J.P.Morgan", CNN Money [2000] September 13
"Chase Manhattan Said to Be in Talks to Acquire J.P.Morgan", The New York Times [2000] September 12
"China's CITIC says may not invest in Bear Stearns", Reuters [2008] March 16
"Christian Sewing's speech at the Annual General Meeting 2019", Deutsche Bank [2019] May 23
"Citi Completes $20 Billion TARP Repayment, Terminates Loss-Sharing Agreement", Citigroup [2009] December 23
"Citi Finalizes SIV Wind-Down by Agreeing to Purchase All Remaining Assets", Citigroup [2008] November 19
"Citi Had Greatest CLO Market Share in 2017", Bloomberg [2018] January 9
"Citi Prices $17 Billion Common Stock Offering and $3.5 Billion of Tangible Equity Units", Citigroup [2009] December 16

"Citi to Exchange Preferred Securities for Common, Increasing Tangible Common Equity to as Much as $81 Billion", Citigroup [2009] February 27

"Citi to raise $20 billion capital to repay U.S.", Reuters [2009] December 14

"Citi to Sell Its Entire Ownership Interest in Nikko Asset Management to Sumitomo Trust", Citigroup [2009] July 30

"Citibank : Recommendation", Division of Resolutions and Receiverships [2008] November 23

"Citibank : Term Sheet", Board of Governors of the Federal Reserve System [2008] November 23

"Citigroup Inc.,", United States District Court for the District of Columbia [2010] July 29

"Citigroup retains top spot in 2015 U.S. CLO arranger league table", Reuters [2016] January 9

"Citigroup to Buy Associates First for $31 Billion", The New York Times [2000] September 7

"Citigroup to Buy Mexican Bank In a Deal Valued at $12.5 Billion", The New York Times [2001] May 18

"Citigroup to Buy Parent of Cal Fed", Times [2002] May 22

"Citigroup, U.S.Government and Regulators Agree to TARP Repayment", Citigroup [2009] December 14

"Clearing up Deutsche's swaps 'shift' ", Risk.net [2018] August

"CLO market cheers end of risk - retention rules", Reuters [2018] February 14

"CLO Structures : An evolution", Deloitte

"CME says euro trading has moved to Amsterdam ahead of Brexit", Reuters [2019] March 18

"Commerzbank : Revaluation of the Ship Finance portfolio Among Contributors to operating profit for H1 2018 of €689m", Hellenic Shipping News [2018] August 8

"Commerzbank AG", [2018] June 12

"Commerzbank And Deutsche Bank Potential Merger Holds Promise Of Increased Efficiencies But Also Risks", S&P Global [2019] March 18

"Commerzbank in state aid talks", Reuters [2011] December 13

"Commerzbank No plans for ship portfolio fire sale", Reuters [2013] June 26

"Commerzbank pulls out of shipping finance", [2012] June 27

"Commerzbank reaches agreement to sell its Equity Markets & Commodities business to Societe Generale", Commerzbank [2018] October

"Commerzbank to halve assets in bad bank by 2016 - sources", Reuters [2012] October 19

"Commerzbank winds up Hypothekenbank Frankfurt AG", [2016] May 17

"Compte-Nickel and BNP Paribas join forces to strengthen commercial partnership with the Confederation des Buralistes de France", BNP Paribas [2017] April 4

"Confidential Citigroup Deterioration of Stock Price and CDS spreads" Cave Jason C. [2008] November 20

"Consultative Document : Operational Risk - Revision to the Simpler Approaches", BCBS [2016] October

"Consultative Document : Standardised Measurement Approach for Operational Risk", BCBS [2016] March

"Credit Derivatives: Systemic Risks and Policy Options", IMF Working Paper [2009] November

"Creditor Recovery in Lehman's Bankruptcy", FRBNY [2019] January 14

"DB USA Corporation : Results of the Federal Reserve's 2018 Comprehensive Capital Analysis and Review", Deutschebank [2018] June 28

"DB-BoAML Annual Financials CEO Conference", Deutsche Bank [2018] September 26

"Deutsche Bank AG and Commerzbank AG", Moody's [2019] March 18

"Deutsche Bank AG Rating Direct", S&P Global [2018] December 21

"Deutsche Bank and Deutsche Post adjust structure of Postbank contract", Deutsche Post DHL Group [2009] January 14

"Deutsche Bank announces radical transformation", Deutsche Bank [2019] July 7

"Deutsche Bank 'horribly undercapitalized' - U.S.regulator", Reuters [2013] June 15

"Deutsche Bank outlines significant strategic transformation and restructuring plans", Deutsche Bank [2019] July 7

"Deutsche Bank shifts half of euro clearing from London to Frankfurt", The Financial Times [2018] July 30
"Deutsche Bank's coco bonds slide to record low", The Financial Times, [2016] October 1
"Deutsche Bank's Woes Threaten CoCo Coupons, CreditSights Says", Bloomberg [2016] February 8
"Deutsche Bundesbank Monthly Report", [2018] October 1
"Deutsche-Commerzbank deal seen as a question of when, not if", The Financial Times [2018] August 27
"Dodd-Frank Act Stress Test 2015: Supervisory Stress Test Methodology and Results", Board of Governors of the Federal Reserve System [2015]
"Dodd-Frank Act Stress Test 2016: Supervisory Stress Test Methodology and Results", Board of Governors of the Federal Reserve System [2016]
"Dodd-Frank Act Stress Test 2017: Supervisory Stress Test Methodology and Results", Board of Governors of the Federal Reserve System [2017]
"Dodd-Frank Act Stress Test 2018: Supervisory Stress Test Methodology and Results", Board of Governors of the Federal Reserve System [2018]
"Don't buy AIG : potential downgrades, capital raise on the horizon", Goldman Sachs [2008] August 18
"Ex-Citi CEO defends "dancing" quote to U.S. panel", Reuters [2010] April 9
"FACTBOX: Top Subprime Originators in 2006", Reuters [2007] May
"Factors Affecting Efforts To Limit Payments to AIG Counterparties and Future Exposures", Office of the Special Inspector General [2009] November 17
"Factors Affecting Reserve Balances", Federal Reserve Statistical Release
"Federal Reserve Board, with full support of the Treasury Department, authorizes the Federal Reserve Bank of New York to lend up to $85 billion to the AIG", Board of Governors of the Federal Reserve System [2008] September 16
"Final Report", Task Force on Tri-Party Repo Infrastructure payments Risk Committee [2012] February 15

"Financial Crisis Inquiry Commission (FCIC)", website

"Financial Stability Report", Bank of England [2018] November

"Findings of the investigations relating to Danske Bank's branch in Estonia", Danske Bank [2018] September 19

"Fixed Income Overview", Bear Stearns [2007] March 29

"Foreign Banks Smell Blood in Germany", Handelsblatt [2017] January 24

"Fundamental review of the trading book", BCBS [2013] October

"Germany Agrees to Rescue Package for IKB", Reuters [2008] February 13

"Germany Financial Sector Assessment Program, Financial System Stability Assessment", IMF [2016] June

"GERMANY, FINANCIAL SYSTEM STABILITY ASSESSMENT", International Monetary Fund [2016] June

"Global dealmaking reaches $2.5tn as US megadeals lift volumes", The Financial Times

"Global Financial Stability Report",IMF [2009] ~ [2019]

"Global systemically important banks: updated assessment methodology and the higher loss absorbency requirement", BCBS [2013] July

"Globally Important German Financial System is Resilient", IMF News [2016] June 29

"Goldman Sachs passes Citigroup in investment bank rankings", The Financial Times [2018] September 20

"Goldman Sachs Now Targeting Average Consumer", Pinnacle [2019] May 7

"Goldman, Citi, Morgan Stanley Used Fed Facilities Heavily", The Wall Street Journal [2010] December 1

"Goldman, Morgan Stanley win back hedge fund trading business", Reuters [2015] October 8

"Government Seizes WaMu and Sells Some Assets", The New York Times [2008] September 25

"Harry Potter and the Philosopher's Stone", J.K. Rowling, Bloomsbury [1997] June

"How Much Value Was Destroyed by the Lehman Bankruptcy ?", FRBNY [2019] January 14

"IMF Puts Bank Losses From Global Financial Crisis at $4.1 Trillion", The New York Times [2009] April 21

"Improving Prime Brokerage Market Share Should Lift Profits At Goldman, Morgan Stanley", Forbes [2015] October 7

"Is money-laundering scandal at Danske Bank the largest in history ?", The Guardian [2018] September 21

"Is this the JPMorgan of Europe ? French Giant BNP Paribas is on a roll", The Financial Express [2018] May 30

"J.P.Morgan Chase & Co. and Bank One Corporation to Merge", JP Morgan Chase [2004] January 15

"J.P.Morgan Chase to Acquire Bank One in $58 Billion Deal", The New York Times [2004] January 14

"Joint Statement by Treasury, Federal Reserve, and the FDIC on Citigroup", Board of Governors of the Federal Reserve System [2008] November 23

"JP Morgan Chase Appoints Daniel Pinto and Gordon Smith as Co-Presidents and Co-Chief Operating Officers of the Company", JP Morgan Chase [2018] January 29

"JP Morgan Chase CEO Dimon and NYC Mayor de Blasio Announce New, State-of-the-Art JPMorgan Chase Headquarters to Rise at 270 Park Ave", JP Morgan Chase [2018] February 21

"JP Morgan Unveils its plans for New Manhattan Headquaters", Bloomberg [2018] February 21

"JPMorgan Chase climbs up the prime brokerage rankings", Bloomberg [2017] March 23

"JPMorgan Chase Opens First Retail Branch in Greater Boston", JPMorgan Chase [2018] December 13

"JPMorgan Chase Plans Dividend Increase and $19.4 Billion Capital Repurchase Program", JP Morgan Chase [2017] June 28

"JPMorgan Chase To Acquire Bear Stearns", JPMorgan Chase [2008] March 16

"JPMorgan Unveils Its Plans for New Manhattan Headquaters", Bloomberg[2018] February 21

"Judge approves Lehman, Barclays pact", Reuters [2008] September 20

"Judge rules BofA suit over Bear loss can proceed", Reuters [2009] October 1

"Kensho's AI For Investors Just Got Valued At Over $500 Million In Funding Round From Wall Street", Forbes [2017] February 28

"La bella banca", Historical Association of Deutsche Bank [2018] February

"Large-Scale Asset Purchases by the Federal Reserve : Did They Work ?", FRB of NY [2010] March

"LBO exposure may hit Bear Stearns, Lehman", Reuters [2007] August 3

"League Tables", The Financial Times

"Lehman Brothers' $138 Billion Mystery", The New York Times [2008] December 16

"Lehman Brothers ABS CDO Exposure", Lehman Brothers [2007] November 1

"Lehman Brothers Bank, FSB Safety & Soundness / Compliance Examination 2007", Lehman Brothers [2007] August 7

"Lehman Brothers Holding Inc. Chapter 11 Proceedings Examiner's Report", Anton R.Valukas [2010] March 11

"Lehman Brothers to raise US $6 billion", Investment Executive [2008] June 9

"Lehman Posts Loss and Plans to Raise Capital", The New York Times [2008] June 10

"Lehman's Bankruptcy Expenses", FRBNY [2019] January 15

"Liquidity Coverage Ratio : Liquidity Risk Measurement, Standards, and Monitoring" (Final Rule), FRS, FDIC

"Liquidity is the Achilles heel", Merrill Lynch [2007] August 15

"Liquidity of Lehman Brothers", Lehman Brothers [2008] October 7

"Maiden Lane Transactions", Federal Reserve Bank of New York

"Management's Discussion and Analysis : Recent Accounting Developments", Goldman Sachs [2007]

"Market-making and proprietary trading : industry trends, drivers and policy implications", BIS [2014] November

"Merrill Lynch to Acquire Lender for $1.3 Billion", Reuters [2006] September 6

"Merrill Lynch Will Sell Stake to Temasek Holdings", CNBC [2007] December 25

"Merrill Lynch's Brokers Want an Edge", The Wall Street Journal [2015] May 5

"Merrill to Sell Bloomberg Stake For $4.5 Billion", CNBC [2008] July 16

"Moody's Affirms Bear Stearns Companies Inc. Rating at A1", Moody's [2007] June 22

"Moody's downgrades AIG ; LT and ST ratings under review", Moody's [2008] September 15

"Moody's downgrades Bank of America Corp. to Baa1", Moody's [2011] September 21

"Moody's downgrades Bear Stearns to A2; Outlook stable", Moody's [2007] December 20
"Moody's downgrades Bear Stearns to Baa1", Moody's [2008] Mar 14
"Moody's Downgrades Subprime First-Lien RMBS", Moody's [2007] July 10
"Moody's Puts 184 CDO Tranches on Review for Possible Downgrade", Moody's [2007] July 11
"Morgan Stanley and Dean Witter Agree to Merge", The New York Times [1997] February 6
"Morgan Stanley Heeds Its Investors", The New York Times [2016] January 14
"Morgan Stanley posted a big rebound in a business it once left for dead", Business Insider [2018] April 18
"Morgan Stanley Taps BlackRock to Help Lure $2 Trillion of Assets", Bloomberg [2018] May 30
"Morgan Stanley to Pay $275 Million for Misleading Investors in Subprime RMBS Offerings" Morgan Stanley [2014] July 24
"Morgan Stanley vs Goldman Sachs : Inside Wall Street's most enduring rivalry", livemint [2015] June 24
"Morgan Stanley Wants to Double Asset Manager to $ 1 Trillion", Bloomberg [2018] May 23
"Morgan Stanley, Dean Witter to Merge", Associated Press [1997] February 5
"Move Would Form Wall St.'s No.2 Firm", The New York Times [1979] May 15
"Nations Bank Drives $62 Billion Merger : A New BankAmerica : Biggest of U.S. Banks", The New York Times [1998] April 14
"New York Fed Sells Remainder of Maiden Lane LLC Securities", Federal Reserve Bank of New York [2018] September 18
"New York Fed Sells Remainder of Maiden Lane lll LLC Securities", Federal Reserve Bank of New York [2012] August 23
"Overview of CLOs", LSTA [2017] June 8
"Preliminary Staff Report : Overview on Derivatives", FCIC [2010] June 29
"Record of the Financial Policy Committee Meeting on 3 October 2018", Bank of England [2018] October 17
"Reducing variation in credit risk-weighted assets - constraints on the use of internal model approaches", BCBS [2016] March
"Regulators ask Deutsche Bank for Brexit trading rethink - source", Reuters [2017] May 18
"Report Pursuant to Section 129 of the Emergency Economic Stabilization Act of 2008: Authorization to Provide Residual Financing

to Bank of America Corporation Relating to a Designated Asset Pool", FRB

"S&P correct : 612 U.S. Subprime RMBS Classes Put On Watch Neg ; Methodology Revisions Announced", S&P [2007] July 11

"S&P cuts Bear Stearns, says outlook negative", Reuters [2007] November 15

"S&P: 418 Additional RMBS Downgrades Announced, This Time in Second Liens", HOUSINGWIRE [2007] July 19

"Scorpio Partnership 2018 Global Private Banking Benchmark", Scorpio Partnership

"SIFMA Fact Book", [2018]

"Summary of Terms and Conditions Regarding the JPMorgan Chase Facility", Board of Governors of the Federal Reserve System [2008] March 24

"Taxpayers Receive $10.5 Billion in Proceeds Today from Final Citigroup Common Stock", U.S.Department of the Treasury [2010] December 10

"Testimony of David Bushnell", Financial Crisis Inquiry Commission [2010] April 7

"Testimony of Richard M. Bowen, lll", Financial Crisis Inquiry Commission [2010] April 7

"The AIG rescue, its impact on markets, and the government's exit strategy", Congressional Oversight Panel [2010] June 10

"The client clearing offering : balancing cost, risk and client service" Sapient Consulting [2014] spring

"The Dearth of Ethics and the Death of Lehman Brothers", Seven Pillars Institute

"The Federal Reserve's Primary Dealer Credit Facility", FRB of NY [2009] August

"The Fed's Emergency Liquidity Facilities during the Financial Crisis: The PDCF", FRB of NY [2012] August 22

"The Financial Crisis Inquiry Report", Public Affairs Reports [2011]

"The Orderly Liquidation of Lehman Brothers Holdings Inc. Under the Dodd-Frank Act", Federal Deposit Insurance Corporation [2011] April 4

"The performance of German credit institutions in 2017", Deutsche Bundesbank Monthly Report [2018] September

"The Rise and Fall and Rise of John Thain", The New York Times [2015] October 21

"The Robots Are Coming for Wall Street", The New York Times [2016] February 25
"The Tri-Party Repo Market before the 2010 Reforms", FRB [2010] November
"The United States Dominates Global Investment Banking : Does it matter for Europe ?", Bruegel Policy [2016] March
"Timeline Regarding The Bear Stearns Companies Inc.", SEC [2008] April 3
"Top 400 Asset Managers 2018: 10 years of asset growth", IPE [2018] June
"Treasury, Federal Reserve, and the FDIC Provide Assistance to Bank of America", Board of Governors of the Federal Reserve System [2009] January 16
"Tri-Party Repo Infrastructure Reform", FRB [2010] May 17
"Troubled Asset Relief Program : Additional Actions Needed to Better Ensure Integrity, Accountability, and Transparency", GAO [2008] December
"Troubled Deutsche Bank pushes ahead with restructuring",Deutsche Welle [2018] July 25
"Trustee's Preliminary Investigation Report And Recommendations Chronology - 1987 to September 22, 2008"
"Two Big Funds At Bear Stearns Face Shutdown", The Wall Street Journal [2007] June 20
"U.S. Basel lll Liquidity Coverage Ratio Final Rule", Davis Polk [2014] September 23
"U.S. LCR final rule", Deloitte Development LLC [2014]
"U.S. Risk Retention Rules: What Constitutes an open-market CLO ?", The review of Securities Commodities Regulation [2018] July 18
"U.S.Poised to Take 34% Citi Stake", The New York Times [2009] July 27
"UBS overtakes BofA to lead wealth manager ranking", Reuters [2013] July 10
"UBS retains positions as world's biggest private bank: study", Reuters [2016] July 14
"Understanding Deutsche's $47trillion derivatives book", The Wall Street Journal [2016] October 6
"Update on Lehman Brothers' Subprime Mortgage Origination Business", Lehman Brothers [2007] March 20
"US banking mega-merger unveiled", BBC [2003] October 27

"Wall Street and The Financial Crisis, Anatomy of a Financial Collapse", United States Senate Permanent Subcommittee On Investigations, [2011]

"Wall Street Tech Spree : With Kensho Acquisition S&P Global Makes Largest A.I. Deal In History", Forbes [2018] March 6

"WaMu seized and sold to JPMorgan", The Financial Times [2008] September 26

"Washington Mutual Bank and Why It Failed", the balance [2018] June 04

"Wells Fargo And Norwest Plan Merger", The New York Times [1998] June 9

"Wells Fargo completes Wachovia purchase", Reuters [2009] January 1

"Wells Fargo plans to close 800 more branches by 2020", CNN [2018] January 12

"Wells Fargo, Norwest pair", CNN Money [1998] June 8

"What happened to the Washington Mutual Bank ?", Herold's Financial Dictionary

"What's the value of NPLs?", Banca D'Italia [2016] April

"Wirecard kicks Commerzbank out of DAX", DW [2018] September 05

"World's best investment bank 2017 : Morgan Stanley", Euromoney [2017] July 6

"Written Submission of Morgan Stanley to the Financial Crisis Inquiry Commission, John J.Mack" [2010] January

Adam Davidson, "How Regulation Failed with Wells Fargo", The New Yorker [2016] September 12

Alan Cowell, "UBS and Credit Suisse get urgent bailout funds", The New York Times [2008] October 16

Baird Webel, "Government Assistance for AIG : Summary and Cost", CRS Report [2017] October 13

Christopher J. Mayer, Karen M.Pence, Shane M.Sherlund, "The Rise in Mortgage Defaults", Finance and Economics Discussion Series Divisions of Research 6 Statistics and Monetary Affairs FRB [2008]

Christopher Pleister, "The Federal Agency for Financial Market Stabilisation in Germany : From Rescuing to Restructuring", OECD [2011]

Daniel Detzer, "Financial Systems in Financial Crisis - An Analysis of Banking Systems in the EU", ZBW Leibniz Information Centre for Economics [2014]

Daniel Detzer, Nina Dodig, Trevor Eans, Eckhard Hein, Hansjorg Herr, "Studies in Financial Systems : The German Financial System" FESSUD

Ed Caesar, "Deutsche Bank's $10-Billion Scandal", The New Yorker [2016] August 29

Edward Robinson, Fabio Benedetti Valentini "French Banking Giant Is Looking Like 'the JPMorgan of Europe' " Bloomberg, [2018] May 30

Felix Hufner, "The German Banking System : Lessons from the Financial Crisis", OECD Economics Department Working Papers [2010]

Francesco Guerrera in New York, "AIG sells Alico to MetLife for $15.5bn" ,[2010] March 9

Greg Farrell, "Crash of the Titans" , [2010]

Hans-H.Bleuel "The German Banking System and the Global Financial Crisis: Causes, Developments and Policy Responses", Dusseldorf Working Papers in Applied Management and Economics [2009] March

Heidi N. Moore, "Bank of America - Merrill Lynch : A $50 Billion Deal From Hell", The Wall Street Journal [2009] January 22

Helen Bartholomew, "Derivatives - Deutsche shuts US swaps clearing", Reuters [2017] February 10

Henny Sender, Francesco Guerrera, Julie Maclntosh, Joanna Chung, and Saskia Scholtes, "WaMu seized and sold to JP Morgan", Financial Times,[2008] September 26,2008

Holger Hansen, "Commerzbank stake sale would cost German taxpayers billions of euros", REUTERS [2019] April 3

James Shotter, Laura Noonan, Martin Arnold "Deutsche Bank : problems of scale" The Financial Times [2016] July 29

James Wilson, "German banks fight to lend to Mittelstand", The Financial Times [2013] February 17

James Wilson, "Lone Star seeks buyer for IKB", The Financial Times [2010] October 14

Jawwad Farid, "Liquidity Risk Management Case Study: Bear Stearns – June 2007 to 16th March 2008" [2011] February 5

Jeff Pruzan, "Timeline : Bear Stearns' year of turmoil", The Financial Times [2008] March 17

Joe Parsons, "Deutsche Bank to close US OTC clearing business" [2017] February 9

John Glover, "Deutsche Bank CoCo Holders See What Regulators Mean by Risk", Bloomberg

John O'Donnell, "IKB subprime shockwaves continue to rattle Germany", Reuters [2007] August 3

Kevin Yulianto, Helmy Adrian, "Bank of America - Merrill Lynch Acquisition During Global Financial Crisis"

Kira Bindrim, "S&P downgrades outlook on Bear Stearns", Investment News [2007] August 3

Laura J.Keller, "Wells Fargo Fined $1 Billion Over Consumer - Business Missteps", News Max Finance [2018] April 20

Laura Noonan, "Goldman Sachs trading woes expose bank weakness", The Financial Times [2017] July 19

Mark House, Tim Sablik, John R. Walter, "Understanding the New Liquidity Coverage Ratio Requirements", FRB Richmond [2016] January

Mayra Rodriguez Valladares, "CLO Issuance Is Far Surpassing Other Types of Asset - Backed Securities", MRVAssociates [2018] November 5

Michael J. de la Merced, "Lehman Sale to Barclays Was Proper, Judge Rules", The New York Times [2011] February 22

Michael J.Fleming, Asani Sarkar, "The Failure Resolution of Lehman Brothers", FRBNY [2014] December

Michael Klimes, "German Banks Fight For Share of 'Mittelstand' Powerhouse", International Business Times [2014] January 14

Michael Stothard, Martin Arnold, "BNP Paribas to spend €3bn on digital transformation", The Financial Times [2017] February 7

Olaf Storbeck, "Commerzbank to be replaced by Wirecard in Dax index", The Finaicial Times [2018] September 6

Olaf Storbeck, "Deutsche Bank seeks earnings boost from push into German heartland", The Financial Times [2018] September 19

Patricia Crisafulli, "The House of Dimon", Wiley [2009]

Patrick Behr, Reinhard H. Schmidt,"The German Banking System Characteristics & Challenges", SAFE [2015] November

Patrick McGEEHAN and Andrew Ross Sorkin,"Chase Manhattan to Acquire J.P.Morgan for $30.9Billion" [2000] September 14

Paul Jackson, "French Banks Feel Billions in Subprime Mortgage Pain", [2008] May 13

Richard Milne, Nordic Correspondent, "Dansk whistleblower criticises Deutsche Bank's role in scandal", The Financial Times [2018]

November 20
Robert J. Rhee, "Case Study of the Merger Between Bank of America and Merrill Lynch", SSRN [2010] March 27
Ron Chernow "The House of Morgan", The Atlantic Monthly Press [1990]
Ronald Shelp, Al Ehrbar, "Fallen Giant: The Amazing Story of Hank Greenberg and the History of AIG" [2009]
Sabrina Willmer, Charles Stein, and Hugh Son, "BlackRock's $1 Trillion JPMorgan Move Shows Cost Strategy", Bloomberg [2017] January 26
Scott G. Alvarez, General Counsel, "The Acquisition of Wachovia Corporation by Wells Fargo & Company", FCIC [2010] September 1
Scott Olster, "How the roof fell in on Countrywide", Fortune [2010] December 23
Steven Arons, "Deutsche Bank to Raise Up to $2.2Billion in DWS Unit IPO", [2018] March
Steven Arons, "Deutsche Bank Vows to Defend Fixed-Income Trading After Cuts", Bloomberg [2018] July 25
Telis Demos, "How one bank avoided the meltdown", Fortune [2008] August 27
Yalman Onaran, "What's keeping Deutsche Bank From Postbank Sale ? CoCo Bonds", Bloomberg [2016] November 7
「ＢＮＰパリバに罰金89億ドル　米司法省、ドル決済も1年禁止」日本経済新聞 [2014] July 1
「ＣＬＯ市場で高まる邦銀のプレゼンス」金融財政事情 [2019] May 13
「ＣＬＯ投資、農中・ゆうちょ急増　大手銀保有は今後も増加へ」朝日新聞 [2019] April 8
「ＦＲＢ、金融危機対応を脱却へ　米量的緩和導入９年」日本経済新聞 [2017] September 21
「ＦＲＢのバランスシート圧縮と出口戦略」NRI [2017] July 24
「ＪＰモルガンに罰金９２０億円　ロンドン巨額損失事件で」日本経済新聞 [2013] September 20
「ＪＰモルガン、和解金１３０億ドルで合意　史上最高額」日本経済新聞 [2013] November 20
「ＵＢＳ、従業員1万人削減　投資銀行を縮小」日本経済新聞 [2012] October 30
「ＵＢＳのヘッジファンド、突然の閉鎖の裏側、ＬＴＣＭ並みの損失も」Bloomberg [2007] June 4
「アブダビ投資庁、米シティへの出資契約めぐり仲裁請求」Reuters [2009] December 16

「イギリス政府、ＲＢＳ株の売却を開始」Reuters [2015] August 4
「イタリア政府、モンテパスキ銀の支援決定」日本経済新聞 [2016] December 23
「伊モンテパスキ銀、資本注入７４００億円に拡大」日本経済新聞 [2016] December 27
「英ＲＢＳ、傘下事業をスイス社に売却」日本経済新聞 [2015] March 27
「英ＲＢＳ、制裁金５４００億円　住宅ローン証券不正問題で」日本経済新聞 [2018] August 15
「英バークレイズが米ブラックロック株売却へ、自己資本規制が負担」Reuters [2012] May 22
「欧州委、モンテパスキ公的支援を正式承認　個人救済策認める」日本経済新聞 [2017] July 5
「大幅赤字のシティ、ＧＩＣが69億ドル出資」AsiaX [2008] January 18
「海航集団、ドイツ銀行株を売却へ。米紙報道」日本経済新聞社 [2018] September 7
「佳境を迎えたバーゼルⅢ最終化」みずほ総合研究所 [2017] December 6
「株式・外為市場がロンドン離れアムステルダムへ―英ＥＵ離脱で」Bloomberg [2019] January
「ゴールドマンに中堅Ｍ＆Ａができるのか」The Financial Times [2019] March 1
「国際会計基準審議会：公正価値測定に関する基準」[2009] May 28
「国内大手生保初、最先端の資産運用システム『BlackRock Aladdin』を導入」第一生命 [2019] March 20
「左脳型バンカー育てた「縁尋機妙」―三井住友銀行頭取 奥正之」プレジデント [2010] August 2
「サブプライム問題に端を発した短期金融市場の動揺と中央銀行の対応」日本銀行金融市場局 [2008] July
「シティ、罰金70億ドル合意　ローン証券不正販売巡り」日本経済新聞 [2014] July 14
「世界経済の潮流」内閣府 [2007] December
「ダンスケ銀、３００億ドルのロシアマネー取引が判明」The Financial Times [2018] September 4
「注目集めるレバレッジドローンのリスク(上)(下)」日本経済新聞 [2019] January 23
「転落ドイツ銀、再建へ難路」日本経済新聞社 [2019] July 9
「ドイツ銀、９７００億円資本増強　ポストバンク売却撤回」日本経済新聞 [2017] March 6

「ドイツ銀・コメルツ銀　破談」日本経済新聞社［2019］April 26
「ドイツ銀行1・8万人削減」日本経済新聞社［2019］July 8
「ドイツ銀が組織再編、ポストバンクは連結外に」FBC［2015］April 29
「ドイツ経済はなぜ蘇ったか」みずほ総研［2014］February 27
「独資産運用会社ドイチェ・アセット・マネジメント（DWS）への出資完了について」ニッセイ［2018］March 28
「独政府がコメルツ銀株25％取得へ、100億ユーロ追加注入」Reuters［2009］January 9
「ドイツにおける資本市場改革及び金融機関の対応等に係る調査」野村総合研究所［2014］June
「トリプルA格CLOのデフォルト確率は極めて低い」金融財政事情［2019］May 13
「トレーディング勘定の抜本的見直し」大和総研［2014］January 28
「日本生命、独資産運用会社ドイチェ・アセット・マネジメント（DWS）への出資について発表」日本経済新聞［2018］March 12
「バンカメ、和解金1・7兆円　住宅ローン不正で最大」日本経済新聞［2014］August 21
「バンカメが中国建設銀への投資から撤退へ、最大15億ドルで株式売却」Reuters［2013］September 3
「バンクローン投資の魅力について」三菱UFJ信託銀行［2016］November
「仏BNPパリバ、シェール関連融資停止。温暖化対策」日本経済新聞［2017］October 12
「仏BNPパリバ、米当局への89億ドルの罰金支払いで合意」Reuters［2014］July 1
「ブラックロック、新プラットフォーム導入へ投資家が直接取引」Reuters［2012］April 13
「ベア・スターンズ、無謀すぎた賭け」日経ビジネス［2007］October 22
「米ウェルズ・ファーゴ、制裁金2300億円　住宅ローン不正で」日本経済新聞［2018］August 2
「米ウェルズ・ファーゴとシティ、ワコビア買収巡る訴訟決着」日本経済新聞［2010］November 20
「米ウェルズ・ファーゴの不正、規模拡大へ　SEC提出資料で報告」日本経済新聞［2017］August 5
「米FRB、国債購入を拡大　金融緩和効果狙う」日本経済新聞［2010］August 11
「米FRBが市場の混乱拡大を回避するための措置を発表」Reuters［2008］September 15

「米金融、税制改革で収益悪化相次ぐ」日本経済新聞 [2018] January 18
「米国クレジット市場の最近の動向について」日銀 [2019] March
「米国財務会計基準審議会：有価証券の時価会計に関する適用指針」[2009] April 9
「米国におけるＧＳＥ改革の動向と公的金融のあり方について」みずほ総合研究所 [2011] September 13
「米財務省、シティ株すべて売却へ　政府管理を終結」日本経済新聞 [2010] December 7
「米サブプライムのニュー・センチュリー、破産法適用を申請」Reuters [2007] April 27
「米事業を大幅縮小　ドイツ銀　投資銀部門で検討」日本経済新聞社 [2019] June 18
「米シティ大幅赤字　税制改革で一時的費用、10～12月」日本経済新聞 [2018] January 17
「米シティのパンディットＣＥＯ辞任、会長との確執が表面化」Reuters [2012] October 17
「米デリバティブ中央清算義務化、一部大手行に収益機会も」Reuters [2013] March 8
「米連邦準備制度の正常化戦略と今後の金融政策運営の考え方」JRIレビュー [2016]
「マレーシア汚職　米、ゴールドマン元行員を起訴」日本経済新聞 [2018] November12
「三菱ＵＦＪ、幻のモルガン買収　リーマン危機10年」日本経済新聞 [2018] September 28
「モルスタ、スミス・バーニーの全株取得へ　シティから」日本経済新聞 [2012] September 12
「リーマン、米証券事業買収めぐり英バークレイズを新たに提訴」Reuters [2010] March 19
「リーマン４２００億円赤字」日本経済新聞 [2008] September 11
「流動性カバレッジ比率の緩和？」大和総研グループ [2013] January 29
「流動性規制に関するバーゼルⅢテキスト公表」金融庁／日本銀行 [2013] January
「ロンドン拠点のユーロ清算　ＥＵ、大陸移転地ならし」日本経済新聞 [2017] May 3
Birgit Jennen, Steven Arons「コメルツ銀株の処分はいかに―ドイツ政府が持つ４つの選択肢」[2018] March 28
Eric Fandrich「金融危機の反省-トライパーティ・レポのインフラ改革」野村総合研究所 [2010] June
Gina Chon「落第したドイツ銀行、米国事業のさらなる削減必至」Reuters [2018] June 29

あらた監査法人企業会計研究会「金融危機における金融商品の公正価値評価をめぐって」企業会計［2009］
飯村慎一「チェース・マンハッタン・コーポレーションの低迷・再生・成長」野村資本市場クォータリー［2000］
石井康之「バークシャー・ハザウェイのバンク・オブ・アメリカへの出資に対する反応」野村資本市場クォータリー［2011］Autumn
井上武「RBSとロイズ・バンキングに対する政府救済策の決定」野村資本市場クォータリー［2010］Winter
岩井浩一「漸く合意に至ったモルガンスタンレー・スミスバーニーの売却」野村資本市場クォータリー［2012］Autumn
岩谷賢伸「モルガン・スタンレーによる負債の買入消却」野村資本市場クォータリー［2009］Winter
内野逸勢「国際金融規制改革の行方」大和総研［2014］April 1
漆畑春彦「ドイツ大手銀行の国際投資銀行業務と経営改革」証券経済研究 第90号［2015］June
岡田徹太郎「アメリカ住宅バブルの崩壊と経済再建過程」香川大学［2015］July
落合大輔「ドイツ銀行のバンカース・トラスト買収」野村資本市場クォータリー［1999］Winter
落合大輔「フランス最強の金融機関誕生へ」野村資本市場クォータリー［1999］Spring
金本悠希「証券化商品の取り扱いの見直し」大和総研［2019］May 29
神山哲也「最近のドイツ銀行を巡る課題」野村資本市場クォータリー［2017］Winter
神山哲也「投資銀行ビジネスを大幅縮小するバークレイズ」野村資本市場クォータリー［2014］Summer
川西安喜「証券化及び特別目的事業体に関する米国の新会計基準」会計・監査ジャーナル［2009］October
黒川洋行「ドイツの銀行システムと貯蓄金融機関の動向」［2007］June
小立敬「欧米におけるバンク・ストラクチャー改革の進展」野村資本市場クォータリー［2013］Spring
小立敬「金融危機における米国FRBの金融政策―中央銀行の最後の貸し手機能―」野村資本市場クォータリー［2009］Spring
小立敬「米国におけるバーゼルIII最終規則とレバレッジ規制に関する新たな提案」野村資本市場クォータリー［2013］Autumn
小林襄治「トレーディング規制と投資銀行」証券レビュー第56巻
小林襄治「投資銀行とトレーディング業務」証券経済研究［2014］March
斉田温子「コメルツ銀行によるドレスナー銀行買収」野村資本市場クォータリー［2008］Autumn

斉田温子「ドイツ政府の金融機関救済策」野村資本市場クォータリー［2009］Winter

斉田温子「ドイツの州立銀行再編の動き」野村資本市場クォータリー［2008］Winter

佐賀卓雄「メリルリンチの真実」ラジオたんぱ［1998］July

坂田和光「米国における格付け機関をめぐる論議について」レファレンス［2004］November

坂田和光「米国の住宅金融機関の問題点と規制強化の動き—政府関連の政府支援企業を巡って—」レファレンス［2005］December

坂本恒夫「ウェルズ・ファーゴの不正営業と米銀の経営環境」経営論集［2017］March

サンディ・ワイル『サンディ・ワイル回顧録　上下』日本経済新聞出版［2007］

重田正美「サブプライム・ローン問題の軌跡」調査と情報［2008］December 4

清水正昭「アメリカの金融自由化・証券化とS&L危機」千葉商科大学

ジョセフ・ブロイヒ「金融危機に対するドイツの対応。国内産業への政府支援」RIETI［2009］December 16

菅野泰夫「イタリア銀行問題が公的資金注入で決着に」大和総研［2016］December

関雄太「AIG問題の複雑化と巨大複合金融機関の公的管理に関する課題」野村資本市場クォータリー［2009］Spring

関雄太「シティグループの格下げとスーパーシニア問題」野村資本市場クォータリー［2008］Winter

高橋和也「イタリアにおける不良債権処理」証券レビュー第58巻

田中健太郎「欧州金融機関のウェルスマネジメント事業・資産運用事業を巡る動き」野村資本市場クォータリー［2014］Winter

チャールズ・エリス『ゴールドマン・サックス　上下』日本経済新聞出版［2010］

ティモシー・F・ガイトナー『ガイトナー回顧録』日本経済新聞出版［2015］

永井洋一「ドイツ銀行株、最安値に接近　中国大株主の処分売り警戒」日本経済新聞［2018］June 26

新形敦『グローバル銀行業界の課題と展望』文眞堂［2015］

沼田優子「シティグループの解体　金融コングロマリット化戦略は再考されるか」野村資本市場クォータリー［2009］Winter

羽森直子「ドイツの銀行構造について」流通科学大学論集［2011］September 7

ハンス・オット・エグラウ『ドイツ銀行の素顔』東洋経済新報社［1990］
藤井真理子、竹本遼太「証券化と金融危機、ABS CDOのリスク特性とその評価」金融庁［2009］March
藤澤利治「国際金融危機とドイツの銀行制度改革」証券経済研究［2013］June
淵田康之「変貌する米国銀行業界」野村資本市場クォータリー［2014］Summer
ベン・バーナンキ『危機と決断　上下』日本経済新聞出版［2015］
ヘンリー・ポールソン『ポールソン回顧録』日本経済新聞出版［2010］
マイケル・ルイス『世紀の空売り』文藝春秋［2010］
マイケル・ルイス『ライアーズ・ポーカー』早川書房［1989］
松本惇「イタリアの不良債権問題の現状と今後に関する論点整理」みずほ総研［2016］July 29
三上直美「SFAS 157導入による米国金融機関への影響」知的資産創造［2008］November
みずほ総合研究所『ポスト金融危機の銀行経営』金融財政事情研究会［2014］
宮本岳則「米ゴールドマン、次期CEOにソロモン氏指名」日本経済新聞［2019］May 7
宮本岳則「ゴールドマンCEO、全事業で『聖域なき見直し』」日本経済新聞［2019］February 18
宮本岳則「ゴールドマン減益決算、にじむCEOの危機感」日本経済新聞［2019］April 16
宮本岳則「米ゴールドマン、クレジットカード参入　アップルと組む」日本経済新聞［2019］March 27
宮本岳則「連続株安止めたゴールドマンの新布陣」日本経済新聞［2018］September 14
御代田雅敬『米銀の復活』日本経済新聞社［1994］July
安岡彰「サブプライムローン問題後のウォール街」知的資産創造［2008］June
吉川浩史「金融規制の複合的な影響によるデリバティブ市場の構造変化」野村資本市場クォータリー［2015］Autumn
吉川真裕「ロンドンの鯨」証券経済研究［2013］June
ロン・チャーナウ『モルガン家 上下』日本経済新聞出版［1993］
渡辺富久子「ドイツにおける銀行再編基金法の制定」外国の立法248［2011］June

巨大銀行のカルテ

リーマンショック後の欧米金融機関にみる銀行の未来

発行日　2019年9月30日　第1刷

Author　若奈さとみ

Book Designer　竹内雄二（カバー）／小林祐司（本文）

Publication　株式会社ディスカヴァー・トゥエンティワン
〒102-0093　東京都千代田区平河町2-16-1 平河町森タワー 11F
TEL　03-3237-8321（代表）03-3237-8345（営業）／FAX　03-3237-8323
http://www.d21.co.jp

Publisher　千場弓子
Editor　千葉正幸　木下智尋

Editorial Group
藤田浩芳　岩﨑麻衣　大竹朝子　大山聡子　谷中卓　林拓馬　堀部直人
松石悠　三谷祐一　安永姫菜　渡辺基志　郭迪　連苑如　施華琴

Marketing Group
清水達也　佐藤昌幸　谷口奈緒美　蛯原昇　伊東佑真　井上竜之介　梅本翔太
小木曽礼丈　小田孝文　小山怜那　川島理　倉田華　越野志絵良　斎藤悠人
榊原僚　佐々木玲奈　佐竹祐哉　佐藤淳基　庄司知世　高橋雛乃　直林実咲
鍋田匠伴　西川なつか　橋本莉奈　廣内悠理　古矢薫　三角真穂　宮田有利子
三輪真也　中澤泰宏

Business Development Group
飯田智樹　阿奈美佳　伊藤光太郎　志摩晃司　瀧俊樹　林秀樹
早水真吾　原典宏　牧野類　安永智洋

IT & Logistic Group
小関勝則　岡本典子　小田木もも　高良彰子　山中麻吏　福田章平

Management Group
田中亜紀　松原史与志　岡村浩明　井筒浩　奥田千晶　杉田彰子
福永友紀　池田望　石光まゆ子　佐藤サラ圭

Assistant Staff　俵敬子　町田加奈子　丸山香織　井澤徳子　藤井多穂子　藤井かおり
葛目美枝子　伊藤香　鈴木洋子　石橋佐知子　伊藤由美　畑野衣見
宮崎陽子　倉次みのり　川本寛子　王廳

Proofreader　株式会社鷗来堂
DTP　朝日メディアインターナショナル株式会社
Printing　大日本印刷株式会社

ISBN978-4-7993-2558-2　©Satomi Wakana, 2019, Printed in Japan.